이슬람 제국

The Islamic Empire

이슬람 제국

무함마드와 살라딘

류광철 지음

들어가면서

이슬람이 탄생한지도 1400년이 지났다. 이슬람은 그동안 비약적인 발전을 거듭하여 기독교와 더불어 세상에서 가장 중요한 종교 중 하나로 자리 잡았고 최근 들어서는 인구의 증가와 더불어 교세가 더욱 확장하고 있다. 이런 추세로 나간다면 멀지 않아 이슬람이 세계에서 가장 많은 신도 수를 가진 제1 종교가 될 것이다.

이슬람은 비단 종교에서만 세상의 판도를 바꾸어 놓은 것이 아니다. 정치, 경제, 사회, 문화 등 삶의 모든 영역에서 이슬람이 끼친 영향은 지대하다. 이슬람은 세상의 역사를 바꿔 놓았고 종족, 민족 및 국가의 지도를 바꿔 놓았다. 존재가 미미했던 아라비아의 사막 종족인 아랍인이 반도를 벗어나 중동과 북아프리카, 페르시아, 스페인, 카스피해, 흑해, 중앙아시아, 서아시아 및 동남아시아에까지 그 세력을 뻗쳤으니 놀라운 일이 아닐 수 없다.

투르크, 페르시아, 이집트, 베르베르, 아프리카 흑인, 쿠르드, 투르코만, 몽골, 인도, 동남아인 등 이슬람을 받아들인 수많은 종족과 민족들이 이슬람을 더욱 발전시키고 전파함으로써 이슬람은 범세계적인 종교로 자리 잡게 된 것이다.

　현대사회가 고도화하면서 많은 다른 종교들의 영향력은 정체되거나 퇴보하고 있는데 반해 이슬람의 영향력은 꾸준히 성장하고 있다. 이슬람 세계의 높은 출산율, 한 번 이슬람을 받아들이면 다른 종교로 개종이 어려운 현실 등에 단순한 교리와 집단적인 의식 등이 결합하여 이슬람을 세계 최대의 종교로 몰아가고 있는 것이다. 이슬람 선교사들의 종교 확장 노력도 만만치 않은 것으로 보인다. 이들은 사우디아라비아 등 막강한 자금을 가진 걸프 국가들의 후원을 등에 업고 있다. 세상에 정체되어 있는 것은 거의 없다. 모든 것이 끊임없이 변화하고 유전한다. 4차 산업혁명 시대를 맞고 있는 인류는 빅 데이터와 인공지능의 힘으로 전례 없는 변화를 경험해야 할 것이다. 종교 영역도 마찬가지이다. 눈으로 잘 보이지는 않으나 많은 변화가 일어나고 있고 세력과 영향력에 있어 특히 그러하다.

　앞으로 수십 년 후 종교 지도를 들여다 볼 때 우리는 주요 종교들의 달라진 위상을 확실히 느낄 수 있을 것이다. 유럽에서 그리고 미국에서 신도 수가 줄고 있는 기독교가 지구의 다른 지역에서 신도를 보충할 수 있을 것이라는 보장은 없다. 신도 수로 봐서 기독교는 22억 그리고 이슬람은 16억 정도로 집계되고 있는데 출산율과 새로 편입되는 신도 및 이탈자 숫자를 감안할 때 이 격차는 빠른 속도로 줄어들 것으로 예측된다. 종교의 영향력에서 가장 비중 있는 자리를 차지하는 것은 역시 신도 수이다. 이슬람이 가장 많은 신도를 보유하는 종교로 올라설 경우 그 영향력과 위상은 지금보다 현저히 커지게 될 것이다. 더군다나 이슬람은 강력한 믿음을 간판으로 내세우는 종교가 아닌가!

7세기에 이슬람이 태동하여 많은 지역과 국가를 휩쓸면서 역사에 지각변동을 초래한 후 수많은 영웅과 호걸, 천재, 비범한 인물들이 등장했다. 종교지도자, 정치인, 장군, 학자, 시인, 기술자, 예술가, 발명가 등 역사에 족적을 남긴 사람들이 많다. 이들은 동서양 문명의 융합과 교류에 기여했고 세상에 풍성한 이야기 거리를 남겼으며 사람들의 생활에도 큰 영향을 미쳤다. 이들이 미친 영향이 긍정적인 것이든 부정적인 것이든 역사에 밑거름이 되고 오늘날 이슬람 세계의 생활양식에 토대가 된 것은 부인할 수 없는 사실이다. 혼돈의 시대에 정치인이나 장군 또는 종교지도자들이 결정하고 행한 일들이 모두 좋은 일이 될 수는 없었다. 나라를 지키고 종교를 지키며 세력을 확대하는 일에는 반드시 희생이 따르기 마련이다. 수많은 전쟁이 있었고 많은 사람들이 희생되었으며 백성들은 노역과 세금으로 시달려야 했다. 종교인들 간의 분쟁으로 종파가 갈라져 엄청난 피해가 발생했고 이 종파 싸움은 지금도 지속되고 있다. 수니와 시아의 고질적인 종파 분립은 이슬람의 가장 큰 약점 중 하나이다. 아프리카에서는 종족이 다르면 외국인보다 더 혐오한다는 이야기가 있듯이, 이슬람에서도 종파가 다르면 서로 적으로 치부하는 것이 현실이다.

정통파 이슬람으로 수니(다수파)를 대표하는 사우디아라비아와 시아(소수파)를 대표하는 이란 간에 벌어지고 있는 대립과 음모와 정쟁을 보면 감정의 골이 얼마나 깊은지 짐작할 수 있다. 정치인들이 전쟁을 해야 할 때 또는 적을 무찔러야 할 때 줄곧 외쳤던 지하드(성전)의 파괴력은 오늘날에도 여전하다. 다만 요즘에는 정치인 대신 극단주의자들이 이를 이용할 뿐이다. 지하드로 인해 많은 테러행위가 자행되어 중동, 아프리카, 유럽, 아시아, 미국 등 세계 각지에서 피해가 속출하고 있다. 극단주의자나 지하디스트를 완벽하게 막을 도리는 없다. 이들은 모두 확신자로서 죽음을 두려워하지 않기 때문이다. 이들로 인해 이슬람교의 이미지는 크게 손상되었다. 이슬람하면 대개 테러와 암살, 자살폭탄 등을 먼저 연상하기 때문이다. 그러나 이는 이슬람의 본래 모습과는 다르다. 이슬람은 죽음의 종교가 아니라 평화의 종교이다.

수많은 이슬람의 영웅들 중에서 이 책에서 다루는 인물은 두 사람이다. 한 사람은 말할 필요도 없이 이슬람 최고의 존재인 무함마드이다. 무함마드는 이슬람을 창시했으며 성전인 코란을 계시하고 율법과 의식을 만든 예언자이자 교주이다. 그는 이슬람 공동체를 만들고 군을 조직한 후 주변의 적들과 싸워 승리했으며 메카를 무혈로 함락시켜 다신교적 전통사회를 종식시키고 아라비아 반도를 유일신을 섬기는 곳으로 통일시켰다. 그의 출현 전과 후 아랍의 모습은 확연히 다르다. 무질서와 혼돈과 불의가 판을 치던 아라비아에 질서와 규율을 세우고 정의와 평화를 추구하는 곳으로 탈바꿈시킨 것이다.

무함마드의 후계자들은 그가 창건한 이슬람 이념을 기초로 아라비아 반도 밖으로 나가 넓은 땅을 정복하고 이슬람을 전파시켰다. 이슬람의 이념에 승복하고 코란의 가르침과 아름다운 운율에 매료된 많은 사람들이 자발적으로 이슬람을 받아들였다. 투르크인들은 부족 전체가 한꺼번에 이슬람교도가 되기도 했다. 숫자가 많지 않은 아랍인이 짧은 시간에 중동과 북아프리카 등 넓은 지역을 정복할 수 있었던 것은 믿음의 힘이다.

아랍 전사들은 죽음을 두려워하지 않았다. 이들에게는 신의 명령을 수행한다는 소명의식과 자부심이 있었다. 죽으면 천국에 가서 열락을 누릴 수 있다는 믿음도 확고했다. 종교적 열정과 죽음을 두려워하지 않는 용기로 무장된 아랍 전사를 누를 수 있는 군대는 없었다. 바로 이러한 믿음이 이슬람을 전파시키고 샤리아(이슬람법)를 준수하게 만든 원동력이 되었다. 이 모든 것을 가능케 한 사람, 그가 바로 무함마드이다. 무함마드는 무에서 유를 창조한 사람이고 무질서하고 이질적인 집단을 하나로 뭉치게 했으며, 무엇보다도 믿음의 본질과 내용은 물론이고 의식과 절차 및 규율까지도 모두 창조한 대단한 인물이다. 기업으로 말하자면 무일푼에서 시작하여 세계 최대의 재벌이 된 셈이다. 이슬람을 이해하려면 창시자인 무함마드를 이해하는 것이 필수이다. 이 책을 통해 무함마드가 어떤 인물이었는지 보다 잘 알게 되길 바란다.

살라딘은 무함마드 사후 500년 후에 태어난 장군이다. 그는 운이 좋은 사람으로 유명하다. 태생부터 고난의 연속이었던 무함마드와는 달리 이른바 아버지를 잘 만나 젊은 시절을 유복하게 지낸 금수저였다. 꿈도 야심도 없었던 것처럼 보였던 그에게 운명처럼 찾아온 기회가 그를 영웅으로 만들었다. 한 번 찾아온 기회를 놓치지 않았던 그는 태도부터 바꾸어 거듭나게 된다. 세상의 열락을 추구하던 자세를 고치고 오직 신의 뜻을 좇아 이교도를 중동에서 몰아내는데 생의 목표를 두기로 한 것이다. 십자군이 중동 땅을 유린하고 예루살렘을 점령함으로써 이슬람의 자존심이 완전히 뭉개졌을 때 혜성과 같이 나타난 쿠르드 출신의 살라딘으로 말미암아 이슬람은 다시 자존심을 회복한다.

1187년 10월 살라딘이 88년 만에 예루살렘을 되찾은 일은 이슬람 역사에서 한 페이지를 장식하는 사건이다. 이후 전설적인 무사인 영국의 사자심왕 리처드 1세가 3차 십자군을 이끌고 중동에 상륙하여 한때 살라딘을 곤경에 몰아넣기도 했지만 기독교 측은 결코 예루살렘을 다시 탈환하지 못했다. 이미 십자군은 지는 해이고 무슬림은 뜨는 해였다. 이후로도 유럽 세력은 마지막 8차 십자군에 이르기까지 중동에 대한 미련을 버리지 못했으나 한번 기울어진 추를 다시 기독교 쪽으로 옮겨오는 데에는 실패했다. 지리멸렬해진 기독교 세력은 1291년 6월 십자군 최후의 보루인 아크레가 이슬람 손에 넘어감으로써 2백년에 걸친 긴 중동 원정을 모두 마쳤다.

십자군 전쟁은 기독교와 이슬람 양측에 모두 영광과 상처를 안겨 주었다. 이것은 승자도 패자도 없는 오랜 전쟁이었다. 크게 보아 예루살렘을 지키려고 하는 자와 뺏으려고 하는 자의 싸움이었다. 기독교 측이 88년간이나 예루살렘을 차지했으니 의기양양했을지 모르나 살라딘에게 뺏긴 후로는 다시 회복할 수 없었다. 승자도 패자도 없는 이 전쟁으로 인해 기독교와 이슬람의 관계는 영원한 갈등과 대립의 평행선을 긋게 되었고 현재에도 지속되고 있다.

살라딘은 분열된 이슬람 세계를 단합시키고 지하드를 통해 전쟁을 수행한 '지하드의 원조'이기도 하다. 심한 열등감에 빠져 깊은 터널 속을 헤매는 것과 같았던 때, 성지 예루살렘을 회복해준 살라딘을 이슬람 세계가 영웅시하는 것은 당연하다. 이밖에도 살라딘이 존경받는 이유는 인품 때문이다. 살라딘은 전쟁터에서 평생을 보낸 장군이라고는 믿기지 않을 만큼 보기 드문 인품의 소유자였다. 이제 독자들은 그의 인품이 통치에서뿐 아니라 적과의 관계, 군신 간의 관계는 물론 인생 전반에서 어떠한 역할을 했는지 곧 알게 될 것이다.

2부 살라딘

1부. 무함마드

인성을 둘러싼 논쟁

무함마드가 매우 폭력적인 사람이었다는 설이 있다. 무함마드를 선지자로 믿는 추종자들은 그가 하는 일은 알라신의 뜻에 따르는 것으로 실수나 오류가 없기 때문에 어떠한 폭력도 용납했다는 것이다. 무함마드는 신의 섭리를 구실로 살인, 집단학살, 약탈, 노예화, 고문 등 모든 종류의 폭력을 무시로 행사했다는 것이다. 이러한 설을 주장하는 사람들은 무함마드가 폭력적이기 때문에 그의 추종자들도 폭력적이었다고 주장한다.

이들은 또한 무함마드가 폭력적인 이유 중 하나는 그가 간질을 앓고 있었기 때문이라고 한다. 일부 신경정신학자들은 무함마드가 심각한 측두엽 간질(temporal lobe epilepsy)을 앓고 있었다고 하며 어떤 사람들은 간질이 어머니로부터 온 것이라고 한다. 갑자기 땅에 쓰러지는 것, 환상을 보는 것, 입에 거품을 무는 것 등이 모두 간질의 증거라는 것이다. 무함마드가 악마에 사로잡혔다고 했는데 사실은 간질 때문에 이러한 이야기가 나온 것이라고 하며 그가 계시를 받았다고 착각한 것도 모두 간질로부터 연유한 것이라고 주장한다. 8세기 비잔틴 역사가 테오파네스(Theophanes)가 처음 '간질설'을 내놓은 후 서양 학자들의 이러한 주장은 계속되었다. 그러나 모두 증명할 수 없는 이야기들이다.

또한 어릴 때 불행한 시절을 보낸 무함마드가 정신이상자였다는 주장도 제기한다. 정신이상자였기 때문에 자신의 말을 믿지 않는 사람들을 무자비하게 죽였다는 것이다. 간질로 인한 정신착란으로 종교를 창시하게 되었고, 정신병으로 인해 믿지 않는 사람들을 살해함으로써 공포가 형성되었으며 이 공포가 궁극적으로는 그에게 성공을 가져다주었다는 것이다. 서양의 일부 학자들 중에는 무함마드를 잔인하고 전쟁과 약탈을 좋아하는 호색한으로 폄하하는 사람들도 있다. 이들은 무함마드가 일부러 전쟁을 일으켜 많은 사람을 살상했으며 사람들에게 공포를 안겨주어 이슬람을 강제로 전파했다고 말한다.

그러나 이러한 모든 주장은 소수 의견에 불과하다. 무함마드가 살던 시대, 가주(ghazu: 약탈)는 사막의 유목민에게 생활의 일부였다. 자원이 부족한 사막의 부족들은 생존을 위해 다른 부족이나 대상(카라반)을 공격하여 이들로부터 물자를 빼앗아 생활하는 것이 일상이었다. 따라서 보복과 응징 그리고 전쟁이 그치지 않았다. 특히 무함마드는, 자기를 파멸시키려고 호심탐탐 노리고 있는 메카 세력이 있었으므로 군사력을 키워 이들을 제압하지 않으면 멸족할 수밖에 없는 존재적 위기에 처해 있었다. 이러한 상황에서 한가하게 선지자 놀음만을 할 수는 없었다. 그의 어깨 위에는 움마(이슬람 공동체)를 정치적, 군사적, 사회적으로도 강성한 조직으로 만들어야 할 임무가 놓여 있었다. 종교지도자 외에도 정치와 군사 지도자를 겸해야 하는 것이 무함마드의 운명이었다.

무함마드의 목표는 항상 이슬람을 보호하고 더 강하게 만드는 것이었다. 이를 위해 한 마을 사람을 모두 죽여야 한다면 망설임 없이 그렇게 했다. 무함마드는 알라의 천사들이 자신의 군대 옆에서 함께 싸운다고 말했다. 이런 강한 신념을 가진 지도자였으니 전쟁을 두려워할 리 없었다. 무함마드의 이러한 목표와 자세를 그의 후계자들이 그대로 물려받았다. 종교적 열정과 신념 그리고 죽음을 두려워하지 않는 전투력을 지닌 아랍의 전사들이 아라비아 반도 밖으로 튀어나왔으니 빠른 시일 내에 중동과 소아시아, 페르시아 그리고 북아프리카를 모두 정복한 것이 결코 놀라운 일은 아니다.

무함마드는 영웅호걸이 아니며 빼어난 지성인이나 놀라운 능력을 가진 사람도 아니다. 그는 그저 자기에게 주어진 운명대로 평생 최선을 다해 성실한 삶을 살았던 사람이다. 집안에서는 부인이 하는 일을 거들고 옷을 손수 기워 입었다. 그가 사랑했던 부인 아이샤에 의하면 무함마드는 여자와 향료와 예배를 좋아했다고 한다. 그는 매우 검소했고 생활과 행동이 단순한 사람이었다. 엄청난 영향력을 가진 한 종교의 창시자로서 무함마드에 관한 평가에는 긍정적 견해와 부정적 견해가 공존할 수밖에 없다.

7세기부터 지속되어 온 상반된 주장들이 수백 권에 이르는 그의 전기 속에 기술되어 있다. 특히 11세기말 기독교 세력의 십자군 원정으로 인해 기독교-이슬람 간에 감정의 골이 깊어지면서 양측은 상대방 종교를 신랄하게 공격하게 되었으며 이러한 공격의 중심에 무함마드가 서 있었다. 십자군 시대인 12세기 유럽의 기독교 사제들은 무함마드가 폭력으로 종교를 강요한 인물이라고 주장했다. 이들은 무함마드를 호색한 또는 변태성욕자로 묘사했다. 이후에도 기독교 학자들의 이슬람과 무함마드에 대한 공격은 지속되었다. 이러한 일로 인해 이슬람은 서양 사회에서 크게 왜곡되었으며 제대로 된 객관적인 평가는 좀처럼 나오지 않았다.

이슬람-기독교의 대립이 오랫동안 지속되면서 폭력, 야만, 여성 차별, 특이한 종교의식 등과 같은 부정적인 고정관념이 서구에 깊이 새겨져 있다. 이슬람공포증(Islamophobia)이 그럴 듯하게 포장되어 인종적, 종교적인 편견의 행태로 등장하고 있으며 유럽에서 한때 유행하던 반셈족주의를 계승하고 있다. 이것이 얼마나 위험한 일인지는 그동안 일어났던 비극적인 역사가 잘 증명해주고 있다. 우리는 이슬람은 물론 교주인 무함마드를 보다 균형적인 시각에서 평가해야 한다. 그의 업적과 언행을 보고 그를 객관적으로 평가할 필요가 있다.

십자군 원정

유대인과 무슬림 간의 관계가 적대관계로 굳혀진 것은 1948년 이스라엘이 건국한 후의 일이다. 유대인과 무슬림은 근대 이전에는 비교적 긍정적인 관계를 맺어왔다. 이에 반해 기독교와 이슬람의 관계는 십자군 원정 이후 돌이킬 수 없을 만큼 적대적인 관계로 변모했다. 중세에 들어와, 무슬림의 입장에서는 무함마드의 진정성을 입증하는 것으로 보이는 모든 특성들이 기독교 학자와 저술가들에 의해 뒤집어져 버렸고 결함으로 변하고 말았다. 중세 유럽 기독교도의 반 무슬림적인 저술에 결정적으로 영향을 미친 것은 십자군 전쟁이다. 로마 가톨릭 교회의 축복에 힘입어 아랍인과 투르크인이 이미 지배하고 있는 성지를 탈환하려는 기독교 제후들의 시도는 유럽 역사에서 가장 기묘한 일 중 하나였다.

십자군 원정은 유럽 내 유대인의 조직적인 학살과 동방정교의 도시 콘스탄티노플에 대한 약탈 등과 같이 예상치 않았던 결과를 초래하기도 했다. 200여 년에 걸친 십자군 원정은 결국 실패했지만 그 정신이 최고조에 달한 것은 중동이 아니라 지중해 서쪽과 스페인에서였다. 레콩키스타(Reconquista: 가톨릭의 국토 회복 운동)는 교황의 전적인 지원과 함께 수세기에 걸쳐 진행된 점진적인 투쟁이었다. 레콩키스타는 1492년 그라나다 정복 그리고 유대인과 함께 무어인(이베리아 반도를 정복한 이슬람교도의 별칭)에 대한 최종적 추방 또는 강제 개종으로 절정에 이르렀다. 반면 동남부 유럽에서는 전혀 다른 상황이 벌어졌다.

십자군 원정으로 약화된 비잔틴이 1453년 멸망하고 오스만 투르크의 발칸 국가들에 대한 정복전쟁이 시작되었던 것이다. 이 전쟁은 17세기에 이르기까지 중동부 유럽을 위협했으며 유럽인은 투르크인이 휘두르는 구부러진 칼의 공포에 떨어야 했다.

생활인 무함마드

무함마드가 문맹이었다는 사실에 대해서도 기독교와 이슬람은 서로 보는 관점이 다르다. 무슬림에게는, 코란은 신이 준 선물이라는 사실을 명백히 보여주는 증거지만 기독교도는 무함마드가 사기꾼에 틀림없다는 증거로 본다. 객관적인 입장에서 볼 때, 예언자가 읽을 수도 쓸 수도 없었음이 사실이라면 그렇게 빼어나게 아름답고 지혜로운 언어로 구성된 경전을 자의적으로 만들었다고 보기는 어렵다. 어떤 형태로든 신의 계시였을 가능성이 더 높다.

예언자의 족보에 대해서도 대립이 팽팽하다. 무슬림은 아브라함의 아들 이스마일로부터 이어지는 무함마드의 가계가 전통적인 아랍 족보의 일부이며 예언자의 지위에 대한 확증으로 보고 있다. 그러나 기독교인은 이러한 주장도 날조된 것으로 보고 있다. 메카의 이교도들이 기적을 보여줄 것을 요청했을 때 무함마드는 코란만이 유일한 기적이라고 답하였다. 무슬림은 이를 그의 사명이 영적인 차원에 있다는 증거로 보는 반면, 기독교인은 기적을 보여줄 수 없는 사도는 예언자가 아니라고 주장한다.

무함마드 초상화 (미셸 보디에Michel Baudier 作, 1625년 파리)

무함마드에 대한 기독교인의 가장 큰 비판은 그의 군사적 활동 및 결혼과 관련되어 있다. 일반적으로 기독교인에게 예수의 독신생활과 비폭력성은 진정한 영성의 표본이다. 반면 무함마드가 군대를 이끌고 전투에 참가하고 여러 명의 여자와 결혼한 것은 그가 결코 예수와 같이 존귀한 차원에 머무를 수 없다는 사실을 보여주는 것이다. 기독교

무함마드 이름(캘리그라프, Bakkouz 아랍 위키피디어 제공)

인은 무함마드가 다른 예언자에게서 볼 수 없는 정치적 야망과 육신
적 욕망에 따라 행동한 것으로 본다. 그러나 이 문제에 관한 무슬림의
견해는 전혀 다르다. 이들에게 있어서 무함마드는 예언자이기에 앞
서 생활인이다. 모범적인 현실 생활 속에서 백성을 올바른 길로 인도
하고 세상적인 삶을 어떻게 살아가야 하는지 몸소 보여주는 이상적인
예언자의 모형인 것이다. 세상에서의 삶은 늘 갈등 속에 있기 때문에
전쟁과 정치에서도 확고한 윤리적 기반과 원칙을 가지고 있어야 한
다. 마찬가지로 인간의 삶은 출산과 가족 관계와 사회생활 속에서 이

루어지기 때문에 어떤 윤리적인 원칙과 모델이 있어야 하는데 무함마드가 이를 보여주었다는 것이다.

무슬림은 예수의 독신과 비폭력성은 현실과는 동떨어진 것이며 비현실적인 모델로 간주한다. 기독교적 모델은 인간으로서 실천이 불가능한 것인데 따를 수 없는 것을 따르라고 권함으로써 위선이 되어버린다는 것이다. 무슬림은 예수를 예언자로 존중한다. 이들의 예수에 대한 존경심은 형식적으로만 기독교를 믿는 기독교신자들보다 오히려 더 강하다. 그러나 무슬림은 예수와 무함마드를 비교할 때 무함마드가 인간사회에서는 보다 현실적인 모델이라고 생각한다. 무함마드는 여러 명의 아내를 거느렸고 가족관계와 같은 인간관계가 있어 세상의 현실적인 문제를 직접 다루어야 했다. 이에 반해 예수는 신성을 가진 인물이었고 특별한 삶을 살았으며 결혼도 하지 않았고 가족도 없었다. 예수는 사랑과 증오, 욕망과 근신, 공포와 희망 등과 같은 현실 사회의 문제에 직접 부딪친 사람이 아니다. 이에 반해 무함마드는 보통 사람들이 겪는 모든 문제를 경험했고 세상사에 부딪쳐 살았다. 그가 보통 사람과 다른 단 한 가지는 신의 계시를 받은 예언자였다는 점이다.

제2장
무함마드의 출현

무함마드의 가계

이슬람 이전 시대 아라비아는 여러 신을 무질서하게 섬기는 사회였다. 아랍인은 술에 취해 싸우기 일쑤였으며 여자들은 정조 관념도 없고 가축이나 식량과 같이 거래 대상이기도 했다. 부자들은 많은 노예를 거느리며 이들의 생사여탈권을 가지고 있었으며 풍요로운 생활을 누렸으나 보통 사람들은 결핍된 생활을 했다. 왕조가 없어 국가권력이 미치지 못했으므로 부족들 간에 전쟁이 일상이었고 물자가 부족한 유목민은 약탈로서 살아가는 것이 관습이었다. 유목민은 나름대로 남자다움, 자유와 평등, 손님을 환대하는 풍습을 가지고 있었으며, 다른 사람들에게 얽매여 지내는 것을 극도로 싫어하는 자유분방한 성격이었다.

　사막의 베두인은 자기 부족 외에는 아무도 믿지 않았다. 이들은 무루와(muruwah)라고 하는 남성적인 덕목을 추구하여 용기, 인내, 복수와 같은 기질을 숭상했다. 베두인에게는 오만이 귀족임을 상징하는 것이었으며 반대로 겸손은 나약함을 상징했다. 이들은 강한 자존심을 가지고 있어 자존심이 상할 경우 반드시 보복했다. 방어는 허약함을 의미하는 것이었으며 먼저 공격하는 것이 용기 있는 전사로서의 올바른 태도라고 믿었다.

6세기 들어 낙타를 사용하는 기술이 개발되면서 가난한 반도에 인도, 동아프리카, 예멘, 바레인 등에서 상인들이 몰려들었으며 이들은 사막을 가로질러 시리아, 비잔틴 등으로 가는 무역로를 개척했다. 무역이 활발해지자 상인들은 카라반을 보호하기 위해 베두인을 호위대로 고용함으로써 지역 경제는 점차 활기를 띠게 되었다. 메카는 이러한 카라반이 향하는 길목에 있는 휴식지로 발달하게 된다. 메카는 암반 위에 지은 도시였으므로 농업은 불가능했다. 그러나 지하에 잠잠(Zamzam)이라고 불리는 지하수가 있어 도시가 발달할 수 있었다.

무함마드의 현조부(고조부의 부친) 쿠사이(Qusay)로부터 이야기는 시작된다. 쿠사이는 메카의 주요 부족이었던 쿠자(Khuza)를 몰아내고 메카를 행정체제를 갖춘 도시로 만들었으며, 신전을 경제적인 지주로 만든 인물이니 메카 중흥의 기초를 닦은 사람이다. 쿠사이는 유복자로 태어났다. 아버지 사후 어머니는 바로 재혼했다. 쿠사이의 친부는 예멘의 귀족 출신으로 알려져 있다. 계부는 가족과 함께 북부 아라비아에 정착했는데 이곳은 쿠다(Qudah)족이 지배하는 곳이었다. 쿠사이는 쿠다족으로부터 멸시를 받으며 자라면서도 자신이 귀족의 핏

메카 순례를 위한 낙타 텐트 행렬, 1910년

줄이라는 자부심을 잃지 않았다. 쿠사이는 기골이 장대하고 총명하며
야심만만한 인물이었다. 성장하여 메카의 지배자인 쿠자족 족장 딸과
결혼한 그는 처가와 멀어졌으나, 전쟁에서 승리하여 쿠자를 홍해 연
안으로 몰아내고 쿠다족 등 그를 지지한 부족을 끌어 모아 메카를 장
악하게 된다. 쿠사이의 깃발 아래 메카에 모인 부족들은 혼인으로 맺
어져 쿠라이시(Quraysh)라는 이름의 새로운 부족을 창설하게 된다.

  메카에는 아라비아의 신들을 섬기는 카바 신전이 있었으므로 사막
의 이곳저곳으로부터 순례객이 모여들었으나 당시 메카는 정상적인
도시라고 할 수 없는 열악한 곳이었다. 도시에는 건물다운 건물이 없

었으며 유목민이 모여들어 천막촌을 형성하고 있었다.

쿠사이는 주변의 반대를 무릅쓰고 도로를 만들고 계곡에 있는 가시나무를 잘라내어 건축자재로 사용했다. 가시나무로 집을 짓고 진흙으로 벽돌을 만들어 담을 쌓았으며 부족장들이 모여 회의할 수 있는 공회당도 지었다. 보다 많은 순례객들이 메카에 모여들어 우상을 숭배하고 참배할 수 있도록 시설을 확장했다. 메카의 순례객에게 음식과 물을 제공하는 것이 쿠자족의 주요 수입원이었는데 이를 쿠사이가 장악한 것이다.

재정을 장악한 쿠사이는 40년간 메카를 통치했는데 이 기간 동안 평화가 지속되었으므로 좋은 평판을 얻었다. 메카에서는 농사를 지을 수 없기 때문에 무역이 생명줄이었다. 메카인들은 처음에는 시리아와 예멘을 상대로 무역을 했으나 시간이 지나면서 점차 다른 곳으로 영역을 넓히게 된다. 쿠라이시족이 출현하기 전까지 메카는 잠잠과 카바 신전을 둘러싸고 부족들 간의 전쟁이 자주 벌어졌던 곳이나 쿠라이시는 하람(Haram)이라는 평화지역을 구축했다. 하람은 카바를 중심으로 반경 30킬로미터에 이르는 둥근 원과 같은 지역이다. 하람 내에서는 폭력 행위가 금지되었다. 메카는 페르시아나 비잔틴으로부터 멀리 떨어져 있는 사막도시이기 때문에 이들의 통제가 미치지 않았다. 외부세력의 간섭을 배제한 채 하즈(순례)와 무역을 바탕으로 메카는 점차 발전하게 된다.

5~6세기에 접어들자 로마의 힘이 현저히 약화되고 해적들이 판

을 치게 되었다. 바다를 건너가는 무역이 해적으로 말미암아 큰 위협에 처하자 낙타를 이용하여 사막을 횡단하는 육로 무역이 다시 각광을 받게 되었다. 이 시기에 기독교도들은 예배 때 향을 사용하였으므로 향의 수요가 급증하였으며 덩달아 비단과 다른 사치품에 대한 수요도 증가함으로써 인도양을 건너는 무역이 호황을 이루었다. 이런 배경 하에서 메카를 장악한 쿠라이시족은 전성기를 맞게 된다. 쿠사이는 아들 넷과 딸 둘을 두었는데 이중 둥근 얼굴을 가졌다고 해서 '달덩이(Moonface)'라는 별명을 얻은 아들 무기라(Mughira)로 인해 가문이 크게 번성한다. 무기라는 하심(Hashim), 나우팔(Nawfal), 무탈립(Muttalib), 압드 샴스(Abd Shams)등 네 명의 아들을 두었는데 이들이 메카를 경유하는 무역로를 개척한 주역이었다.

메카인은 처음에는 다른 상인의 물건을 수송하는 역할을 맡았으나 점차 자본을 축적하면서 직접 먼 곳에서 물건을 사와 필요한 곳에 되파는 방식으로 막대한 부를 축적했다. 무함마드의 증조부가 되는 하심은 메카를 기근으로부터 구한 인물이다. 심한 기근이 들어 굶어죽는 사람이 속출하자 하심은 낙타부대를 이끌고 시리아에 가서 대규모로 밀을 구입해왔으며 이로써 메카인은 굶주림을 면할 수 있었다. 그 후부터 그는 하심이라는 별명으로 불리게 되었다. 하심은 '빵을 공급하는 사람'이라는 뜻이다. 후덕하고 리더십이 뛰어난 하심은 지역사회에서 세습 귀족들보다 더 큰 영향력을 행사하게 되었다. 그러나 하심의 권위에 도전하는 조카가 있었으니 그가 바로 우마이야(Umayya)

이다.

우마이야는 하심의 쌍둥이 형제인 압드 샴스의 양자이다. 태어날 때 압드 샴스의 손이 하심의 이마에 붙어있어 아버지가 칼로 손을 떼어내었다고 하는데 이때부터 하심과 우마이야 간에 갈등이 예견되었다고 한다. 우마이야는 비잔틴 노예의 자손으로 금발에 푸른 눈을 가진 서양인이었는데 아들이 없는 압드 샴스가 양자로 삼았다. 하심에게 반기를 든 우마이야는 시리아로 추방되었다. 하심은 자주 카라반을 거느리고 무역길에 나섰는데 메디나(옛 이름은 야스립이다)에서 살마(Salma)라는 이혼녀에게 빠져 무함마드의 할아버지인 압둘 무탈립(Abdul Muttalib)이 출생하게 된다. 살마는 나자르족 족장의 딸인데 다른 유력 부족인 카즈라지족에서도 큰 영향력을 행사하고 있었다.

아버지가 객지에서 사망하고 삼촌들 손에서 자란 압둘 무탈립은 순례자에게 음식과 물을 제공하는 가업을 이어받았다. 아랍인에게 가장 귀한 것은 물과 빵이다. 아랍인은 비를 '천사의 침'이라고 부른다. 연간 비를 볼 수 있는 날이 2~3주에 불과한 아랍인에게 물이 얼마나 소중한 것인지 짐작할 수 있다. 물은 무엇과도 바꿀 수 없는 생명의 원천으로 간주되며 모든 질병을 치료하는 약으로도 사용된다. 아랍인은 실제로 병에 걸릴 경우 시원한 물을 마시고 물로 몸을 씻는다. 그러면 웬만한 병은 저절로 낫는다고 한다. 그만큼 물에 대한 믿음이 강하기 때문일 것이다. 아랍인은 고대로부터 물을 신과 동일시했으며 물을 찾아 이곳저곳으로 떠돌아 다녔다.

탄생과 성장

압둘 무탈립은 5명의 부인으로부터 10명의 아들과 6명의 딸을 얻었다. 무함마드의 아버지 압둘라(Abdullah)는 잘 생겼고 귀여움을 많이 받은 아이였다. 압둘 무탈립이 70대 중반이 되었을 때 그는 압둘라와 아미나(Amina)의 결혼을 주선했다. 아미나는 하심 가문과 가까운 부족 족장의 딸이다. 아미나가 무함마드를 낳기 전 또는 낳은 직후 압둘라가 여행 중 사망했는데 이때 나이가 25세 정도였다. 무함마드는 아버지를 기억하지 못하는 아이가 되었다.

무함마드는 '코끼리 해'인 570년에 메카에서 태어났다. 메카 사람들이 그 해에 처음 코끼리를 보았기 때문에 '코끼리 해'라는 명칭을 붙였다고 한다. 무함마드는 '찬양받는 자'라는 뜻이다. 일설에 의하면 압둘라가 아내 아미나를 만나기 위해 여행하던 중 카바 신전을 지나갔는데 그 뒤 안면에서 하얀 빛이 나왔다고 한다. 이를 신비한 징조로 여긴 한 여인이 압둘라에게 동침을 요구했으나 응하지 않고 아미나에게로 갔는데 그 후 무함마드가 태어났다고 한다. 압둘라가 돌아오는 도중 그 여인을 또 만났는데 이번에는 동침을 요구하지 않았다고 한다. 압둘라에게서 광채가 사라졌기 때문이다.

무함마드가 태어날 당시 메카는 이미 대제국들인 비잔틴과 페르시아의 경계에 위치한 무역의 중심지로 성장해 있었다. 570년이라는 그의 출생연도가 정확한 것은 아니다. 이것은 예언자로서 그의 이력이 대개 610년경에 시작되었다는 사실을 반영한 것이다. 보통 중동에서

무함마드의 탄생(페르시안 그림, 1314~1315년 作, 추정)

는 마흔 살을 완숙함을 의미하는 나이로 보기 때문이다. 아미나가 시아버지 압둘 무탈립에게 무함마드의 탄생을 알리자 무탈립은 손자를 보기 위해 아미나가 있는 곳을 찾아왔다. 무탈립은 무함마드를 신전에 데리고 가서 그의 탄생을 감사하는 예배를 드렸다.

무함마드는 태어난 지 며칠 후 당시 관습에 따라 보모와 함께 먼 곳으로 보내졌으며 이후 4~5년 동안 생모를 만나지 못하게 된다. 당시에는 도시의 불결한 환경으로 인해 유아가 사망하는 확률이 높았으므로 멀리 사막으로 보내는 것이 관습으로 되어 있었다. 또한 한 유모가 여러 부족의 아이들을 맡아 젖을 먹이게 되므로 이렇게 자란 아이들은 젖형제가 되어 남다른 인간관계를 형성할 수 있었다. 이렇게 해서 맺어진 젖형제들로 인해 싸움이 잦은 부족들 간에도 유대가 형성됨으로써 평화에 기여할 수 있었다. 그러나 이러한 관습에는 폐해가 따랐다. 친모의 품을 떠나 모르는 여인에게 양육되는 아이는 정서적으로 트라우마를 갖기 일쑤였다.

처음에 무함마드에게 젖을 먹인 여인은 숙부 아부 라합의 하녀인 스와이비아이다. 스와이비아는 막내 삼촌 함자에게도 젖을 먹였다. 따라서 숙질간인 함자와 무함마드는 이른바 젖형제가 되었다. 함자는 나중에 무함마드 캠프에서 가장 용맹한 용사가 된다.

무함마드의 양모가 된 여인은 메카 남서쪽으로 사흘거리 타이프(Taif) 근처에 있는 베두인족으로 할리마(Halima)라는 여인이었다. 무함마드는 네 살이 될 때까지 베두인 부족과 함께 살며 사막의 맑은 공기를 마음껏 들이마시고 자유롭게 지냈다. 그는 이 부족과의 생활을 통해 가장 원형에 가까운 고전적인 아랍어를 배웠으며 이로써 자신이 순수한 아랍인이라는 긍지를 갖게 되었다. 무함마드는 평생 유모 할리마와 그녀의 가족을 사랑하고 아꼈다. 5년 후 무함마드를 친모에게 데려가려 하자 그는 가지 않으려고 떼를 썼다. 양모를 친모로 생각하고 자란 아이에게 큰 충격이었을 것이다. 일행이 메카 근처에 왔을 때 무함마드가 도망쳤다. 모두 흩어져 그를 찾아 나섰는데 와라카(Waraqa)라는 사람이 찾아 데리고 왔다. 와라카는 나중에 무함마드의 부인이 되는 카디자의 사촌이다.

  겨우 친모 품으로 돌아왔으나 불과 1년 후 어머니인 아미나가 죽고 만다. 어린 무함마드에게는 견디기 힘든 일이었다. 고아가 된 무함마드는 할아버지에게로 보내졌는데 이때 무탈립의 나이가 80에 가까운 고령이었다. 2년 후 무함마드가 8세가 되었을 때 무탈립까지 죽는다. 이와 같이 무함마드의 어린 시절은 정서적으로 감당하기 어려운 시련의 연속이었다. 무탈립은 손자를 총애하여 신전으로 자주 데려갔다. 무함마드는 주로 신전에서 놀았으므로 그곳에서 벌어지는 의식이나 행사를 보면서 신전의 분위기에 익숙해졌다.

  압둘 무탈립은 지위와 영향력을 누렸으나 후손들에게 재산을 남겨놓지는 못했다. 따라서 무함마드는 빈곤한 환경에서 성장해야 했다. 쿠사이의 자손 중 무역에 종사한 압드 샴스와 그의 양아들 우마이야는 메카의 경제규모가 성장하면서 많은 재산을 모았으므로 부와 권력을 누릴 수 있었다. 그러나 신전의 관리를 맡은 하심의 자손들은 권위는 누렸으나 순례자에게 필요한 물품을 제공하는 것만으로 부를 쌓지는 못했다. 무탈립이 죽기 직전 친권을 아부 탈립에게 넘겼으므로 무함마드는 백부 밑에서 성장하게 된다. 아부 탈립과 아내 파티마는 인자한 성품을 가진 사람들로서 무함마드를 친자식처럼 돌보았다. 이들은 무함마드에게 친부모와 같았다. 친절하고 관대한 아부 탈립은 쿠라이시 부족 내에서 가장 존경 받는 인물 중 하나였다. 그러나 아부 탈립은 가난했다. 반면에 다른 형제인 압바스는 부유했으나 인색한 사람이었다.

어려서 우여곡절을 많이 겪은 무함마드는 내성적인 아이로 자랐다. 양떼를 돌보는 목자가 되어 혼자 지내는 시간이 많았다. 사막의 계곡에서 양을 치면서 멀리 바라보이는 메카 부자들의 집을 쳐다보며, 과연 자신도 빈곤한 처지에서 벗어날 수 있을지 상념에 잠기곤 했다. 무함마드는 꼭 필요하다고 생각하지 않는 이상 한 마디도 입 밖으로 꺼내지 않는 과묵한 성격이었다. 그는 자신과 대화하고 우주와 대화했다. 깊은 묵상에 빠지는 것에 심취했으며 이로 인해 영혼이 기쁨을 얻는 것에 만족했다. 무함마드는 현세의 부와 쾌락을 멀리하고 사색과 명상에 만족하며 살았다. 물질적 풍요는 그의 관심사항 밖이었다.

아부 탈립에게는 여러 명의 자식들이 있었다. 그중 하나가 훗날 칼리프가 되는 알리이다. 무함마드는 백부의 딸 중 파키타(Fakhita)에게 연정을 품어 그녀와의 결혼을 허락해달라고 간청했으나 거절당했다. 사촌 간의 결혼은 흔한 일이나 거절된 것은 무함마드가 재정적으로 자립할 능력이 없기 때문이었다. 파키타가 부유한 집안으로 시집가게 되자 무함마드는 마음에 상처를 입었다. 무함마드가 성장하자 삼촌은 대상을 따라다니면서 장사를 배울 것을 권했다. 가난한 집안에서 돈 벌 수 있는 길은 무역밖에 없다는 것이다. 무함마드는 20년 동안 메카 부자 상인의 대리인으로 카라반의 대열에 끼어 이곳저곳으로 장사하러 다녔다. 그는 장사와 여행을 통해 견문을 넓혔는데 성실한 인품으로 말미암아 알 아민(al-Amin: 믿을 수 있는 사람)이라는 칭호를 얻게 되었다. 그는 보통 사람들과는 달리 절제와 금욕이 몸에 배었다.

"배가 고프지 않으면 먹지 않고 먹어도 배부르게 먹지 않는다"는 것이 그의 신조였다. 어떠한 어려움에 처해도 배신하지 않았으며 장사에서 속이는 법이 없었다. 그의 정직과 성실성은 두루 인정을 받았다.

카디자와의 결혼

이렇게 해서 돈 많은 과부 카디자와의 인연이 시작된다. 당시 무함마드는 매력적이지도 그렇다고 추하지도 않은 용모를 지니고 있었다. 중키에 넓은 어깨, 큰 머리, 둥근 얼굴, 짙은 수염을 기르고 있었다. 키는 보통이었으나 머리가 유난히 컸다. 늘 얼굴에 미소를 띠고 있었으며 깊은 사색에 빠져 있는 모습이었다. 사촌이자 사위인 알리는 무함마드의 모습을 이렇게 묘사하고 있다.

"키가 중간 정도였고 머리카락은 아주 곧은 것도 그렇다고 곱슬머리도 아니었다. 뚱뚱하지 않았고, 하얗고 둥근 얼굴에 눈은 크고 검었고, 속눈썹은 긴 편이었다. 걸음걸이는 항상 내리막길을 걸어가는 것처럼 보였다. 양 어깨 사이에 '예언의 봉인'을 지니고 있었는데 얼굴은 보름날 달빛처럼 빛났다."

눈이 늘 충혈 되어 있었고 꿈꾸는 자와 같은 모습, 우수에 찬 모습이었다. 내성적이고 방어적인 성격으로, 대화에 참여하기보다는 듣는 것을 더 좋아했다. 특징적인 것은 맑은 정신과 정직함이었다. 말로 표현하기 어려운 매력이 있었으며 한번 말을 꺼내면 웅변적이었고 그의 아랍어는 매력적인 운율을 띠고 있었다. 웃을 때는 입을 크게 벌리고 거침없이 웃었으나 화가 날 때는 입을 꼭 다물고 눈썹을 찌푸리면서도 분노를 밖으로 표출하지 않았다. 악수할 때는 항상 상대방보다 뒤에 손을 거두었다. 마음이 너그러웠고 약속을 충실히 지켰으며 무슨 일을 계획하고 결정하면 이를 이행하는데 철저했다. 누구도 그를 따라올 사람이 없을 정도로 엄격하고 정확했다. 이러한 모습을 본 사람들은 누구나 무함마드를 신뢰했다. 그가 '알 아민'(믿을 수 있는 사람)으로 불리게 된 배경이 여기에 있다.

아부 탈립의 추천으로 카디자는 무함마드를 카라반 단원으로 고용했는데 시리아와의 무역에서 두 배 이상의 이익을 남기는 큰 성과를 가지고 돌아온다. 전승에 의하면 무함마드가 돌아오는 도중 천사를 만나는 모습을 본 하인이 카디자에게 이 사실을 고했다고 한다. 어쨌든 카디자는 매파를 통해 청혼을 하게 되고 무함마드가 이를 받아들여 두 사람은 결혼하게 된다. 이때 무함마드가 25세, 카디자는 40세였으니 나이 차이가 15세였다. 카디자는 이미 두 번이나 결혼한 적이 있었는데 두 번째 남편이 죽으면서 많은 재산을 남겼다. 남편이 세상을 떠난 후 구애하는 남자들이 많았으나 지금까지 모두 거절해오고 있었다. 카디자는 무함마드를 재산관리인으로 두면서 유심히 관찰했다. 맡은 일을 빈틈없이 처리하는 능력, 헛된 욕심을 부리지 않는 성실성, 반듯한 용모 등 인품에 빠져들었다.

카디자와의 결혼으로 경제적으로 부유해졌고 사회적 지위가 높아졌으나 무함마드의 겸손한 태도는 예전과 마찬가지였다. 그는 사람들과 잘 어울렸으며 가난하고 어려운 이웃에게는 늘 도움의 손길을 내밀었다. 두 사람은 25년간 결혼생활을 하면서 4명의 딸과 2~3명의 아들을 낳았다. 아들들은 모두 어려서 열사병으로 죽었고 딸들도 파티마를 제외하고는 일찍 죽었다. 첫째 아들의 이름이 카심(Qasim)이었으므로 무함마드는 아부 알 카심(카심의 아버지)으로 불렸다. 그러나 카심은 두 번째 생일을 맞기 전에 죽고 말았다. 다른 아들도 일찍 죽었으나 딸들은 모두 생존했다. 딸들의 이름은 자이납(Zaynab), 루카야(Ruqaya), 움 쿨숨(Umm Kulthum), 그리고 파티마(Fatima)이다. 이들 중 파티마만이 무함마드가 죽은 후까지 생존했을 뿐 나머지는 모두 일찍 죽었다. 먼 훗날 그가 60세가 넘어 얻은 아들 이브라힘도 유아 때 죽었다. 결국 7~8명의 자녀 중 6~7명이 그가 살아있는 동안에 죽고 말았다.

오랜 결혼 생활이었지만 두 부부는 한 번도 다투지 않을 정도로 사이가 좋았다. 일부다처제가 만연한 당시 사회였지만 무함마드는 결코 다른 여자에게 눈길을 돌리지 않았다. 카디자는 그에게 첫사랑이자 영원한 사랑이었다. 그녀가 죽고 공동체를 거느리게 되었을 때 무함마드는 많은 부인을 맞아들였으나, 카디자에 대한 칭송을 그치지 않음으로써 다른 부인들의 질투를 유발했다. 파티마는 알리와 결혼했고 하산과 후세인의 어머니이므로 시아파와 직결되어 있다. 이러한 이유로 정통파인 수니는 파티마를 부각시키지 않는다. 그러나 그녀의 어머니 카디자는 다르다. 종파와 관계없는 카디자는 가장 모범적인 부인으로 부각되고 있다. 자기 확신이 강하고 주관이 뚜렷하며 독립적인 여인의 표상으로 섬기는 것이다. 카디자는 무함마드의 모든 부인들 중에서 특별한 위치를 차지하고 있다. 무함마드는 그녀가 죽은 후에도 늘 그녀를 그리워했으며 틈만 있으면 함께 했던 세월 그리고 그녀의 미덕을 회상했다. 무함마드의 총애를 받았으나 개성이 강한 부인 아이샤가 이를 시기하자 무함마드는 아이샤를 나무랐다. 일부일처로서 25년을 함께 했던 카디자와 일부다처로서 여럿이 함께 했던 나머지 부인들 간에는 감성적으로 큰 차이가 있었을 것이다.

두 아들의 죽음은 무함마드의 생활과 사고에 큰 영향을 미쳤다. 카디자는 카바 신전에 있는 우상을 찾아가 제물을 바치며 자식을 더 이상 잃지 않게 해달라고 빌었다. 그러나 무함마드는 그런 것이 아무 소용이 없다는 사실을 깨닫고 있었다. 당시 무함마드는 물질적으로 풍요한 가운데 평화롭고 안정된 생활을 하고 있었다. 만일 두 아들이 죽지 않았더라면 카디자의 사랑과 충실한 내조 속에 현실적으로 행복한 생활에 만족하고 살았을 것이다. 그러나 아들들의 죽음으로 무함마드의 영혼은 방황하게 되었고 깊은 사색으로 빠져들었다. 그는 메카인과 유대인 그리고 기독교인이 자신의 종교에 관해 이야기 하는 것을 경청했고, 메카의 다신교에 관해 유대인과 기독교인이 비판하는 목소리도 들었다. 이러한 문제를 깊이 생각하면서 내적인 세계에 집착하고 몰입했지만 자신의 고민과 생각을 다른 사람에게는 일체 알리지 않았다.

　한편 쿠라이시 족은 많은 부를 축적하면서 자비로운 '무루와' 정신을 잃고 점차 이기적으로 되어 갔다. 가난한 사람들을 무시하고 착취했으며 쾌락에 빠졌다. 무함마드는 이들의 모습을 지켜보면서 무언가 개혁이 필요하다는 생각을 갖게 되었다. 쿠라이시의 오만과 방종이 지속될 경우 메카가 무사하지 못할 것이라는 생각이었을 것이다. 아마 자신이 정신적으로 남다른 능력을 가졌다는 사실을 알았을지도 모른다. 그러나 당시 무함마드의 지위로는 아무 것도 할 수 없었다.

　무함마드는 자식들 외에 여러 명의 소년들을 키웠는데 그중 하나가 아부 탈립의 막내 알리이다. 삼촌의 재력이 부족하여 여러 명의 자식들을 기르기 어려웠는데 마침 무함마드가 카디자와 결혼하자 그에게 알리의 양육을 맡긴 것 같다. 알리의 형 자파르(Jafar)의 양육은 아부 탈립의 동생 압바스가 맡았다. 또 하나의 소년은 노예인 자이드(Zayd)이다. 예멘의 기독교 집안 출신인 자이드는 8세 때 카라반 여행을 하던 중 약탈자에게 포획되어 노예시장에 나왔는데 카디자의 조카 하킴이 그를 사서 카디자에게 선물로 주었다. 자이드는 아비시니아인(에티오피아인)과 아랍인 사이 혼혈이다. 무함마드는 근면하고 얌전한 태도를 지닌 자이드를 총애하여 양아들로 삼았다. 또 하나의 소년은 주바이르(Zubayr)이다. 주바이르는 카디자의 오빠 아왐(Awwam)과 무함마드의 고모 사피야(Safiya) 사이에서 태어났다. 성격이 급한 사피야가 주바이르를 심하게 때리면서 키웠기 때문에 그는 폭력적인 성향을 지니게 되었다. 무함마드의 아버지에게는 바라카(Baraka)라는 아비시니아 출신 노예가 있었는데 무함마드는 어릴 적에 그녀를 엄마라고 부르며 따랐다. 바라카는 남편이 죽은 후 무함마드에게로 왔는데 바라카의 나이가 두 배나 많음에도 불구하고 양아들 자이드와 결혼시켰다. 바라카와 자이드 사이에서 태어난 아들이 바로 오사마(Osama)이다. 알리, 자이드, 주바이르, 오사마는 모두 나중에 무함마드의 측근으로서 중요한 역할을 하게 된다.

제3장
예언자

신의 계시

쿠라이시족은 여러 신을 섬겼다. 카바 신전 안에는 크고 붉은 돌로 만든 후발(Hubal)이라는 신이 있었고 알 라트(Al-Lat), 알 우짜(Al-Uzza), 마나트(Manat) 등 세 여신이 있었다. 여신들은 '알라의 딸'로 불렸으며 인기가 대단했다. 메카인은 '알라의 딸들'이 자신이 접근할 수 없는 알라신에게 소원을 대변해 줄 것으로 믿었다. 메카인은 신전에서 우상들에게 둘러 싸여 있는 알라를 많은 신들 중 우두머리로 믿었다. 당시 아랍인은 유대교나 기독교의 기본적인 교리는 알고 있었으나 개종할 필요성은 느끼지 않았다. 자신들도 아브라함의 자손이라고 믿었기 때문이다. 그들은 또 일신교와 다신교는 서로 배척되지 않고 양립이 가능한 것으로 생각했다. 무함마드도 처음에는 다른 메카 사람들과 같이 다신론자였다. 35세 때인 605년 무함마드는 홍수로 피해를 입은 카바 신전 재건 사업에 참여한 적도 있다.

무함마드가 유대교와 기독교에 대해 자세히 알게 된 것은 카디자의 사촌 와라카(Waraqa)를 통해서이다. 박식했던 와라카는 이들 종교에 능통했고 신약성경의 일부를 아랍어로 번역하기까지 했다. 카디자는 사촌의 영향을 입어 한 때 기독교에 관심을 가진 적도 있었다.

무함마드에게 가장 큰 영향을 끼친 사람은 자이드 이븐 아므르(Zayd ibn Amr)이다. 자이드는 메카의 종교적 관습에 회의를 품고 다신교를 비판하는 사람이었으며 새로운 종교의 창설을 열망했다. 자이드는 와라카와 비슷한 연배로 무함마드보다 30년 정도 연상이다. 자이드도 와라카와 마찬가지로 유대교와 기독교를 공부했으나 이들 종교를 혐오하는 입장이었다. 자이드는 기독교와 유대교에 앞서 순수한 형태의 일신교가 있다고 믿었으며 이를 '아브라함 교'라고 불렀다. 사막의 아랍인은 오래 전부터 서부 아라비아에 정착한 유대인이나 예멘의 기독교 선교사들을 통해 아브라함에 대해서 알고 있었으며 그를 자신들의 조상으로 믿었다. 자이드는 이삭의 자손은 아브라함 교의 원류로부터 벗어났고 대신 이스마일의 자손이 정통적인 교리를 이어받았다고 생각했다. 그는 사막 부족의 여아 살해 관습을 경멸하고, 알라신 외에 다른 신에게 희생 제물을 바치는 것을 경멸했으며, 카바 신전 내 흑석(검은 돌)을 숭배하는 관행도 경멸했다. 와라카와 자이드는 이른바 하니프(hanif)들이다. 하니프는 아랍의 다신 숭배를 경멸하고 조상 아브라함이 믿었던 순수한 종교(하니피야: hanifiyyah)를 추구하는 사람을 가리킨다.

자이드의 이런 사상은 메카에서 많은 적을 만들었다. 특히 아버지가 다른 형제 카탑(Khattab)은 그를 이단자로 몰아붙이며 무척 괴롭혔다. 무함마드의 고모 사피야처럼 과격한 성격을 지닌 카탑은 아들 우마르도 가혹하게 다루었다. 거칠게 자랐으나 용맹한 성품의 우마르는 훗날 이슬람 제2대 칼리프가 된다. 자이드와 카탑은 어머니는 같으나 아버지가 달랐다. 자이드의 아버지는 공교롭게도 카탑 아버지가 다른 여인에게서 낳은 아들이다. 따라서 자이드와 카탑은 어머니 쪽으로는 형제이면서 아버지 쪽으로는 숙질간이 되는 묘한 관계였다. 메카에서 쫓겨난 자이드는 히라산에 있는 동굴에서 지냈다. 자이드는 밤에만 몰래 산에서 내려와 메카로 잠입하여 무함마드, 카디자, 와라카 및 그를 따르는 무리들을 만났다. 무함마드는 자이드로부터 많은 설교를 들었는데 특히 다신교에 대한 비판과 조상 아브라함에 관한 이야기를 들으면서 자이드의 추종자가 되었다.

첫아들을 잃고 큰 상심에 빠졌던 무함마드는 아브라함이 아들 이삭을 제물로 바치려 했던 이야기를 듣고 아버지로서 감당해야 할 큰 고통에 연민을 느꼈다. 당시 무함마드는 간질 외에도 힘들었던 어린 시절의 트라우마 그리고 어린 아들의 죽음으로 인해 심한 고통을 겪고 있었다는 분석도 있다. 약물치료가 필요했으나 당시에는 적절한 약도 없었다. 이러한 상황에서 기도와 엄격한 종교적인 의식을 통해 겨우 불안을 극복할 수 있었다는 것이다. 그러던 중 40세 되던 해 무함마드는 신의 계시를 받게 되는데 그 이후의 행적은 비교적 잘 알려져 있으나, 젊은 시절에 대해서는 사실 잘 알 수 없다. 무함마드의 출생, 어린 시절, 청춘 시절에 관한 이야기는 역사적인 것이라기보다 다분히 상징적인 것들이 대부분이다. 무함마드가 메카에서 포교하던 초기시절에 관한 기록도 많지 않다. 그는 이름 없고 모호한 존재였으므로 누구도 그의 활동에 대해 큰 관심을 가지지 않았다. 코란에 나와 있는 그 시절의 무함마드에 관한 기록은 단편적인 것에 불과하다.

원래 외톨이였던 무함마드는 점차 스스로를 더 고립시켰다. 주로 히라산의 동굴에서 시간을 보냈는데 아마 이 동굴은 자이드가 거주했던 곳인 것 같다. 무함마드는 며칠씩 동굴에 있다가 메카로 내려와 음식물을 가져가곤 했다고 한다. 무함마드는 인간의 고통, 신의 존재, 신과 인간의 관계, 천국과 지옥 등과 같은 풀 수 없는 문제에 관해 곰곰이 생각하며 시간을 보냈다. 이런 문제들에 관해 깊이 생각하면 할수록 점점 더 미궁에 빠져들었다. 사람들은 이런 무함마드를 지켜보면서 미쳤다고 생각했을 지도 모른다.

그러던 중 610년 무함마드가 40세가 되었을 때 그는 가브리엘 천사로부터 계시를 받게 된다. 가브리엘은 무함마드에게 "암송하라"고 명했고 글을 모르는 무함마드는 "암송할 수 없다"고 응답했다. 천사는 무함마드의 몸을 눌렀고 고통에 빠진 그는 천사에게 "무엇을 암송해야 합니까?"라고 물었다. 가브리엘은 몇 구절을 암송했고 무함마드는 이를 따라 했다. 그러자 천사가 사라졌고 두려움에 처한 무함마드는 자신이 마귀(jinn: 진)에게 사로잡힌 것으로 생각했다. 절망에 빠진

천사 가브리엘로부터 계시를 받는 무함마드(14세기 페르시안 작품으로 추정)

무함마드는 동굴 밖으로 나가 절벽 밑으로 몸을 던지려 했는데 바로
이 순간 목소리가 들렸다.

"나는 가브리엘이고 너는 신의 예언자이니라."

좌우 양쪽에 600개씩의 날개로 온 하늘을 덮고 있는 가브리엘의
모습을 본 순간 무함마드는 기절했다. 가브리엘은 인간의 크기로 몸
을 축소시킨 후 무함마드를 깨워 그의 뺨에 흐른 침을 닦아주었다.

무함마드는 카디자에게 달려와 그가 겪은 것을 이야기하면서 아
무래도 자신이 미친 것 같다고 말했다. 카디자는 그런 일에 부딪칠 때

하는 아랍의 전통적 방식으로 무함마드가 겪은 일을 검증한 후 그가 미친 것이 아니라 예언자로 지명되었다는 결론을 내렸다. 이러한 결론은 경험 많고 지혜로운 와라카를 통해 확인되었다. 와라카는 무함마드에게 나타난 천사가 먼 옛날 모세에게 나타났던 천사와 동일한 존재라고 말했다. 그러면서 과거의 선지자들이 그랬던 것처럼 무함마드도 많은 시련을 겪게 될 것이라고 말했다. 사람들이 그를 속이고, 배척하고, 배반하고, 박해할 것이라는 것이다. 선지자는 원래 고향에서 인정을 받지 못하므로 다른 곳으로 이주하게 될 것이라고도 했다. 히라산에서의 처음 계시 후 무함마드는 여러 번 환상을 경험하게 된다. 그러다가 2년 동안이나 아무런 계시도 내리지 않았다. 무함마드는 매우 실망했다. 신이 자신을 버렸는지, 아니면 자기가 보았던 것이 계시가 아니라 심술궂은 진이 저지른 장난이었는가, 하는 의문이 들었다. 그러다가 마침내 계시가 다시 내려왔다. 천사의 위로도 있었다.

"주님은 너를 버리지 않았다. 너를 미워하지 않는다."

새로운 종교 창시

무함마드는 이제 자신이 예언자라는 확신을 가졌으나 하나의 종교를 창시하기 위해서는 정교한 내용물(details)이 필요했다. 그는 수년에 걸쳐 이러한 내용물을 만들기 시작한다. 이러한 과정에서 자이드와 와라카로부터 배운 기독교, 유대교 및 여타 종교에 대한 지식이 큰 도움이 되었음은 물론이다. 무함마드는 유일신 외에 다른 신을 섬기는 것에 대한 죄, 그리고 내세에서 천국과 지옥의 존재, 부활, 심판 등의 개념을 수용한 것으로 보인다. 무함마드는 알라신 외에 다른 신을 섬기는 것을 가장 큰 죄목으로 채택했다. 부활한 육체는 영적인 것이 아니라 실제적인 육신과 같은 것으로 생각했다. 실제적 육신이 아니면 천국에서의 기쁨과 지옥에서의 형벌이 무의미하기 때문이다. 신이 육체를 만들었다면 죽었을 때 이를 다시 재생시키는 능력도 가지고 있는 것으로 보았다. 이러한 개념들은 아랍의 다신교적 전통과는 매우 다른 것이다. 아랍인에게 가장 큰 죄는 부족의 전통적 관습에 반하는 행동을 하는 것이었다. 신의 분노를 사면 죄 값을 치러야 하나 현세에서 치르는 것이지 내세에서 치르는 것은 아니었다. 아랍인은 내세의 존재를 믿었으나 천국과 지옥의 개념은 받아들이지 않았다. 그들에게 내세는 알 수 없는 미지의 세계였다.

　무함마드가 몸을 깨끗이 씻는 것, 끊임없이 예배를 드리는 것과 같은 이슬람교의 의식을 창조한 것은 그의 불안증과 관계가 있다는 분석도 있다. 충동적으로 엄습하는 불안을 극복하기 위해 이렇게 복잡한 의식을 만들었다는 것이다. 이슬람교에서는 손과 입을 씻은 후 물을 넣어 콧구멍을 씻고 얼굴을 씻은 후 오른팔과 왼팔을 씻는다. 그리고 난 후 머리, 귀, 목을 젖은 손으로 씻으며 마지막으로 오른발과 왼발을 발목까지 씻는다. 이러한 의식을 세 번 반복해야 한다. 이슬람에서는 머리가 땅에 닿도록 정성을 다하여 기도한다. 이를 하루에 다섯 번 해야 한다. 씻는 것과 기도를 올바로 행하지 않으면 신에게 죄를 짓는 것이다.

무함마드는 23년간 신이 계시한 내용을 리드미컬한 문장으로 만들어 전파했다. 처음에는 짧은 문장이 대부분이었으나 나중에는 점점 긴 문장으로 발전했다. 신의 계시는 늘 가브리엘 천사를 통해 전해졌다. 일부 서양 학자들은 무함마드가 계시를 받기 전부터 시가를 짓는 연습을 했었다고 주장한다. 지은 시를 가까운 가족에게만 암송했는데 대부분은 없어졌으나 일부는 코란에 편입되었다고 한다. 간질 발작이 잦았을 때에는 환상을 보는 일이 많아 코란의 창작이 순조로웠으나 한동안 발작이 없어 진전이 없었다고 주장한다.

극심한 흉년(Dry Period)이 3년 동안 지속되었다고 한다. 골방에 틀어박혀 열심히 기도를 해도 환상이 일어나지 않아 시를 짓는 것이 막히자 언덕에 올라가 자살할 생각까지 했는데 바로 그때 환상이 다시 돌아왔다는 것이다. 절망 속에서 헤매던 무함마드에게 들려온 계시는 다음과 같은 것이었다.

"아침을 두고, 어둠이 짙어지는 밤을 두고 맹세하건대, 주께서는 그대를 버리신 것도 미워하신 것도 아니리니, 그대의 내세는 현세보다 훨씬 더 나을 것이다. 주께서는 은혜를 베풀 것이며 그대는 이로 인해 기뻐하리라. 주께서는 고아였던 그대를 발견하여 보호해 주지 않았던가. 길 잃고 헤매는 그대를 바른길로 인도해 주지 않았던가. 가난한 그대를 부유하게 만들어 주지 않았던가. 그러므로 고아를 거칠게 대하지 말며, 구하는 자를 꾸짖지 말고, 주의 은총을 전해 주어라."

이 계시를 통해 무함마드는 자신에게 예언자의 사명이 주어졌다는 사실을 확신하게 되었다. 자신도 모르는 사이에 두려움과 공포는 사라지고 확신과 사명감이 가슴 속에 자리 잡았다. 이제 자신이 해야 할 일은 알라신의 말씀을 사람들에게 전파하는 것이다. 무함마드는 더 이상 주저하지 않았다.

"우리가 지금 살고 있는 삶이 전부가 아니다. 또 다른 삶이 우리를 기다리고 있다. 바르고 정직한 삶을 사는 자만이 천국에 들어갈 수 있다. 알라는 특정한 사람들의 신이 아니며 천국도 특정한 사람들만 가는 곳이 아니다. 욕심이 많은 자는 천국에 들어갈 수 없다. 자신의 욕망을 이루기 위해 신의 이름을 부르지 말라. 현재의 안위를 위해 신을 찾지 말라. 신이 우리에게 바라시는 것은 오직 하나, 우리가 이 땅에서 바른 생각을 갖고 진실하게 사는 것이다."

계시를 받는 것은 결코 쉬운 일이 아니었다. 계시가 내릴 때마다 무함마드는 영혼이 찢어져 나가는듯한 고통을 느꼈다. 추운 날에도 땀이 비 오듯 흘렀다. 코란의 암송이 가져오는 영혼의 울림이 초기 신자들을 감동시켰다. 신도들은 코란을 들을 때마다 전율을 느꼈다.
"신을 경외하는 자는 무엇인가 자신의 피부로 기어 올라오는 것과 같은 전율을 느꼈다. 그리고 잠시 후 그들의 피부와 심장은 신을 기억하면서 부드러워졌다."

무함마드를 죽이려고 했던 과격한 우마르가 코란의 암송을 듣자마자 회심하여 무슬림이 된 이야기는 거의 전설적이다. 알라는 그들이 지금까지 알아 왔던 어떤 신과도 달랐다. 카바 신전에 세워놓은 돌로 만든 우상 따위와는 질적으로 다르다는 사실을 절실히 깨달았다. 타우히드(tawhid: 신의 유일성)가 이슬람의 원칙이 되었다. 이슬람 신도는 단순히 우상을 거부하는 것에 그치지 않고 신이 다른 모든 것에 앞선다는 것을 행동으로 보여줘야 했다. 부, 국가, 가족, 번영, 사랑, 애국심 등 어떤 것도 신보다 앞설 수 없었다.

바로 이 때 샤하다(shahadah)가 탄생한 것으로 보인다. "알라 외에 신이 없고 무함마드는 그의 사도이다." 샤하다는 무슬림이면 누구나 실천해야 하는 신앙고백으로 이슬람의 다섯 기둥 중 하나이다. 코란은 무슬림에게 이슬람이 없었던 몽매한 시절(자힐리야)로부터 깨어나라고 한다. 코란은 또 전통적 아랍의 미덕인 힐름(hilm)을 권장한다. 힐름은 관대하고, 참을성 있고, 자비로운 태도를 말한다. 힐름을 가진 자들은 가장 어려운 상황에서도 분노를 통제하며, 쉽사리 보복에 나서지 않고, 전투에서도 부상당한 상대방을 공격하지 않는다. 이들은 사사로이 행동하지 않고 알라신에게 복수를 맡긴다. 약자와 어려운 처지에 있는 사람들을 돕고 노예를 해방하며 자신이 굶주릴지라도 배고픈 자에게 먹을 것을 내놓는다. 무슬림은 항상 공손하고 예의바르게 행동해야 한다. 힐름을 지닌 무슬림은 평화와 자비의 사람으로 간주된다.

무함마드는 자신의 계시를 기록할 서기관을 데리고 있었다. 무함마드 자신은 절반쯤 문맹이었으나 그의 추종자 중에는 글을 아는 사람들이 많았다고 한다. 그가 메카 시절에 암송했던 멋있고 창의적인 코란 구절에 비해 메디나에서 계시한 구절들에는 장황하고 지루한 내용이 많다. 그것은 메디나 시절에 주로 이슬람의 규범을 만들었기 때문이다. 무함마드의 서기관 중에 메카 출신으로 압둘라 사흐르(Abdullah Sahr)라는 사람이 있다. 그는 지적이고 재치가 있었기 때문에 무함마드가 총애하는 보좌관이었다. 코란 암송 시간이 되면 무함마드는 그를 곁으로 불렀다. 사흐르는 무함마드가 구술하는 코란의 문장을 조금씩 고쳐 건의했고 무함마드는 이를 받아들이곤 했다. 사흐르는 무함마드가 신의 계시를 받는 장면을 목격했다고 한다. 그 순간 사흐르에게는 그가 메카에 있을 때 시인들이 가장 좋은 표현을 찾기 위해 고심하던 장면이 떠올랐다. 이로 인해 사흐르는 코란이 신으로부터 온 것이 아니라 무함마드가 창조한 것이라는 결론을 내리고 다시 메카로 도망쳤다고 한다. 수년 후 무함마드가 메카를 점령했을 때 처단해야 할 인물의 리스트 맨 위쪽에 압둘라 사흐르가 올라있었다.

1989년 인도 소설가 살만 루시디는 악마의 시(The Satanic Verses)에서 코란을 국제적인 논쟁거리로 만들었다. 이 복잡한 소설에서는 분명 무함마드를 연상시키는 어떤 예언자의 이상한 이야기를 재현하는 꿈의 장면이 등장한다. 무슬림은 이 부분에 대해 신의 진정한 계시인 코란의 신빙성을 공격한 것이라고 비난했다. 이 소설에서는 무함마드의 부인들을 모델로 하고 있는 것이 분명한 창녀들을 등장시킴으로써 무슬림은 더욱 분노했다. 마침내 이란의 최고지도자 호메이니는 신성모독죄로 루시디에게 사형을 선고했다. 재미있는 것은 이 소설에서 호메이니를 풍자하는 부분도 있었다는 점이다. 호메이니는 이 소설에서 '벽화들까지도 도망갈 정도로 엄격한 율법학자'로 그려졌다.

코란은 무슬림에게 절대적인 경전이다. 300쪽 가량 되는 분량으로 수라(sura)라고 일컫는 114개의 장으로 나뉘어 있으며, 6천여 개의 절과 7만8천여 개의 단어로 구성되어 있어 신약성경 정도의 부피이다. 무슬림에게 있어서 코란을 암송하는 것은 하나의 의무이다. 코란 전체를 암기하고 있는 무슬림이 1천 만 명이 넘는다고 한다. 이들을 하피즈(hafiz)라고 부른다. 이슬람교도들은 하피즈에게 각별한 존경심을 표한다. 이들에게는 모스크 내에 특별한 자리를 마련해 우대해주는 것이 보통이다.

무함마드가 계시를 받은 후 처음 입교한 신도는 아내 카디자이고 그 다음이 알리였다. 알리 다음으로 무함마드가 입양한 기독교 노예 출신 자이드가 입교했으며 그 다음으로 무함마드의 네 딸이 동참했다. 가족 외 처음으로 입교한 사람은 아부 바크르이다. 부유한 아부 바크르는 우상에게 재물을 많이 바쳤으나 응답이 없어 다신교에 염증을 느끼고 있었다. 아부 바크르는 창의력이 뛰어난 사람은 아니었으

이슬람 3대 칼리프 우스만 시대(644~656)의 코란 최종본. 우스만의 통치 시기에 코란을 최종적으로 교정했다고 한다. (쿠웨이트의 그랜드 모스크 Grand Mosque 소장)

나 신실하고 의리가 있어 무함마드의 지시를 이행하는데 적격이었다. 아부 바크르는 술, 여자, 도박 등을 멀리 하는 청교도적인 사람이었으며 무함마드처럼 시 낭독을 한번 들으면 전체를 암송할 수 있는 재주가 있었다. 아부 바크르는 열심히 포교를 하여 주바이르 등 신도들을 계속 끌어 모았다. 그의 사촌 탈하, 양치기 소년 압둘라 마수드 등이 잇따라 입교했는데 탈하는 나중에 재벌이 되고 마수드는 저명한 코란 암송가 겸 법률가가 된다. 제3대 칼리프가 되는 우스만 이븐 아판

(Uthman ibn Affan)도 이때 입교했는데 당시 34세였다.

어떤 학자들은 무함마드의 종교 창시가 절묘한 시기에 일어났다고 주장한다. 1세기 전만 해도 다신교가 너무 강해 발붙일 곳이 없었으나, 이때에는 많은 사람들이 염증을 느껴 일신교에 관심을 기울이고 있었다는 것이다. 초기에 이슬람을 받아들인 신도들은 대체적으로 젊고 지적인 사람들이었다. 이들은 카라반 여행 등을 통해 일신교를 알게 되면서 자신이 섬기고 있는 다신교에 대해 많은 의문을 품었다. 회의가 짙어지면서 이들은 새로운 종교를 원하고 있었다. 기독교 출신 노예들도 새 종교에 기꺼이 동참했다. 무함마드가 창시한 새 종교가 자신들의 기존 종교와 크게 다르지 않았고 몇몇 부유한 신도들은 이들이 이슬람을 받아들일 경우 노예 신분으로부터 해방시켜주겠다고 약속했기 때문이다.

제4장
메카 시절

메카의 냉대와 핍박

무함마드는 매우 조심스럽게 처신해야 했다. 쿠라이시족이 그의 말을 믿지 않을 것은 뻔했다. 이들은 무함마드가 어렸을 때부터 지금까지 그를 잘 아는 사람들이다. 예언자와는 거리가 멀게 보이는 사람이 갑자기 예언자라고 하면 이를 믿겠는가? 거칠 것 없는 쿠라이시 귀족들에게 자존심과 오만함을 버리고 겸손히 알라 신 앞에 무릎을 꿇으라고 할 경우 이를 받아들이겠는가? 쿠라이시의 엘리트들에 비해 무함마드는 몰락한 하심 가문(하세미트)의 보잘 것 없는 존재에 불과하다. 이들은 설사 예언자가 나타나더라도 지체 높은 가문에서 나타날 것으로 믿었다. 무함마드는 자신의 부족을 설득시키기 위해 많은 노력을 기울였으나 예상대로 그들은 무함마드를 조롱하고 비웃었다. 그를 사랑과 정성으로 키운 삼촌 아부 탈립도 믿지 않았다. 가깝게 지내던 압바스와 함자 두 삼촌은 물론 딸 자이납과 결혼한 사위도 믿지 않았다.

여인, 하인, 노예 등 가장 낮은 계급의 사람들만이 그를 따랐다. 어려운 시절 가장 큰 힘이 되어준 사람은 친구 아부 바크르이다. 아부 바크르는 처음부터 무함마드를 열성적으로 따랐다.

가장 큰 장애는 삼촌 아부 라합(Abu Lahab)과 숙모 움 자밀(Umm Jamil)이다. 무함마드의 증조부 하심과 메카의 주도권을 놓고 다투었던 우마이야의 자손 중 아부 수피얀(Abu Sufyan)이 있었다. 라합의 부인 움 자밀은 아부 수피얀의 누나이다. 무함마드가 사는 동네는 우마이야 가문의 상인들이 사는 부유한 곳으로 이들은 모두 한 동네 사람이었다. 라합은 카디자의 집 근처에 살았는데 무함마드의 두 딸이 라합의 두 아들과 약혼할 정도로 원래는 사이가 좋았다. 그러나 무함마드가 계시를 받고 예언자가 되었다고 선포할 때부터 급격히 사이가 나빠졌다. 무함마드는 라합의 강한 거부에 분노가 치밀어 그를 저주하는 시를 지었다. 그러자 라합 부부는 거칠게 항의했으며 숙모 움 자밀은 돌로 무함마드를 치려고까지 했다. 라합 부부는 오물을 무함마드 집 앞에 갖다놓거나 죽은 짐승을 집안에 던졌다. 그러다가 끝내 아들들의 약혼을 파기했다.

신도 수가 늘어나면서 무함마드가 부족회의나 장로회의 등에 나타나 공개적으로 교리를 전파하기 시작하자 많은 적이 생겼다. 메카 사람들은 자신의 전통을 모욕하는 무함마드에게 적개심을 품고 그를 죽이려 했다. 그러나 메카의 부족이 무함마드를 죽일 경우 하심 가문의 보복을 감수해야 했다. 우마이야 등 메카의 부족들은 아부 탈립에게

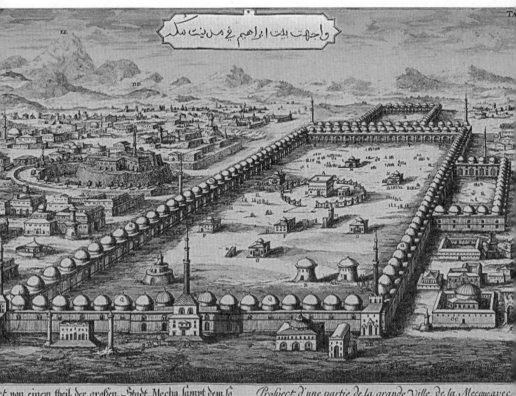

واجهت بيت ابراهيم في مدينت مكة

et von einem theil der großen Stadt Mecha, sampt dem so-
Plaß wo nach der Mahumetaner meinung das Hauß Abrahæ
Brün Ismaelis stehet, und an welchem der Mahomet seinen AlKoran
n, dießer Orth wird Jährlich von der Türckischen Caravane besücht.
C.° S.C.M.

Prospect d'une partie de la grande Ville de la Mecque avec
cette Place Sainte si celebre, où, suivant l'opinion des Maho-
metans, subsiste la Maison d'Abraham et la fontaine d'Ismael; enfin
où Mahomet ecrivit son Alcoran. Ce lieu et visité chaque année de Caravanes de Turcs.

고대 메카의 건축 도감(요한 베른하르트 피셔 폰 에리아흐Johann Bernhard Fischer von Eriach 作,
1721년)

대표단을 보내, 정신 이상을 일으킨 무함마드를 이대로 놔두면 그의 엉뚱한 교리로 인해 메카가 분열될 것이 분명하니, 어떤 조치를 내려야 한다고 주장하면서 조카를 버리도록 종용했다. 아부 탈립이 무함마드를 버리는 순간 살해될 가능성이 농후했다.

대표단에는 아부 수피얀과 아불 하캄(Abul Hakam: 별명 Abu Jahl) 등 강경파가 포함되었다. 아부 탈립은 중립적인 입장을 취했다. 그들의 입장을 이해한다고 하면서 어떤 조치를 취할 것인지 생각해보겠다고 했으나 실제로는 아무런 조치도 취하지 않았다. 메카 부족들은 다시 대표단을 보내 문제가 해결되지 않으면 전쟁이 벌어질 것이라고 경고했다. 그러나 무함마드를 보호하겠다는 아부 탈립의 입장에는 변화가 없었다. 메카 부족들은 잘 생긴 청년 한 명을 데려와 그를 무함마드와 교환하자는 제안까지 내놓았으나 아부 탈립은 이를 거절했다. 아부 탈립은 하세미트 부족에게 무함마드를 보호하라는 명을 내렸다. 하세미트 구성원 대부분은 전통적인 다신교를 신봉하는 사람들이었으나 무함마드를 보호하는 가운데 점차 이슬람교를 받아들이는 사람들이 생겨났다. 메카 사람들의 반대가 거칠어지자 무함마드는 아르캄(Arqam)이라는 젊은 신도의 집으로 집회장소를 옮겼다. 아르캄의 집은 하세미트 부족의 거주지와 가까운 사파(Safa)산 밑에 있었다. 신도들은 어두워지면 이곳에 모여 비밀리에 예배를 드렸다. 아부 바크르는 계속해서 새로운 신도들을 이곳으로 데려왔다.

포교가 진행되면서 무함마드는 자신을 단순한 예언자보다 단계가 높은 신의 사자(Messenger of God)로 격상시킨다. 그동안 예언자는 수도 없이 많았으나 신의 사자는 매우 제한적이었다. 노아, 아브라함, 모세, 예수 그리고 마지막으로 무함마드가 대열에 합류한 것이다. 그는 곧 세상이 끝나고 부활의 날이 오며 최후의 심판이 임박했다고 설교했다. 이렇게 되면 그가 마지막 신의 사자가 될 것이다.

"알라신 외에 다른 신은 없고 무함마드는 그의 사자이다"라는 유명한 코란의 믿음 고백(샤하다)이 이때부터 본격적으로 시작되었다. 메카 사람들은 하심 가문이 총력을 기울여 보호하는 무함마드를 죽일 수 없자 그의 추종자들을 박해하기 시작했다. 소수 부족에 속하거나 부족의 보호를 받지 못하는 사람들이 그 대상이었다. 양치기 소년이었던 압둘라 마수드는 사원 밖에서 코란을 암송하다가 심하게 두들겨 맞았다. 아부 바크르와 그의 사촌 탈하 우바이둘라(Talha Ubaydullah)는 밧줄에 함께 묶여 거리에서 두들겨 맞았다. 상인으로 크게 성공한 데다 담대하고 용기 있는 사람으로 정평이 있었던 아불 하캄은 무함마드가 신전 앞에서 기도하고 있는 것을 보고 그의 머리를 돌로 내리치려 했다.

무함마드는 종종 다신교 신전 앞에서 이슬람 의식으로 몸을 씻고 기도를 드림으로서 메카의 귀족들을 자극했다. 이 신전은 수세기 동안 메카인이 많은 신을 섬기고 있는 곳으로 순례자들이 이곳에 와서 기도를 드리고 제사를 지내며 자신과 부족의 안녕을 비는 성스러운 장소이다. 이들은 이러한 장소의 코밑에서 용납할 수 없는 종교의식을 수행하고 있는 무함마드에게 분노했다. 그러나 무함마드는 이들의 방해와 욕설에도 아랑곳하지 않고 자신이 정한 의식을 수행했다. 강경한 무함마드는 쿠라이시 부족은 물론 아불 하캄 등 개인의 이름을 열거하며 신의 분노가 미쳐 이들이 파멸될 것을 예언했다. 메카인은 무함마드가 이제 자신의 파멸을 예언하자 심각한 위협을 느꼈다. 또한 이들은 무함마드가 '내세와 최후의 심판'을 내세워 부자들의 지옥행을 경고한 것에 전율을 느끼지 않을 수 없었다.

메카인은 처음에는 무함마드가 아주 지독한 귀신(진)에 들려 이와 같은 행동을 한다고 생각하여 그를 치료할 수 있는 의사를 찾아 시리아, 예멘, 아비시니아 등지로 사람을 보냈다. 이들은 자신의 비용 부담으로 치료를 제안했으나 무함마드는 물론 이를 거절했다.

무함마드가 외치는 알라신이 메카인에게 생소한 존재는 아니다. 메카인도 '알라'는 강력한 신이라고 믿고 있었다. 많은 주민들이 자식의 이름을 '알라의 하인'이라는 뜻의 압둘라(Abdullah)로 지을 정도이다. 서로 다른 점은 무함마드가 알라신 외에 다른 신은 일체 인정하지 않는 반면 메카인은 알라 외에도 많은 신을 믿었다는 점이다. 어떻게 보면 단순한 차이인 것 같으나 그들은 이 차이를 극복할 수 없었다. 메카인은 무함마드에게 신의 능력을 증명해보라고 요구했다. 신으로부터 계시를 받았다면 이적(miracle)을 보여주어야 한다는 것이다. 무함마드는 단호히 이를 거절했다. 자신은 이적을 보여주는 사람이 아니라 신의 메시지를 전하는 사람이라는 것이다. 진정으로 이적을 원한다면 코란에 충실하라고 했다. 코란 자체가 바로 그들이 찾는 이적이라는 것이다.

메카인은 예언자에 관해 정통한 유대인 랍비에게 자문을 구하기로 했다. 이들은 메디나로 대표단을 보내 무함마드를 어떻게 다루어야 하는지 물었다. 그러자 랍비는 무함마드에게 세 가지 어려운 질문을 내어 그가 어떻게 답하는지 들어보게 했다. 올바로 답하면 예언자로 인정할 수 있다는 것이다.

첫 번째 질문은 기독교에서 전설로 내려오는 로마시대 7명의 젊은 에페소인들에 관한 것이다. 데시우스 황제의 박해를 피해 동굴로 숨은 기독교도들이 잠들었다가 2백년 후 데오도시우스 황제 때 깨어났다는 전설이다.

두 번째 질문은 동서양을 섭렵했던 알렉산드로스 대왕을 평가하는 것으로 아랍에서는 그를 둘 카르나인(Dhul Qarnayn)이라고 한다. 둘 카르나인은 마지막 심판의 날 나타나는 '두 뿔을 가진 존재'로 알려져 있다.

세 번째 질문은 영(spirit)의 본질에 관한 것이다.

메카인이 이 세 가지 질문을 하자 무함마드는 즉답하지 않고 다음 날 답하겠다고 했다. 그러다가 15일 후에 나타나서 처음 두개의 질문에 대해서는 올바르게 답했으나 영에 관한 마지막 문제에 대해서는 신의 영역에 속한 일이라고 하면서 답하지 않았다. 무함마드가 어떻게 이 어려운 질문에 슬기롭게 대처했는지에 관해서는 메카의 기독교도와 유대교도가 도와주었다는 설, 메디나로 사람을 보내 답을 알아왔다는 설, 메카인 진영의 누군가가 답을 제공했다는 설 등 여러 가지가 있다. 무함마드를 욕보이려다 실패한 메카인은 보다 심하게 이슬람 신도를 핍박했다. 견디다 못한 신도 중 한 사람이 어느 날 무함마드를 찾아와 자신을 괴롭히는 적에게 신이 벌을 내리도록 기도해달라고 요청했다. 무함마드는 이 말에 실망하며 이렇게 말했다.

"옛날에는 믿음 때문에 가죽이 벗겨지고 목이 두 동강이 나도록 박해를 받았다. 그럼에도 불구하고 믿음의 동지들은 어려움 속에서도 꿋꿋이 믿음을 지켰다. 조금 더 참고 기다리면 우리가 믿는 종교가 인정을 받는 날이 반드시 올 것이다. 그때는 신 외에는 아무 것도 두려워할 것이 없다."

그러나 믿음이 약한 신도들의 이탈을 걱정한 무함마드는 이들이 아비시니아로 이주하는 것을 허락했다. 기독교도인 아비시니아의 통치자가 관대하다는 평판이 있었기 때문이다. 마수드, 주바이르, 무함마드의 딸 루카야와 남편 우스만 등이 아비시니아로 떠났다. 이들은 메카인에게 들키지 않도록 은밀히 출발했다. 현재의 제다 근처에서 배를 타고 홍해를 건너 아비시니아 수도 악숨에 도착한 것이다.

무함마드는 당시 유대인 사이에서 전해져 내려오는 예언자들의 전설을 코란에 받아들였다. 예를 들어 유대인 전승에 의하면 아브라함은 우상 숭배에 반대하다가 님로드 왕에 의해 훨훨 타는 불속으로 던

져졌으나 아무런 상처도 입지 않고 살아나왔다. 무함마드는 이 전설을 코란에 인용했다. 신도들의 일부가 아비시니아로 떠난 후 메카인의 적개심에 지친 무함마드는 다소 유화적인 모습을 보였다. 메카의 다신(多神)들에 대한 공격을 그치고 자신의 교리를 설명하고 방어하는 데만 주력했다. 이러한 태도 변화로 인해 무함마드는 부족회의나 장로회의 등 모임에 참석할 수 있었다. 무함마드는 책상다리를 하고 앉아서 자신의 차례가 돌아오면 이슬람 교리에 대해 설명했고 이를 들은 사람들과 가벼운 논쟁을 벌였다. 메카인은 무함마드의 말을 듣기는 했으나 좀처럼 믿지는 않았다. 기독교에 대한 논쟁이 벌어질 때에는 양측 모두 어둠 속에서 헤매는 것과 같았다.

메카인은 기독교인이 예수와 마리아 모두를 섬기는 것을 보면서 기독교를 다신교로 여겼다. 자신이 알 우짜, 알 라트, 후발 등과 같은 신들을 섬기는 것처럼 기독교도 여러 신을 섬기는 것으로 생각했다. 이들에게 마리아는 사랑의 여신 알 우짜와 같은 존재였다. 메카인은 무함마드가 예수를 하나의 신을 섬기는 예언자로 소개했을 때 모두 비웃었다. 무함마드는 기독교가 일신교인데 신도들이 예수를 신격화했고 예수와 마리아를 섬기는 다신교로 왜곡시켰다고 설명했다. 한편 무함마드는 그가 신의 마지막 사자라는 개념을 유지하기 위해 예수의 신성(神性)을 부인했다. 예수가 신이라면 자신의 존재가 작아지기 때문이다. 메카인과의 끝없는 논쟁에 지쳤던지 무함마드는 알 라트, 알 우짜 및 마나트 등 세 여신을 알라신과 인간 사이의 중재자로 인정하는 발언을 했다. 이에 메카인은 뒤로 자빠질 정도로 기뻐했다. 드디어 무함마드가 제 정신을 차렸다고 생각했기 때문이다.

타협이 이루어졌다고 생각한 메카인은 무함마드의 인도로 이슬람식 예배를 함께 드리기까지 했다. 이슬람교도들은 이 소식을 듣고 경악했다. 교주가 근본적인 교리를 배척하고 다른 신을 인정하다니! 교도들은 무함마드에게 이 발언을 취소하고 믿음을 올바로 세우도록 강력히 촉구했다. 이때 가브리엘 천사가 나타나서 무함마드를 꾸짖었다고 한다. 무함마드는 과오를 인정하고 자신의 말실수는 악마의 계교로 인한 것이라는 이유를 댔다. 이 사건으로 무함마드와 메카인 간의 밀월 기간은 끝이 났다. 그 후 메카인은 무함마드에 대한 적대감을 한층 더 높였으며 추종자들에 대한 박해도 더 심해졌다. 무함마드와 메카인 사이에 화해가 이루어졌다는 소식을 듣고 아비시니아로부터 돌아온 신도들은 다시 양측이 적대관계에 빠졌다는 이야기를 듣고 금의환향 대신 어둠을 타 조용히 집으로 향했다. 박해가 심해지자 신도들은 두 번째 아비시니아 행을 택한다. 이번에는 거의 백 명이나 될 정도로 많은 숫자였다. 이들은 무함마드에게도 함께 가자고 권했으나 무함마드는 신의 뜻을 따라야 한다는 이유로 거절했다.

메카인은 많은 사람들이 아비시니아로 떠나자 위기감을 느꼈다. 아비시니아는 과거 수백 년 동안 예멘을 지배한 강국이었으며 한때 아비시니아 장군이 군대를 끌고 메카까지 온 적도 있었다. 메카에서 사람이 아비시니아로 빠져나간다는 것은 약점을 드러내는 것이다. 메

코란에서 묘사하고 있는 성모마리아와 예수 탄생(뱅상 드꾸르Vincent Decourt 作, 2014년)

카인은 이슬람교도를 추방시켜 줄 것을 요청하는 사신을 아비시니아에 파견했다. 사신은 이들이 기독교나 메카의 종교들과 관계없는 새로운 종교를 만들었다고 주장했다.

　네구스(Negus) 아비시니아 왕은 친히 이들을 심문했다. 네구스가 예수와 마리아의 관계에 대해 문의하자 신도들은 마리아가 성령으로 잉태하여 예수를 낳았다고 대답했다. 네구스는 흡족하여 이들이 기독교의 일파인데 메카의 박해를 피해 아비시니아로 온 것으로 생각했다. 네구스는 메카의 요청을 거절하고 이들이 안전하게 아비시니아에 머물도록 허용했다. 많은 신자들이 아비시니아로 떠났으나 무함마드와 삼촌 함자 등 핵심 인물 40여 명은 메카에 남았다. 이들은 신변 위협 때문에 아르캄 집에 숨어 거의 밖으로 나오지 않았다.

사회적 · 경제적 제재

이 시절 유명한 우마르 카탑(Umar Khattab)이 이슬람 진영으로 들어온다. 우마르는 아불 하캄의 조카이기도 하다. 아버지에게 심하게 맞으면서 자란 우마르는 공격적이고 폭발적인 성격을 지닌 반면 사리에 밝고 지적이며 의사소통이 명확한 사람이었다. 외삼촌 아불 하캄의 사주를 받은 그는 이슬람교도에게 많은 행패를 부렸다. 과격한 우마르는 메카의 분열을 초래한 무함마드를 죽여 문제를 근본적으로 해소하겠다는 생각을 가지고 있었다. 우마르는 무함마드가 아르캄 집에 숨어있다는 소문을 듣고 그를 죽이기 위해 칼을 차고 집을 나섰다.

도중에 한 이슬람 신도를 만났는데 칼을 찬 채 어디로 가느냐고 묻자 거짓말을 못하는 우마르는 사실대로 말했다. 그러자 이 신도는 우마르에게 다시 한 번 깊이 생각토록 권유했다. 만일 무함마드를 죽이면 하세미트 가문이 복수에 나설 것이고 당신도 곧 죽게 될 것이라고 말했다. 그러면서 우선 자신의 집안부터 정리하라고 충고했다. 그의 누이동생과 매제가 이미 이슬람교도가 되었다는 것이다. 이 말을 듣고 누이 파티마 집으로 달려간 우마르는 동생과 매제가 이슬람식 예배를 드리고 있는 광경을 목격했다. 분을 참지 못해 누이를 주먹으로 때리자 피를 흘리며 쓰러졌다. 잠시 후 우마르는 분노를 가라앉히고 누이를 달랬다. 그러면서 그들이 읽고 있는 것이 무엇인지 물었다. 이들이 코란을 내밀자 우마르는 처음 몇 줄을 읽다가 알 수 없는 감흥이 일어나 신의 음성을 듣는 것처럼 깊은 감동에 빠졌다. 우마르가 아르캄 집으로 들어서자 자신을 죽이러 온 것으로 생각한 무함마드는 허리춤을 움켜쥐고 그를 방안으로 이끌었다. 방에는 신도들이 둘러 서 있었다. 무함마드가 우마르에게 이제 "원하는 대로 한번 해보라"고 하자 우마르는 무함마드를 신의 사도라고 부르며 자신도 신도가 되기를 원한다고 말했다. 예기치 못한 일에 놀란 무함마드는 "알라후 아크바르"를 크게 외쳤다.

우마르가 동지가 된 것은 천군만마를 얻은 것과 같았다. 비범한 열정을 지닌 우마르는 그동안은 메카의 전통을 지키는데 온 힘을 기울여왔다. 그는 이제 이 열정을 이슬람을 지키고 전파하는데 쏟게 되었다. 우마르는 이제 이슬람이 골방에 숨어있을 것이 아니라 당당하게 밖으로 나가야 한다고 주장했다. 외삼촌 아불 하캄에게 자신이 이슬람 신자가 되었음을 밝히고 메카 사원에 가서 공개적으로 자신의 개종을 선포했다. 우마르는 메카 세력의 압도적인 적개심에도 아랑곳하지 않고 용맹과 과감성으로 맞서 싸웠다. 몇 차례 싸움에도 불구하고 우마르를 결코 꺾을 수 없음을 깨달은 메카인은 그를 그대로 내버려두는 수밖에 없었다.

우마르의 가입으로 용기를 얻은 다른 신도들도 이제 공공연하게 코란을 암송하거나 기도를 드렸다. 예기치 않은 사태의 변화에 당황한 메카인은 이슬람에 대한 사회적·경제적 제재에 착수했다. 무함마드와 이슬람 신도 및 그를 비호하는 하세미트 가문이 그 대상이다. 쿠라이시는 무함마드와 그 가족 및 추종자에 대한 일체의 상거래와 교역을 금했으며 하세미트 가문과의 결혼도 금했다. 특히 이들과의 식량 거래를 엄격히 금지했다. 경제제재로 궁핍한 처지에 몰리게 되면 하세미트가 무함마드 비호를 철회할 것이고, 그렇게 되면 무함마드를 마음대로 처리할 수 있다는 것이 그들의 계산이었다. 사회적·경제적 제재를 선포하는 선언문이 사원 안에 붙었으며 무함마드가 저지른 죄가 열거되었다. 메카 가문들 간의 유대관계를 파괴했다는 것, 메카의 전통적인 종교와 전통을 훼손시켰다는 것, 그리고 날조된 종교로 젊은이들을 타락시켰다는 것 등이 주요 내용이었다.

무함마드는 가족을 우마이야 지역으로부터 하세미트 지역으로 이주시켰다. 사원 앞에서 기도하는 횟수도 점점 줄어들었다. 시간이 지나자 하세미트 가문 모두의 생활이 점점 궁핍해졌다. 식량 공급이 중단되어 모두 굶주림에 시달렸다. 먹을 것을 달라고 울부짖는 어린 아이들의 목소리가 메카 계곡에서 메아리쳤다. 아이들의 처지를 가엾이 여긴 일부 메카인은 몰래 먹을 것을 가져다주기도 했다. 제재는 2년 이상 지속되었다. 당시 이슬람교도가 생존할 수 있었던 것은 그나마 신이 명한 휴전기간이라는 라마단 중 시내에 나가 생필품을 구할 수 있었기 때문이었다. 엄격한 제재에도 불구하고 식량 밀거래는 이루어졌으나 값이 너무 비싸 식량을 구할 수 있는 사람은 극히

9세기 당시 코란(레자 압바시 박물관Reza Abbasi Museum 소장)

11세기 당시의 코란(레자 압바시 박물관Reza Abbasi Museum 소장)

제한적이었다. 이들은 그동안 무역으로 모은 돈을 식량을 구입하는 데 모두 소비해야 했다. 메카의 한 계곡에 고립되어 겨우 목숨만 연명해야 했던 무함마드와 추종자들의 처지는 비참했다. 이슬람교도는 나뭇잎을 먹고 신발 가죽을 끓여먹으면서 지내야 했다. 카디자는 그동안 무함마드를 돕느라 많은 재산을 썼는데 메카의 제재로 인해 남은 재산 모두를 잃었다. 제재가 끝났을 때 그녀는 파산 상태였으며 건강도 몹시 나빠졌다.

제재가 오래 지속되면서 주동자들이 두 진영으로 나뉘었다. 아불 하캄을 중심으로 한 과격파는 무함마드가 항복할 때까지 제재를 계속 해야 한다고 주장했다. 반면 4~5명의 영향력 있는 상인들을 중심으로 한 온건파는 무함마드 한 사람 때문에 하세미트 가문 전체가 고통받는 것은 옳지 않으므로 적당한 선에서 제재를 풀자고 주장했다. 사실 밀거래가 성행하면서 제재가 잘 지켜지지 않는 측면도 있었다. 제재를 철회하자는 안이 나올 때마다 아불 하캄은 펄쩍 뛰면서 절대 안된다고 외쳤다. 그러나 메카의 결정방식은 총의(總意)이므로 결국 온건파가 승리했다.

이제 겨우 무함마드에게 정상적인 생활이 돌아온 듯 했으나, 619년 그동안 무함마드에게 가장 큰 힘이 되어준 카디자와 아부 탈립이 한 달 사이로 모두 죽고 만다. 두 사람 다 경제제재로 인한 영양실조로 죽었을 가능성이 높다. 중병에 든 아부 탈립이 사망할 것이 확실해지자 메카 대표단은 그에게 무함마드와 메카 양측의 종교가 서로 간섭하지 않고 양립할 수 있도록 중재해 줄 것을 요청했다. 아부 탈립은 마지막으로 무함마드를 불러 타협하도록 요청했으나 거절되었다. 무함마드는 아부 탈립 생전에 어떻게든 그를 개종시키려 노력했으나 실패했다. 카디자도 한 달 쯤 후 사망했다. 그녀의 나이 65세였다. 재산을 다 써버린 카디자의 장례식은 매우 조촐했다. 무함마드의 외투로 시신을 싸서 메카의 변두리에 있는 공동묘지에 묻었다. 그녀가 죽기 직전 무함마드는 가브리엘 천사로부터 들은 메시지를 전하며 천국행이 약속되어 있다고 말했다.

"당신은 소음도 없고 걱정도 없는 진주조개로 지은 집에서 지내게 될 것이다."

아부 탈립이 죽고 없는 이제 무함마드의 신변 안전에 구멍이 뚫렸다. 그러자 내내 적대적이었던 숙부 아부 라합이 하세미트 가문의 보호를 약속했다. 부족과 가문의 안전과 명예를 무엇보다 소중히 여기는 아랍의 전통 때문이었을 것이다.

"아부 탈립이 살았을 때처럼 하고 싶은 대로 해라. 알 라트 신에게 맹세하는데 내가 죽기 전에는 너에게 해가 미치지 않을 것이다."

그러나 아부 라합의 보호는 오래가지 않았다. 숙적 아불 하캄과 우크바 무아이트(Uqbah Muayt)가 계교를 써서 아부 라합에게, 무함마드가 그의 아버지 압둘 무탈립을 저주했다고 일러바쳤기 때문이다. 압둘 무탈립이 지옥의 불속에서 신음하고 있다는 것이다. 아부 라합은 무함마드를 부른 후 다그쳐 물었다. 무함마드는 얼버무리려 했으나 실패하고, 누구든지 압둘 무탈립과 같이 불신자로서 죽은 사람은 지옥에 가게 되어 있다고 말했다. 격노한 아부 라합은 무함마드에 대한 보호를 철회했다. 이제 살해될 가능성에 직면한 무함마드는 메카로부터 동쪽으로 사흘거리에 있는 타이프(Taif)로 피신했다.

타이프는 농업도시였는데 메카와 긴밀한 상업관계를 맺고 있었다. 타이프를 통치하는 세 명의 형제들이 무함마드를 초대하여 이곳으로 온 이유를 물었다. 무함마드는 간략히 사정을 설명한 뒤 신이 그에게 구원의 메시지를 내려주었다고 하면서 코란 암송과 함께 이슬람의 교리를 설명했다. 그는 타이프 사람들의 개종을 권유하면서 자신을 보호해줄 것을 요청했다. 그러나 무함마드의 요청은 거절되었다. 한 부족이 다른 부족 사람을 보호할 경우 대가를 얻어야 하는데 무함마드는 대가를 치를 능력이 없었다. 무함마드는 추방자인데다 말썽꾼이었고 미친 사람 같아 보였다. 이러한 사람을 보호하기 위해 그동안 친하게 지내온 쿠라이시와 원수가 될 이유는 없었다. 무함마드는 즉시 타이프로부터 쫓겨났다. 메카로 돌아온 무함마드는 이번에는 군사 지도자였던 무팀 아디(Mutim Adi)의 보호를 받게 된다. 무팀 아디는 진보적인 사람으로 제재의 종식을 적극적으로 찬성했던 사람이다. 그러나 이것이 쿠라이시의 위협으로부터 벗어나는 궁극적인 방법은 될 수 없었다.

무함마드는 카디자 사후 2개월 만에 사우다(Sauda)라는 키가 크고 뚱뚱한 여인과 재혼했다. 사우다는 아비시니아로 도피했다가 죽은 이슬람 신도의 부인이다. 비슷한 시기에 무함마드는 6세 된 아부 바크르의 딸 아이샤와 약혼했다. 아이샤는 무팀 아디의 아들과 결혼하기로 되어 있었으나 아부 바크르는 이 약속을 깨고 무함마드의 뜻에 따라 그와 약혼시켰다. 무함마드가 아이샤와 결혼한 것은 메디나로 옮겨 간 후이며 이때 그녀의 나이 9세였다. 역동적인 성격의 아이샤는 무함마드의 총애를 받았으나 때때로 문제를 일으켰으며 많은 이야기거리를 남겼다. 그녀는 예언자의 전통을 확립하는데 중요한 증인이고 정통 수니파의 창설에 핵심적 인물이며 어떤 의미에서는 법률가이기도 하다. 그녀는 순결을 의심받았던 적도 있고 무슬림 간의 최초 내전에 참전하기도 했다. 이로 인해 여성이 공개적인 역할을 할 수 있느냐에 관한 논쟁이 일기도 했다.

아부 바크르는 아이샤를 무함마드에게 보내는 대신 그의 막내 딸 파티마와 결혼할 것을 기대했다. 파티마는 그때 14세였다. 그러나 무함마드는 이를 만류하며 신이 이 문제에 대해 계시할 때까지 기다릴 것을 요청했다. 신은 계시를 내리지 않았고 결국 무함마드는 파티마를 알리와 결혼시켰다. 당시 아랍에서는 일부다처제가 관습이었다. 이는 낭만이나 섹스 등과는 큰 관계가 없고 실질적인 필요에 의한 것이다. 사우다는 전형적인 가정주부였으므로 무함마드가 필요로 하는 가정 일을 잘 처리했다. 아이샤의 경우 나이가 어리다고 할지 모르나, 당시에는 이보다 더 어린 나이라도 어른들끼리 합의하여 정혼하는 일이 흔했다. 무함마드의 결혼에는 다분히 정치적 목적도 있었다. 혈연을 통해 부족, 씨족 또는 영향력 있는 집안을 자기편으로 끌어드리는 것이다.

예루살렘과 천국 여행

무함마드는 아부 탈립의 딸 움 하니(Umm Hani)의 집에 머무르던 어느 날 특이한 경험을 한다. 가브리엘 천사에게 이끌려 천국으로 올라가게 된 것이다. 이것이 환상이었는지, 실제였는지는 알 수 없다.

무함마드는 날개가 달린 짐승의 등을 타고 1천 6백 킬로미터에 이르는 계곡과 광야를 지나 예루살렘의 성전산(Temple Mount)에 도착한다. 그 후 무함마드는 가브리엘과 함께 여러 단계의 천국을 방문하고 예언자들의 거처도 방문한다. 무함마드는 아담, 예수, 세례 요한, 요셉, 에녹, 아론, 모세, 아브라함 등 많은 선지자들을 만났다. 천국의 꼭대기까지 올라간 무함마드는 신의 보좌 앞으로 인도된다. 천국 여행을 마친 무함마드는 가브리엘의 안내로 다시 움 하니의 집에 있는 침대로 돌아왔다.

이것이 유명한 무함마드의 예루살렘과 천국 여행이다. 이 체험을 아랍어로 이스라(Isra) 또는 미라지(Miraj)라고 한다. 무함마드는 하디스에서 다음과 같이 증언하고 있다.

"어느 날 밤 카바 옆에 있는 집에서 잠을 자고 있는데 지붕이 열리더니 천사가 나타났다. 천사는 내 가슴을 열어젖히고 황금 그릇에 담긴 잠잠 샘물로 가슴속을 깨끗이 씻어낸 후 그곳에 지혜와 자비를 가득 채웠다. 이후 독수리 날개가 달린 백마를 끌고 와 나를 그 위에 태웠다. 낙타보다 작고 당나귀보다는 큰 이 말은 빛과 같이 빨랐다. 백마는 나를 태우고 순식간에 예루살렘에 도달했다. 예루살렘에서 나는 아브라함 및 모세와 함께 예배를 드렸다. 이후 다시 백마를 타고 천사와 함께 하늘로 올라갔다. 첫 번째 하늘에서 아담을 만났고 두 번째 하늘에서는 예수와 요한을 만났으며 일곱 번째 하늘에 이르기까지 노아, 다윗, 솔로몬, 에녹, 모세, 아브라함을 만났다. 그 후 나는 알라가 계신 곳으로 다가갔다. 알라가 무언가를 쓰고 있는 소리만 들릴 뿐 그분의 모습은 볼 수 없었다. 알라는 쿠라이시의 박해에 굴하지 말고 끝까지 참고 견디라고 말씀하셨다. 그리고 앞으로 내가 해야 할 일에 대해 말씀해주셨다. 떠나기 전 아랍인에게도 모세의 십계명과 같은 율법을 달라고 요청하자 그 분은 12가지의 계명을 주셨다. 나는 밤하늘 여행을 통해 수많은 사람을 만났고 그들로부터 많은 것을 배울 수 있었다."

무함마드가 움 하니에게 신비한 여행에 관해 말하자 그녀는 누구에게도 이 이야기를 하지 말라고 충고했다. 그러나 실제로 예루살렘과 천국을 여행했다고 확신한 무함마드는 여러 사람들에게 말함으로써 이 이야기는 곧 널리 퍼지게 되었다. 그의 추종자들은 신비한 여행에 도취되었고, 곧 아르캄의 집에 모여 무함마드의 이야기에 귀를 기울였다. 무함마드가 타고 간 날개 달린 짐승의 이름은 부라크(Buraq)

인도 데칸고원 중부에 위치하고 있는 도시 하이데라바드에서 발견된 부라크buraq 그림. 당시 인도가 세계주의를 표방하고 있음을 잘 보여주고 있다. .

이다. 부라크는 흰색이고 크기는 노새와 나귀의 중간 쯤 되는데 큰 날개와 코끼리의 귀를 갖고 있고 사람의 얼굴을 하고 있다고 한다. 무함마드는 천국 여행 때 지옥 문지기 말릭(Malik)의 인도로 지옥의 모습도 직접 보았다. 신과 그의 예언자에게 복종하지 않는 사람들의 최후가 어떤 것인지 경종을 울리기 위해 신은 무함마드에게 이런 기회를 허용했다고 한다.

무함마드는 매우 재능 있는 이야기꾼이자 능숙한 연설가였다. 그는 천둥과 같이 고함을 지를 때와 속삭이듯이 말해야 할 때를 잘 알았다. 그의 눈은 때로는 분노로 이글거렸으며 때로는 천사와 같이 인자한 모습을 보였다. 사람들은 무함마드의 이야기에 빨려 들어갔다. 마치 자신이 천국과 지옥에 다녀온 것처럼 행복과 공포를 동시에 느꼈다. 예언자의 말을 따르면 천국에 갈 수 있을 것으로 믿었다. 그들에게 필요한 것은 오직 순종이다. 천국에서는 하루 50번씩 신에게 경배를 드리는데 지상에서는 하루 다섯 번 예배를 드리는 것으로 정해진 것은 무함마드의 뛰어난 교섭능력 때문이라고 한다.

"신은 무슬림이 하루에 50번 예배드리기를 원했다. 무함마드는 신에게 예배 횟수를 줄여주도록 끈질기게 간청했다. 마침내 하루 다섯 번으로 정해졌다."

이슬람에서는 무함마드가 마지막 선지자일 뿐 아니라 역대 최고의 선지자라고 한다. 그가 성전 산(Temple Mount)에 도달했을 때 예수, 세례요한, 모세, 아론, 에녹, 요셉, 아브라함 등 많은 선지자들이 예배를 드리기 위해 모여 있었는데 이들 중 무함마드가 가장 앞에 섬으로써 리더가 되었다고 한다.

"선지자 중 누구도 무함마드와 같이 정성을 다해 신을 경배하는 사람은 없었다. 손을 귀에 가져다대고, 낙타와 같이 무릎을 꿇고, 손을 허벅다리 위에 가지런히 모으고, 이마를 땅에 대고, 양 손바닥을 위로 향하게 하고, 팔꿈치를 아치형으로 만들면서 정성스럽게 기도하는 사람은 무함마드 밖에 없었다."

무함마드는 예배자의 모범이 되었다. 신도들에 대한 브리핑이 끝난 후 한 신도가 신을 보았느냐고 물었다. 이에 대해 무함마드는 직접 보지는 못하고 빛만 보았다고 답했다. 신이 빛의 베일을 쓰고 있었기 때문이다. 무함마드의 천국 여행은 코란에는 나오지 않는다. 이것은 그의 개인적인 체험이기 때문이다.

제5장
천도

히즈라

무팀 아디의 보호 하에 있었지만 무함마드의 근심은 여전했다. 노쇠한 무팀은 언제 죽을지 모르는 상태였으며 그의 아들과 손자들 중 무함마드에게 반감을 가진 사람들도 있었다. 무팀 사후 그의 부족들이 무함마드를 보호해줄 것이라는 보장도 없었다. 메카인은 무함마드를 제거하기 위해 이제 반란죄까지 날조했다. 무함마드의 타이프 방문은 주민을 선동하여 메카와 전쟁을 하려는 목적에서였다고 주장했다. 무함마드가 천국 여행을 했다고 떠들고 다니는 것은 그가 미쳤다는 확실한 증거라고도 했다.

무함마드와 신도들은 사막도시에서 열리는 장(場)을 쫓아다녔다. 부족장 이하 많은 사람이 모이는 장은 좋은 선교 장소이기 때문이다. 무함마드는 불의를 증오하는 아랍인의 심리를 십분 이용했다. 아랍인은 무방비 상태인 사람과 약자를 보호하기 위해서라면 칼을 빼들고 덤벼드는 습성을 가지고 있다. 무함마드는 자신이 아랍인의 이익을 위해 신의 계시를 전했을 뿐인데 박해를 받고 있다고 말했다.

"나는 당신들에게 믿음을 강요하지 않는다. 내가 원하는 것은 신이 나와 신도들에게 내린 명령을 이행할 수 있도록 우리를 죽이려는 자로부터 보호해달라는 것이다."

그러나 사막의 부족들이 이 요청을 수락하기는 어려웠다. 막강한 쿠라이시족과의 충돌을 의미하기 때문이다. 어떤 부족은 요청을 강하게 거절했으며 어떤 부족은 완곡하게 거절했다. 그러다가 마침내 조그만 서광이 보였다. 북쪽 아미르(Amir) 부족장이 장이 끝난 후 자신과 함께 거처로 돌아가자고 청했기 때문이다.

"신에게 받은 소명을 이행할 수 있도록 우리가 당신을 보호하겠다."

무함마드는 이들을 따라갔으나 오래 체류하지는 못했다. 부족의 장로 중 한 사람이 그를 내쫓았기 때문이다. 무함마드는 갖은 고초를 다 겪으면서도 안전을 확보하기 위한 노력을 계속했다. 그러던 중 마침내 그의 노력이 결실을 맺게 된다. 메카 북쪽 농업도시 메디나에서 온 두 부족 대표들의 신뢰를 얻게 되는 것이다. 이 부족들은 카즈라지(Khazraj)와 아우(Aw)이다. 6세기에 아라비아 반도 남쪽으로부터 아랍계 바니 카일라(Bani Qaylah)족이 메디나로 이주해왔는데 나중에 둘로 갈라져 카즈라지와 아우가 되었다. 이들은 처음에는 유대인과 공생관계를 유지했다. 유대인이 생산한 대추야자를 운송하는데 아랍인이 고용되었고 아랍인은 유대인의 기술과 전통을 존중했다. 그러나 시간이 지나자 점차 경쟁관계에 빠져 사이가 벌어졌다.

메디나는 오아시스 도시이다. 주민 중 일부는 무역에 종사했으나 대부분은 농민이었다. 대추야자와 과일 등을 생산했다. 처음에 농장을 개척한 사람들은 유대인이었다. 농업도시인지라 많은 부족들이 살고 있었는데 서로 사이가 좋지 않아 전쟁이 그치지 않았다. 유대인도 부족이 20여개나 되었는데 여러 가지 이유로 부족들 간에 갈등이 많았다. 그들은 주로 대추야자로 부를 축적했으나 그밖에도 보석, 무기 제조, 수공업 등으로 돈을 벌었다. 카즈라지와 아우는 원래 예멘으로부터 이주해 온 같은 종족이나 인구가 늘어나면서 땅과 물을 놓고 갈등이 생겼고 이곳에 먼저 정착한 유대인과도 충돌이 생겼다. 그들은 언젠가는 유대인 선지자가 나타나 자신들을 멸망시킬 것이라는 경고에 깊이 근심하고 있었다.

수년 전 카즈라지와 아우는 내전으로 많은 사상자를 냈으며 이후 유대인과의 전쟁에서도 많은 사상자가 발생했다. 주요 부족들 중 나디르와 쿠라이자는 아우를 지지했고 카이누카는 카즈라지와 동맹을 맺었다. 이렇게 되자 당사자들 간에는 문제를 해결할 길이 없었다. 누군가 중재자가 필요했다. 카즈라지 족장 압둘라 이븐 우바이가 유력한 리더로 떠올랐지만 사람들의 동의를 끌어낼 수 없었고 그를 왕으로 받드는 것은 아랍의 전통과 맞지도 않았다.

메디나는 아랍인은 물론 다신론자, 유대인 등 모든 주민을 단합시킬 수 있는 새로운 지도자를 필요로 했다. 이때 그들은 무함마드를 떠올렸다. 수년 전 무함마드는 메카로 순례를 온 카즈라지족 대표들과 대화를 나눈 적이 있었다. 무함마드는 증조모 살마가 나자르족 출신으로 카즈라지족과도 깊은 관계를 맺고 있었다고 하면서, 자신이 창설한 종교에 관해 설명하고 박해받는 처지에 대해서도 이야기 했다. 무함마드의 조상이 메디나 출신이라는 점, 무함마드가 예언자라고 하는 점 등에 큰 관심을 보인 카즈라지 대표단은 언젠가는 그를 다시 찾아오겠다고 약속했던 것이다.

마침내 메디나로부터 12명의 대표단이 무함마드를 방문했다. 10명은 카즈라지족, 2명은 아우족이다. 이들은 무함마드의 설교를 들은 후 공식적으로 이슬람을 수용했다. 이들은 소수에 불과했고 무함마드의 신변에 대한 보호도 약속하지 않았지만, 이들의 개종은 무함마드가 메디나에 교두보를 마련할 수 있는 중요한 발판이 되었다. 메디나 대표단이 돌아간 후 곧장 무함마드는 무삽 우마이르(Musab Umayr)를 메디나로 파견했다. 보다 많은 사람을 개종시키고 코란과 이슬람 의식을 가르치기 위한 것이다. 그동안 메카의 상황은 점점 더 나빠지고 있었다. 무팀 아디의 건강이 매우 악화된 가운데 그의 사망 시 적대세력이 무함마드의 목숨을 노릴 가능성이 높았다. 무함마드는 도시 안에 심어놓은 밀정을 통해 메카 내부의 동향을 탐지하고 있었는데 위기가 다가오고 있음을 느낄 수 있었다.

한편 메디나로 파견된 무삽은 그의 능력을 십분 발휘하여 좋은 성과를 거두고 있었다. 그는 메디나에서 무함마드가 지난 12년간 개종시킨 숫자보다 더 많은 사람을 신도로 만들었다. 무삽이 포섭한 사람들 중에는 영향력이 큰 아우족 지도자 두 명도 포함되어 있었다. 메디나에서의 포교가 쉬운 데에는 그 이유가 있었다. 메디나는 메카보다 다신교에 대한 집착이 훨씬 약했다. 메디나에는 메카처럼 우상으로 가득 찬 신전이 없었다. 카바 신전을 가지고 있는 메카와 달리 중심적인 신전이 없었고 도시 전체가 드리는 의식도 없었다. 메디나 신도들은 대부분 '운명의 신'인 알라의 셋째 딸 마나트(Manat)를 섬기고 있었는데 신전이 서쪽으로 이틀거리나 되는 홍해 쪽에 위치하고 있었다. 메디나에서는 또한 이웃이자 비즈니스 파트너인 유대인의 일신교에 쉽게 접할 수 있었다. 따라서 메디나인은 유대교에 익숙했으나 이질감을 느끼고 있었다. 그들은 아랍에도 일신교가 있다면 쉽게 받아들일 태세였다.

소문으로만 듣고 있는 무함마드는 그들에게 매우 참신하고 신비한 존재였다. 그러나 모든 사람들이 그를 환영한 것은 아니다. 압둘라 우바이는 자신의 지위가 위태로워질 것을 우려했다. 우상 숭배에 집착하는 사람들은 자신의 종교를 잃을까 우려했다. 그러나 전체적인 분위기는 우호적이었다. 무함마드가 분쟁을 해결해줄 경우 모두 경제적 이익을 얻게 될 것으로 기대했기 때문이다. 유대인도 무함마드가 그들의 예언자들을 존중하며 유대 전통의 일부를 인정하고 있다는 소식을 듣고 기대에 찬 분위기였다.

무함마드는 자신의 신변을 보호해줄 세력을 절실히 필요로 하고 있었다. 보호 차원을 넘어 만일의 경우 메카와 싸울 수 있는 세력이 필요했다. 또한 자신을 모욕하고 자신의 종교를 거부한 메카인에 대한 응징이 필요하다고 생각했다. 그는 무삽의 포교로 새로 신도가 된 사람들에게 성전에 응해줄 것을 요청했다. 이들이 싸울 준비가 되었다는 확신이 섰을 때, 무함마드는 신으로부터 새로운 계시를 받았다고 말했다.

"나는 신에게서 싸우라는 명령을 받았다. 알라신은 우리에게 승리를 안겨 줄 것이다."

순례 시즌이 오자 73명의 남성과 2명의 여성으로 구성된 메디나의 새 신도들이 순례자로 위장하여 메카로 왔다. 이들은 순례 의식을 치른 후 밤이 되자 아카바 계곡으로 모였다. 무함마드의 삼촌 압바스가 이들 앞에서 연설했다. 오늘밤 모인 목적은 전쟁이 일어나더라도 무함마드에게 충성을 바칠 것을 맹세하기 위한 것이라고 말했다. 모두 환호하는 가운데 무함마드가 나섰다.

"너희들의 여인과 아이를 보호하듯이 나를 보호하겠다고 맹세하라." 메디나인은 화답했다. "우리는 조상으로부터 물려받은 무기를 소지하고 있다. 이 무기로 당신을 끝까지 보호할 것을 맹세한다."

무함마드는 이들이 싸우다 죽으면 천국으로 갈 것을 보장했다. 이는 메카에 대한 전쟁 선포와 같았다. 그는 예수의 12사도처럼 12명의 대표를 선임했다. 그러나 비밀이 어떻게 새나갔는지 다음날 아침 메카인이 말을 타고 카즈라지족 캠프로 와서 비밀맹세에 대한 해명을 요구했다. 대부분의 카즈라지는 어제 밤 무슨 일이 있어났는지 모르고 있었다. 맹세에 참가한 카즈라지와 아우인은 이미 메디나로 떠난 후였다. 충성 맹세에 고무된 무함마드는 메카의 동조자들에게 메디나로 이주할 것을 명했다.

이로써 두 번째 엑소더스가 시작되었다. 무함마드는 메디나 신도를 '조력자(Ansar: Helpers)'로 명명했다. 약 2개월 동안 70~100여 명의 신도들이 메디나로 이주했는데 이주 도중 메카 세력으로부터 갖은 박해를 당했다. 붙잡혀 우물 속에 던져진 사람, 감옥에 갇힌 사람, 처자를 뺏긴 사람, 모든 재산을 몰수당한 사람 등 갖은 고난을 겪었다. 무함마드는 아비시니아에 있는 신도들에게도 메디나로 이주를 명했다.

3개월쯤 지나자 이제 메카에는 무함마드, 아부 바크르, 알리와 그의 가족들, 그리고 병든 신도들 몇몇 밖에는 남지 않았다. 그 사이에 무팀 아디가 죽고 예상했던 대로 그의 아들들이 보호를 거부함으로써 무함마드는 위험한 상황에 처했다. 무함마드의 처리를 놓고 메카인 사이에 논쟁이 벌어졌다. 죽이자는 의견, 감금하자는 의견 등 논의가 분분했다. 결국 메카인들은 아불 하캄의 주장에 따라 무함마드를 죽이기 위해 암살단을 조직하기로 했다. 그러나 무함마드는 첩보를 입수하고 미리 떠날 준비를 하고 있었다. 알리가 무함마드 대신 그의 침대에 누워있는 동안 무함마드는 여자 옷과 베일로 변장하고 길을 떠났다. 이들은 추격대를 피하기 위해 남쪽으로 길을 떠나 8킬로미터쯤 떨어진 곳에 있는 동굴로 들어가서 사흘을 지냈다. 이후 아부 바크르

메디나에 위치하고 있는 예언자의 대사원The Great(the Prophet's)Mosque, Medina

가 고용한 베두인이 밤을 이용해 사람이 지나다니지 않는 산과 계곡
을 통해 무함마드 일행을 메디나로 인도했다.

　속은 것을 안 메카인들은 무함마드의 목에 낙타 1백 마리의 상금
을 걸었다. 그들은 아부 바크르의 딸 아스마를 겁박하여 무함마드의
행방을 알아내려 했으나 그녀는 끝까지 입을 다물었다. 추격대는 여
러 무리로 나뉘어 메카 근교는 물론 메디나로 이어지는 사막까지 수
색 범위를 넓혔다. 수색은 밤낮을 가리지 않고 지속되었다. 메카에서

메디나로 이어지는 모든 길과 동굴, 산, 골짜기 등에 수색의 손길이 뻗쳤다. 예언자가 숨어 있는 동굴 앞에도 수색대가 두 번이나 도달했으나 낌새를 채지 못하고 돌아섰다. 보이지 않는 손이 무함마드 일행을 보호하고 있는 듯 했다. 무함마드는 2주 만에 무사히 메디나에 도착했다. 서기 622년의 일이다. 메카로부터 450킬로미터 떨어진 메디나로 이슬람교도가 이주한 이 사건을 히즈라(hijra)라고 하며 이 해를 이슬람력의 원년으로 삼는다. 무함마드를 따라 메카를 떠나 메디나로 이주한 사람들을 메카 이주자(al-muhajirin)라고 하고 이들을 지원한 메디나 주민을 메디나 후원자(al-ansari)라고 부른다.

알 카에다와 메디나 헌장

사실 오아시스 도시 메디나는 무함마드에게 낯선 곳은 아니다. 그의 어머니가 나자르족 친척을 방문할 때, 그리고 아버지 압둘라의 무덤을 찾아올 때 무함마드를 데리고 왔었다. 상인 시절 카라반을 따라다닐 때에도 이곳을 지난 적이 있었다. 좁은 오아시스에는 많은 종족이 거주하고 있었다. 남동쪽 고원에는 유대인 부족 그리고 유대인과 가까운 다신교 부족들이 살았다. 비옥한 북부 고원지대에는 큰 요새들이 있었으며, 아우족과 카즈라지족의 본거지인 서쪽과 북쪽의 농업지역은 우기에 범람하는 일이 잦았다. 메디나의 이곳저곳에 부족들의 요새가 있고 그 사이에 야자나무숲과 농지가 있어 부족들은 서로 분리되었다. 계곡의 중앙에 가장 많은 인구가 밀집해 있었는데 이곳의 중심 부족이 무함마드의 증조모와 연관된 나자르족이다.

메디나는 변화의 시기를 맞고 있었다. 유대인은 바빌론 시절부터 이 계곡에 자리를 잡았다. 그러나 5세기 이래 예멘으로부터 이주를 시작한 아랍인의 숫자가 많아지면서 유대인의 주도권은 서서히 잠식되고 있었다. 물과 땅을 놓고 아랍인과 유대인 사이에 다툼이 벌어졌으며 아랍인도 아우족과 카즈라지족 둘로 나뉘어 다툼을 벌였다. 유대인의 땅은 점점 줄어들어 이제 고원지대 일부만 남았다. 전쟁에 지친 메디나 주민은 이제 강력한 지도자에 의한 통치를 원하고 있었다. 전쟁을 종식하고 잠정적 평화를 가져온 카즈라지족 족장 압둘라 우바이(Abdullah Ubayy)가 지도자로 떠오르고 있었다. 그를 왕으로 옹립하기 원하는 사람들이 늘어났다.

바로 이때 무함마드가 도착한 것이다. 예언자가 나타났다는 말을 들은 메디나인은 환성을 질렀다. 무함마드를 보기 위해 사람들이 거리로 쏟아져 나왔다. 지붕 위로 올라가는 사람들도 있었다. 사람들의 환호에도 불구하고 무함마드의 세력은 아직 너무 약했다. 2만여 명의 메디나 주민 중 절반은 유대인이고 메카로부터 온 신도를 포함해서 무함마드의 세력은 300~500명에 불과했다. 그러나 이슬람교도들은 적극적이고 용맹했다. 이들은 무함마드가 오기 전부터 이미 다신주의자들의 집에 들어가 우상을 부수기 시작했으므로 사람들의 근심이 깊어졌다.

무함마드 일행은 우선 거주할 곳부터 찾아야 했다. 아부 아유브라는 사람의 집에 임시로 거처하면서 아부 바크르가 낸 돈으로 인근의 공터를 산 후 건물을 지었다. 소박한 건물이지만 공사는 쉽지 않았다. 쿠라이시는 원래 손으로 하는 일에 익숙한 부족이 아니기 때문이다. 건물은 623년 4월에 완성되었다. 히즈라 이후 7개월 만에 본거지(Al-Qaeda)가 마련된 것이다.

완성된 건물은 모스크, 무함마드와 가족의 거처, 신도들의 교육장소, 설교자 양성소 그리고 군 사령부 등 다목적으로 사용되었다. 무함마드의 부인들은 모스크의 바로 옆에 살았다. 공적 생활과 사적 생활의 구분이 없었으며 남녀의 구분도 거의 없었다. 초기 이슬람의 모토는 배타성이 아닌 포용성에 있었고 무함마드는 이를 실천하기 위해 노력했다. 유대교나 기독교도들도 원하면 모스크에서 예배를 볼 수 있었다. 이들도 '신의 가족'의 일부로 간주되었다.

메디나에 온지 수개월 만에 무함마드는 먼저 할머니의 출신 부족인 나자르족의 지도자가 되었다. 그 후 무함마드는 메카 신도와 메디나 신도를 통합하는 일에 착수했다. 이들을 형제로 묶어 서로 격의 없이 지낼 수 있도록 노력했다. 무함마드는 또한 이슬람교도를 기존 부족들과 다른 독립된 개체로 선포했으며 출신에 관계없이 교도들에 관한 모든 일은 자신이 직접 관장했다. 메디나의 이교도들과 적대관계에 빠지지 않도록 주의를 기울였고 유대인에게도 문호를 개방했다. 이렇게 해서 함께 공존하는 움마(공동체)를 형성했다. 이런 식으로 무함마드가 내린 명령은 점차로 문서화되어 나중에《메디나 헌장》으로 불리게 된다. 무함마드는 새로이 형성된 형제애를 바탕으로 무슬림의 단합을 효과적으로 이끌어낼 수 있었다. 그 당시 무함마드가 이룬 위대한 정치적 업적은 메디나 주민의 단결을 이루었고 유대인과 무슬림의 상호 협력을 도모하는 정치적 환경을 구축했다는 점이다.《메디나 헌장》은 유대인의 종교 뿐 아니라 그들의 사회적 지위까지도 보장했다. 이 헌장은 신앙과 사상의 자유, 생명과 사유재산의 불가침, 죄악의 금지 등 정치적, 도덕적인 내용을 담고 있다.

제6장
생존의 법칙

가주(약탈 전쟁)의 시작

아침 예배에 늦는 신도들이 문제가 되었다. 신도들에게 예배 시간을 알리는 일이 중요했다. 종을 울리는 방안, 나팔을 부는 방안 등이 제시되었으나 무함마드는 지붕꼭대기에서 예배시간이 되었음을 직접 외치는 사람(caller)을 선호했다.

"신은 위대하다. 알라 외에 다른 신은 없다. 예배에 와서 구원을 받아라. 무함마드는 신의 계시자이다."

이런 구절을 세 번 외치는 무에진(muezzin: 메신저)이 필요했다. 큰 목소리를 가진 흑인 노예 출신 빌랄(Bilal)이 최초의 무에진으로 선출되었다. 본거지가 마련되고 점차 입지가 굳어지자 무함마드는 약탈 전쟁(가주: ghazu)에 나선다.

첫 번째 가주는 623년 3월에 있었다. 아불 하캄이 이끄는 대규모

무에진(작자 미상, 1879년 作)

카라반이 시리아로부터 홍해를 따라 움직이고 있다는 정보를 입수한
것이다. 3백 명의 상인, 호위대, 낙타몰이꾼 등으로 구성된 카라반이
금, 은 및 수백 톤의 상품을 2천 여 마리의 낙타에 싣고 나타났다. 삼
촌 함자가 이끄는 30여 명의 메카 출신 특공대를 구성하여 저항하는

자는 죽이고 물건을 탈취해오도록 했다. 성공할 경우 무함마드는 조직을 이끌어나가는 데 필요한 자금을 마련할 수 있고 메디나 신도의 재정 부담도 줄일 수 있었다. 그러나 작전은 실패했고 함자는 빈손으로 돌아왔다. 그 후에도 계속 카라반을 공격했으나 몇 달 동안 실패만 계속했다. 메카의 카라반은 이미 소식을 듣고 만반의 준비를 갖추고 있었기 때문이었다.

시간이 지나 한 차례의 공격에서 성공한다. 타이프에서 메카로 향하는 소규모 카라반에 관한 소식을 접한 무함마드는 사촌 압둘라 자흐쉬에게 공격을 명했다. 정보가 새나갈 것을 우려한 무함마드는 특공대 출발 이틀 후에 편지를 열어볼 것을 명했다. 이윽고 카라반을 발견한 자흐쉬는 활을 쏴서 한 명을 죽이고 다른 두 명은 포로로 잡았다. 이들은 최초의 포획물을 가지고 메디나로 돌아왔다. 자흐쉬 측에서도 두 명의 실종자가 생겼다. 메카는 보상금을 내는 대신 포로를 돌려줄 것을 요청했는데, 무함마드는 무슬림 실종자가 돌아오지 않으면 포로를 죽이겠다고 했다. 그러다가 길을 잃고 헤매던 실종자들이 돌아옴으로써 거래가 이루어졌다. 포로 중 한 명은 이슬람으로 개종했고 나머지 한 명은 돈을 받고 메카로 돌려보냈다. 무함마드는 약탈물의 20퍼센트를 자신이 차지했으며, 이는 곧 불문율이 되었다. 무함마드가 상당한 액수의 재물을 차지한 것은 움마의 통치자금으로 사용하기 위함이었다. 그 후 약탈 규모가 커지면서 무함마드와 추종자들의 재산은 눈덩이처럼 불어나게 된다.

유대인과의 충돌

무함마드가 처음 메디나에 왔을 때 그는 유대인이 자신을 환영할 줄 알았다. 두 종교를 형제와 같은 관계로 생각했으므로 마치 오랫동안 만나지 못했던 형제가 재회하는 기쁨을 누릴 것으로 생각했다. 사실 두 종교에는 비슷한 점이 있다. 이슬람은 유대교의 안식일인 토요일 대신 금요일을 안식일로 삼았으나 다른 의식에 있어서는 상당히 많은 부분이 유대교와 흡사하다. 속죄일에 단식하는 것도 그렇고 음식에 있어서 유대인에게 코셔 푸드가 있다면 무슬림에게는 비슷한 할랄 푸드가 있다.

유대인은 새 종교를 만들었다는 무함마드에 대해 호기심이 많았다. 무함마드가 하는 이야기에 귀를 기울이고 공손히 대했다. 유대인은 처음에는 이슬람교에 대해 별 거부감이 없었다. 교리를 들어보니 구약성경과 모세에게 존경을 표하고 있었으므로 언젠가는 유대교와 합쳐질 것으로 생각했다. 이슬람 율법이 모세의 율법에 흡수될 것으로 생각한 것이다. 유대인은 이슬람과 평화조약을 체결하고 하나의 공동체로서 모든 분야에서 협력하기로 약속했다. 그러나 처음의 호기심은 금방 사라졌고, 무함마드가 스스로를 예언자, 그리고 유대인이 그토록 기다리던 메시아라고 하자 호기심 대신 분노가 자리를 잡았다. 무함마드는 이스라엘을 구하고, 유대인으로부터 땅을 빼앗은 아우족과 카즈라지족에게 벌을 내릴 메시아가 바로 자기라고 했다. 유대인이 기다리는 메시아는 유대인이나, 무함마드는 아랍인이다. 어떻게 아랍인이 유대인의 구세주가 될 수 있단 말인가? 그러나 무함마드는 계속 성경에서 말하고 있는 구세주가 자기라고 하면서 토라에 모두 기록되어 있다고 주장했다.

유대인은 무함마드가 주장하는 예언자의 이야기를 토라에서 찾을수 없었다. 이는 오직 전설로만 내려오는 이야기였다. 무함마드는 유대교와 기독교 양측을 모두 비난했다. 유대인이 메시아를 부인하는 과거의 악습을 되풀이하고 있다고 하면서, 자신은 신의 계시에서 어긋난 유대교와 기독교를 개혁하기 위해 온 예언자라고 주장했다. 기독교에 대해서는, 예수를 신으로 만들어 다신교를 숭배하게 하는 죄를 지었다고 비난했다. 1년이 지나지 않아 유대인은 무함마드와의 대화를 단절했다. 무함마드의 이야기는 왜곡되거나 거짓된 것으로 생각했다.

"무함마드는 항상 옳고 유대인은 항상 틀렸다고 한다. 무함마드는 고집이 세고 막무가내이다. 이러한 상황에서 무슨 대화가 가능하겠는가?"

마침내 유대인은 무함마드를 조롱하기 시작했다.

"그대에게 죽음이 함께 하기를(May death(peace) be upon you)."

이렇듯 시의 가사를 바꾸어 그를 조롱하기도 했다. 분노한 무함마드는 공격적이 되었다. 턱수염을 짧게 기르고 코밑수염을 길게 기르는 유대인과 구분하기 위해 무슬림에게는 턱수염을 길게 하고 코밑수염을 짧게 기르도록 명령을 내렸다. 예배 때는 유대인을 벌해달라는 기도를 드렸다.

"신이시여, 그들의 불신과 잘못을 벌해주소서. 그들은 죄를 지은 자들이옵니다."

무함마드의 증오는 신도들의 증오가 되었고, 그의 적은 신도들의 적이 되었다. 그러나 유대인의 군사력이 강했기 때문에 섣불리 공격할 수는 없었다. 유대의 세 부족은 각각 700명의 전사들을 거느리고 있었다. 한 부족은 카즈라지족 족장 압둘라 우바이와 동맹관계였다. 유대인은 만일 무함마드가 아우와 카즈라지를 단합시키는데 성공할 경우 그들이 지금까지 누려왔던 메디나에서의 주도권을 다시는 누리지 못할 것으로 우려했다. 이를 저지하기 위해 압둘라 우바이와 손을 잡았다. 유대인은 메카와 관계가 좋았고 북동부와 남동부의 중요한 베두인 부족들과도 사이가 좋았다. 종교와 혈연관계 등으로 인해 메디나 북쪽 150킬로미터에 있는 카이바 오아시스를 근거로 한 사막 부족과도 사이가 좋았다.

그러나 유대인은 큰 약점을 가지고 있었다. 바로 유대인 부족들끼리는 서로 사이가 좋지 않다는 점이다. 이방신을 섬기는 부족들과의 동맹관계로 인해 유대인 부족들은 서로를 증오했고 최근 부족 간 군사적 충돌 후 악감정이 아직 남아있었다. 무함마드에 대한 유대인의 우려는 점차 현실로 드러났다. 이슬람교도들은 우상 파괴를 위해 폭력을 행사했고 사막 카라반을 대상으로 약탈을 시작했다. 처음에는 조그만 병력이었지만 점차 숫자가 많아졌고 약탈 규모도 커졌다. 사막의 전통인 가주를 본격화한 것이다. 이와 함께 유대인에 대한 적대

행위도 본격화된다.

무함마드는 코란을 완성시킨 후 624년 1월 그의 추종자들에게 키블라(qiblah: 예배를 드리는 방향)의 위치를 예루살렘으로부터 메카로 바꾸도록 명령했다. 키블라를 변경한 것은 무함마드가 유대인을 거부한다는 점을 상징하는 것이다. 이후부터 무함마드는 메디나에 있는 유대인을 박해하기 시작했다. 두 부족은 계곡으로부터 쫓겨나고 조상의 유산을 잃었으며 나머지 한 부족은 더 심한 박해를 당하게 된다.

사막의 생존법칙

사막에서는 강하고 용기 있는 자 만이 살아남는다. 겁쟁이나 멍청한 자들은 모두 사라지고 만다. 그것이 사막의 법칙이다. 사막에서 살아남기 위해서는 며칠 동안 물을 마시지 않고도 버티고 가시덤불도 먹어치울 수 있는 강인한 체력과 죽음을 두려워하지 않는 정신력을 가지고 있어야 한다. 베두인은 항상 겉옷 안에 끈을 지니고 다녔다. 배가 고프면 끈으로 허리를 단단히 조여 매기 위해서이다. 이것이 사막에서 생존할 수 있는 개인의 필수적인 조건이지만 그 외에 반드시 부족을 필요로 했다. 개인이 아무리 강해도 집단만은 못하다. 개인이 생존하기 위해서는 부족의 보호가 필요했다. 따라서 사막에서는 부족이 가장 중요한 집단이 된 것이다. 베두인은 거칠고 강인하다. 그들은 오직 생존을 위해 살아간다. 혹독한 환경에서 살아가다 보면 값싼 동정이나 자비심 따위는 사치에 불과했다. 자신을 지키기 위해서는 상대방을 철저히 제압하는 것이 그들의 법칙이었다. 그러나 베두인이 강하고 잔인하다고 해도 부족의 규율만큼은 엄격히 지켰다. 언제나 부족의 권위가 개인의 권리나 이익보다 앞섰다. 부족의 결정에 따르지 않는 것은 죽음을 의미했다.

베두인은 자신이 속한 부족의 규율을 반드시 따라야하며 또한 부족 간에도 한번 맺은 약속은 반드시 지키는 것이 사막의 법칙이었다. 아라비아에서는 중앙집권적 정부가 존재한 적이 없다. 언제나 각 부족은 독자적인 권한을 지니고 있었다. 이러한 환경에서 부족들 간의 충돌은 일상적이었다. 한번 다툼이 일어나면 사상자가 발생했고 이를 구실로 복수와 응징의 악순환이 따랐다. 부족들 간의 전쟁은 끝이 없었으며 전쟁에서 패한 부족은 거의 멸절되었다. 남자들은 모두 죽임을 당했고 아녀자들은 노예로 끌려갔다. 재산은 남김없이 몰수되었다. 당시 아랍인은 절대자를 믿지 않았고 사후 세계에 대한 개념도 없었다. 그들은 매 순간 생(生)을 즐기는 일에 몰두했다. 그 결과 도박, 매춘, 간음, 납치, 음주 등이 널리 자행되었다. 아라비아는 혼돈과 무질서의 땅이었고 힘과 재물 그리고 우상이 지배하는 불의(不義)한 곳이었다.

무함마드의 메카 공격에는 불평과 반대가 많았다. 아랍의 전통에 의하면 신성한 라마단 금식월에는 전쟁이 금지되기 때문이다. 대대로 이어져 오는 관습을 무시하고 라마단 월에 전쟁을 일으킨다는 것은 무함마드에게도 부담이 되었다. 그러나 그는 메카 공격을 단행했다.

알라신의 계시에 따라 메카를 정복하고 이교도를 몰아내는 것이 전통을 지키는 것보다 더 중요하다고 생각했기 때문이다. 메카를 정복하면 물질적으로 궁핍한 움마의 식구들에게 숨통을 터줄 수 있었다. 메카로부터 옮겨 온 신도들은 무일푼이었으며 매일 매일 노동으로 근근이 살았다. 메디나 신도들과 형제 관계를 맺어 도움을 얻었으나 계속 의지할 수는 없었다. 메디나의 농토는 한정되었고 이주자들은 농업에 경험이 없었다. 이주자 대부분은 상인이나 금융인 출신이었으나 이곳에서는 이러한 일을 할 여건이 갖추어지지 않았다. 메카 신도들은 점차 메디나 신도의 부담이 되었다. 부담을 덜기 위해서는 독자적인 재원을 확보하는 것이 필수적이었다. 무함마드와 열성파 신도들은 가주에 기대를 걸었다. 목적은 메카의 카라반을 털어 재정적 수입을 올리는 한편 메카를 약화시키기 위함이다. 성공적인 히즈라로 메디나에서 안정을 얻었으나 보다 큰 꿈인 이슬람 전파를 위해서는 메카를 장악하는 것이 필수적이었다. 메카는 아라비아의 중심 도시이자 또한 경제의 중심이기 때문이다.

무함마드가 메디나로 이주한 지 7개월쯤 되자 메카에서는 벌써 이슬람이 거의 잊혀진 존재가 되어 있었다. 메디나에서 이대로 주저앉아버리면 무함마드도 곧 잊혀진 존재가 될 가능성이 높았다. 따라서 희생을 치루더라도 메카를 정복하는 것이 절실한 일이 되었다. 무함마드는 코란에서 이렇게 말한다.

"신성한 달에 싸우는 것은 중죄이다. 그러나 보다 중한 죄는 알라의 길을 방해하고 부인하며, 메카의 거룩한 성전에 접근하는 것을 막고 사람들을 내쫓는 것이다."

사실 무함마드는 메카와 전쟁을 일으킬 생각까지는 없었다. 승산이 높지 않기 때문이다. 그러나 메카의 쿠라이시는 이슬람 측의 통행을 봉쇄하고 불응하면 전쟁을 일으키겠다는 협박을 가해왔다. 메카는 메디나의 유력부족에게 편지를 보내 무함마드와 변절자 모두를 송환할 것을 요청하면서, 불응하면 공격하여 남자는 죽이고 여자와 아이들은 노예로 삼겠다고 협박했다. 또한 유대 부족에게도 편지를 보내 무함마드를 적으로 삼을 것을 요청했으나 그들의 태도는 미적지근했다. 이윽고 쿠라이시는 메디나를 경제적으로 봉쇄하기 위해 메디나로 통하는 모든 무역로를 봉쇄해버렸다.

메디나는 메카와 달리 상당한 농토가 있고 비축해놓은 식량도 있었으나 메카가 무역로를 봉쇄할 경우 독자적으로 생존하기는 어려웠다. 경제적 위기가 점차 현실로 다가오자 무함마드는 적극적인 전법으로 선회해야 했다. 메카 시절 무함마드는 평화의 정신에 따라 최대한 인내하며 관용을 베풀었다. 그러나 결과는 좋지 못했다. 메카 사람들은 이해하기는커녕 그를 죽이려 했다. 이 때문에 멀리 메디나로 옮겨온 것이다. 이제 무함마드는 메카와 한판 승부를 벌여야 할 입장에 처했다. 더 이상 물러설 곳이 없었다. 원하지는 않았으나 전쟁은 불가피했다. 한쪽이 다른 쪽을 공격하는데 어찌 전쟁이 일어나지 않겠는가? 전쟁이란 한번 시작하면 이겨야 하므로 폭력의 악순환이 형성되는 것은 당연한 일이다. 무슬림은 자신들이 이미 메카에서 한 번 죽음을 경험했다고 생각했다. 같은 종족을 고향으로부터 추방한 것은 전례 없는 일이기 때문이다. 그들은 아라비아의 전통을 무시한 처사에 분노했다.

제7장
전쟁의 서막

바드르 전투

무함마드는 메카의 위협에 대해 적절한 대응책을 강구해야 했다. 무함마드가 메디나로 이주한 622년에는 양측에서 한 명의 희생자도 발생하지 않았으나 이제 피를 흘리게 되었다. 무함마드는 싸울 각오는 되어 있었으나 가능하면 평화를 유지하려는 열망이 컸다. 가주는 아라비아의 전통이므로 하등 이상할 것은 없으나 피를 보지 않는 것이 원칙이었다. 무함마드도 처음에는 사람을 살상할 생각은 없었고 물자를 얻는 데에만 목표를 두었다. 가주는 결코 쉬운 일이 아니다. 2년 간 여덟 번의 가주에 나섰으나 모두 실패했다. 무슬림은 가주에 경험이 없었고 카라반의 일정에도 어두웠다. 주로 함자나 우바이다 이븐 알 하리스와 같은 강경파들이 약탈 병력을 이끌었으나 결과는 참담했다. 중지하자는 목소리가 점점 커졌다. 그러나 무함마드는 포기하지 않았다. 비록 가주에 실패하더라도 최소한 존재감은 메카에 알릴 수 있었다.

무함마드가 메디나에 온지 16개월 후 아부 수피얀이 대규모 카라반을 끌고 시리아로 향하고 있다는 소식을 들었다. 무함마드는 군대를 보냈으나 카라반은 이미 사정권을 벗어난 후였다. 그러나 그들은 시리아에서 장사를 마친 뒤 다시 이곳을 통과해야 했다. 무함마드는 이때를 노렸다. 정찰대를 보내 카라반이 돌아오는 정확한 날짜를 탐문했다. 대규모 카라반을 상대하기 위해서는 메카 출신 신도만으로는 부족했다. 메디나 신도들에게 동참을 요청했다. 지하드를 외치며 싸우다 죽으면 천국행이요 살아남으면 현세에서 보상받을 것을 약속했다. 곧 300여 명이 모였다. 이들 중 4분의 3이 메디나 신도들이다. 이들에게는 낙타 70마리와 말 두 필 밖에 없었으므로 무장이 시급했다. 칼, 창, 활, 방패, 새총 등 가능한 모든 무기를 수집했다. 무함마드가 이끄는 특공대는 메디나에서 서남쪽으로 100킬로미터 떨어진 오아시스 바드르(Badr)를 향해 진군했다.

무함마드는 시리아, 메디나, 메카로 향하는 삼각 접경지인 바드르에 아부 수피얀의 카라반이 머물 것으로 확신했다. 그의 예측대로 카라반이 이곳으로 올 것이라는 사실이 확실해졌다. 한편 아부 수피얀은 무함마드가 정찰대를 파견했다는 소문을 듣고 경계심을 높이고 있었다. 그는 메카로 메신저를 보내 이러한 사실을 알렸다. 메카의 부유한 상인들이 공동으로 운영하는 이 카라반은 5만 골드 디나르에 해당하는 엄청난 물품을 운송하고 있었다. 아부 수피얀으로부터 소식을

바드르 전투The battle of Badr(작자 미상, 14세기 추정)

들은 메카는 아불 하캄을 사령관으로 한 950명의 지원군을 모아 급파
했다.

아부 수피얀은 남쪽으로 내려오다가 행렬을 멈추고 척후병을 보내
무함마드의 위치를 파악토록 했다. 그는 밤에 직접 바드르까지 가서
무함마드가 이곳까지 정찰병을 보낸 사실을 확인했다. 아부 수피얀은
카라반의 행로를 바꿔 바드르로 가지 않고 산악지역을 돌아 홍해 남
쪽 해안으로 향했다. 무함마드로부터 충분히 떨어져 위험에서 벗어났
다고 확신한 그는 이와 같은 사실을 아불 하캄에게 알려 메카로 돌아
가도록 했다. 그러나 아불 하캄은 메카로 복귀하는 것을 거부했다. 아

무 공도 세우지 않고 돌아갈 수 없고 또한 무함마드의 준동이 앞으로도 계속될 것이므로 이 기회에 손을 보겠다는 것이다. 아불 하캄은 무함마드를 죽이거나 생포하겠다고 맹세했다.

그러나 일행 모두가 그와 같은 생각을 가진 것은 아니었다. 라비아(Rabia) 형제와 같은 사람들은 메카로 돌아가기를 원했다. 카라반을 지키기 위해 이곳까지 온 것인데 카라반의 안전을 확보했으니 돌아가야 한다는 것이다. 아불 하캄은 라비아 형제를 겁쟁이라고 비난했다. 우트바 라비아의 아들로서 일찌감치 무슬림으로 개종한 아부 후다이파(Abu Hudhayfa)가 상대편에 있어, 싸움이 벌어지면 죽을까봐 반대하는 것이라고 비난했다. 그러면서 메카 출신 무슬림 중 누구도 죽이지 않고 생포하여 모두 메카로 데려간다는 타협안을 내놓았다. 이들을 설득하여 다시 조상의 종교로 전향토록 한다는 것이다. 그러나 라비아 형제는 타협안에 응하지 않았다.

지휘관들의 대립에 실망한 일부 병력이 메카로 돌아가 버렸다. 아불 하캄은 남은 군대를 끌고 바드르로 향했다.

가주를 목표로 출병했던 무함마드는 이제 물건은 놓치고 전쟁에 임하게 될 판이었다. 무함마드는 작전회의를 열었다. 아부 바크르와 우마르는 막강한 메카군과 부딪치는 것에 반대했다. 그러나 메디나 신도 중 강경파는 일전불사를 강력히 외쳤다.

"당신은 신의 사자이며, 우리는 당신과 당신이 말하는 진리를 믿는다. 바다를 건너라고 명령하면 바다로 뛰어들 것이다. 우리는 적을 두려워하지 않는다. 전투로 살아온 사람들이다."

쿠라이시는 전투 경험이 없었으나 안사르(메디나 출신 무슬림)는 빈번한 부족 전쟁을 통해 단련된 전사들이었다.

결국 무함마드는 전쟁을 결심했고, 다음 날 알리와 주바이르, 사드 와카스 등 사촌들을 척후병으로 보내 적의 동향을 살폈다. 이들은 물을 길으러 온 소년 몇 명을 포로로 잡아왔다. 소년들은 메카군이 매일 식량으로 9~10마리의 낙타를 도살한다고 말했다. 이 말을 듣고 무함마드는 메카군의 숫자가 900~1,000명 정도일 것으로 추산했다. 메카군은 모래언덕에 막사를 쳤다. 그리고 가죽부대로 큰 물통을 만들었다. 무함마드는 지형을 잘 아는 메디나 신도의 충고에 따라 메카군과 가장 가까운 거리에 있는 샘 곁에 막사를 쳤다. 이곳에 있으면 메카군이 오아시스의 본류로 향하는 것을 막을 수 있었다. 이곳에는 큰 돌들이 널려져 있어 메카군이 낙타를 타고 공격해오는 것을 막을 수도 있었다. 그리고 동향(東向)이어서 햇빛이 아침에 전진해오는 메카군의 눈을 부시게 할 수 있었다.

신이 보호해준다고 믿지만 무함마드는 내심으로는 겁이 났다. 상대방의 병력이 막강했고 싸움이 벌어지면 자신이 죽을 수도 있었다. 그가 죽으면 종교도 사라지게 될 것이다. 바드르 전투는 이슬람 역사에서 기념비적인 전투였다. 이슬람교도가 이 전쟁에서 패했더라면 이슬람은 꽃을 피워보기도 전에 소멸하고 말았을 것이다. 무함마드는 밤늦게까지 기도했다. 목을 놓아 울기도 하고 다른 한편으로는 메카인을 저주하면서 알라신이 그들을 무찔러줄 것을 기도했다. 모래언덕에 진을 친 메카군은 목이 말랐다. 이들 중 몇몇은 무함마드 진영으로 와서 가죽 물통에 들어있는 물을 마셨다. 무함마드는 일부에게는 물을 마시도록 허용했으나 그가 적으로 지목한 자는 죽이도록 명령했다. 양측 간에 전면전이 벌어지기 직전 무함마드는 환상을 보았다. 가브리엘 천사가 말을 타고 땅과 천국 사이를 오가며 전투를 독려하는 꿈이었다. 무함마드는 미카엘과 이스라필 천사도 자신과 함께 있는 환상을 보았다. 그는 병사들에게 환상을 이야기하며 이 전쟁에서 승리를 예언했다. 병사들의 사기는 높았다. 무함마드는 말했다.

"알라신이 우리의 운명을 결정할 것이다. 오늘 불신자들과 싸우는 여러분은 죽음을 두려워하지 않는 용사들이며 적에게 등을 보이지 않는 사람들이다. 여러분은 용기의 대가로 반드시 천국을 차지하게 될 것이다."

메카군은 숫자는 많았으나 분열되어 있었다. 병력 중 많은 사람이 아비시니아 용병이었다. 메카의 지휘관들은 서로 사이가 좋지 않아 전날 밤에도 말다툼을 계속했다. 물과 기름 같은 사이인 아불 하캄과 라비아 형제를 닮았다. 먼저, 우트바 라비아가 자신의 용기를 증명하기 위해 아들 왈리드와 함께 앞으로 나섰다. 무함마드는 함자, 알리 그리고 우바이다 하리스를 앞에 내세웠다. 우트바와 왈리드 부자가 곧 칼에 맞아 쓰러졌다. 이내 전면전이 벌어졌다. 처음에는 화살이 오가는 듯하더니 백병전이 벌어졌다. 칼과 창이 난무하고 피가 튀고 팔다리가 잘라져나가고 두개골이 부수어지는 등 선혈이 낭자했다. 수적으로는 부족했으나 무함마드군은 종교적 신념으로 뭉쳤고 용기가 충만했다. 이들은 죽으면 천국행이고 살면 보상받을 것을 확신했다. 아랍인은 보통 자신의 명예를 위해 싸운다. 그리고 자신의 용기를 드러내고 가족과 부족의 재산을 지킨다는 일념으로 전투에 임하는 것이 보통이다. 그러나 무슬림은 자신의 명예나 재산 어떤 것도 내세우지 않았다. 이들은 오직 알라의 이름으로 신앙을 지키기 위해 싸웠다. 사막 한 가운데서 영접한 전능한 존재의 명에 따라 칼을 들었다. 이것은 약탈과 침략을 위한 싸움이 아니라 신의 정의를 지키고 약한 자를 돕기 위한 싸움이었다. 전투에서 죽는 것은 전혀 두렵지 않았다. 천국에서의 영생(永生)을 믿었기 때문이다.

무함마드를 조롱했던 많은 메카군이 하나둘씩 쓰러졌다. 특히 무함마드를 심하게 괴롭혔던 카디자의 배다른 형제 나우팔(Nawfal)이 죽었다는 소식을 듣자 무함마드는 "알라후 아크바르"(알라는 가장 위대하다)를 외쳤다. 이 전투는 부자간, 형제간, 사촌간의 전투였다. 종교를 달리 하는 큰 종족 내부의 전투였다. 종교가 얼마나 무서운 것인지 실감케 하는 대목이다. 가장 큰 적은 아불 하캄으로 그는 무함마드군의 최대 목표였다. 전투 종료 후 무함마드는 양치기 소년이었던 압둘라 마수드에게 아불 하캄의 시체를 찾아오라고 지시했다. 마수드가 그를 발견했을 때 아불 하캄은 큰 상처를 입었지만 산 채로 덤불 속에 숨어 있었다. 마수드는 그에게 개인적인 원한이 있었다. 사원 앞에서 코란을 암송했다는 죄목으로 두들겨 맞았기 때문이다. 아불 하캄은 "조그만 양치기 녀석이 성공했군"이라고 비웃었다. 마수드는 그의 목을 잘라 무함마드에게 가지고 갔다. 메카 사원의 회의 때마다 무하마드를 경멸했던 우마이야 칼라프는 아들과 함께 항복한 후 살해되었다.

무함마드는 높은 전망대에서 전투를 지켜보았다. 아부 바크르, 우마르, 사드 무아드, 미크다드 등이 그와 함께 했다. 옆에는 말 두 마리가 준비되어 있었다. 만일 전세가 악화될 경우 무함마드와 아부 바크르가 피신할 계획이었다. 드디어 전투가 끝났다. 무함마드의 대승이었다. 70명의 메카군이 죽고 70명이 생포되었다. 메카에서 무함마드를 죽이기로 공모했던 14명의 주모자 중 11명이 이 전투에서 사망했다. 생존한 3명은 나중에 이슬람을 받아들였다. 이슬람군의 사망자는 14명에 불과했다. 가히 기적과도 같은 승리였다.

무함마드는 낙타를 잡아 연회를 베풀며 승리를 자축했다. 무함마드의 '복수 대상 리스트'에 올라있던 메카인의 시체는 베두인이 쓰레기를 버리는 폐기된 우물에 버려졌다. 전쟁에서는 승리했으나 노획물은 적었다. 각종 무기와 150마리의 낙타, 10필의 말, 텐트, 옷, 그리고 잡다한 개인용품 등이 전부였다. 노획물을 공평하게 나누어주는 것은 쉽지 않은 일이다. 특히 노획물이 빈약할수록 더 그렇다. 전투에서 세운 공을 내세우며 서로 노획물을 가지려고 다투기 때문이다. 이러한 모습에 진절머리가 난 무함마드는 모든 포획물과 포로를 자신에게 가져오도록 명령했다. 누구든지 노획물을 몰래 감추는 신도가 있으면 신으로부터 벌을 받을 것이라고 경고했다. 며칠 동안 고심한 끝에 무함마드는 분배 원칙을 세웠다. 노획물의 5분의 1은 자신이 차지하고 나머지는 균등하게 배분키로 한 것이다. 말을 가져온 두 명의 신도들에 대해서는 말의 높은 가치를 감안해 추가로 상금을 내렸다. 포로들의 처분이 문제였다. 우마르와 상의한 결과 처음에는 모든 포로를 죽이려고 했다. 그러나 문제가 있었다. 무함마드의 친인척들 때문이다. 삼촌 압바스, 사위 아부 알 아스, 알리의 큰 형 아킬 등이 포함되어 있었다. 모든 포로를 죽일 경우 이들도 같이 죽어야 할 운명이었다.

무함마드는 수뇌회의를 열었다. 우마르, 사드 무아드, 미크다드 등 강경파는 여전히 전원 처형을 주장했다. 우마르는 자신이 본보기로 가까운 친척의 목을 직접 자르겠다고 자원했다. 참수 대신 포로들을 나무에 묶어놓고 숲에 불을 지르자는 의견도 있었다. 아부 바크르는 눈물을 흘리면서 이들을 살려주는 대신 메카로부터 보상금을 받아내자는 의견을 제시했다. 아불 하캄의 목을 벤 압둘라 마수드도 아부 바크르와 함께 온건파에 속했다. 무함마드는 결론을 내리지 못하고 막사로 들어가 잠시 휴식을 취한 후 마지막 결론을 가지고 나왔다. 그는 우선 아부 바크르와 우마르 두 사람에 대한 찬사를 늘어놓았다. 아부 바크르는 백성에 대해 자비를 베풀고 백성을 용서하는 신의 메시지를 전달하는 미카엘 천사와 흡사하다고 했다. 또한 아브라함, 예수 등과 닮았다고 했다. 반면 우마르는 정의의 신, 자신의 말을 따르지 않는 자를 응징하는 신의 모습과 같다고 했다. 그는 노아, 모세 등과 닮왔다고 했다. 찬사를 마친 후 무함마드는 신의 결정을 전달했는데 아부 바크르와 우마르의 의견을 절충한 안이었다.

"많은 포로를 몸값을 받고 풀어준다. 그러나 일정 범위를 넘어 신과 그의 계시자를 모욕하고 조롱한 자는 사형에 처한다."

살아남은 포로들은 몸값을 지불하고 속속 풀려났다. 부유한 삼촌 압바스는 175온스의 금에 해당하는 가장 비싼 몸값을 지불했다. 몸값이 비싼 포로들은 보통 3천 디람(30 파운드의 순은)을 내고 풀려났다. 카디자의 언니 할라의 아들이자 무함마드의 사위인 아부 알 아스는 몸값을 내고 메카로 돌아갔으나 부인과 이혼했다. 이혼 후 아부 알 아스는 동생으로 하여금 무함마드의 큰 딸인 전 부인 자이납을 메디나로 호송토록 했다. 이 소식을 들은 메카인은 길목에서 일행을 가로막고 그녀를 포로로 잡으려 했다. 자이납은 임신 중이었는데 실랑이 끝에 낙타에서 떨어져 유산하고 말았다. 메카의 실력자인 아부 수피얀이 놓아주도록 해서 자이납은 겨우 메디나로 올 수 있었다. 무함마드의 딸을 인질로 잡는 것은 옳지 않다고 생각했기 때문이다.

결국 무슬림은 바드르 전투에서 포획한 전쟁 포로 대부분을 몸값을 받고 풀어주었다. 이들은 과거의 야만적인 관습에서 벗어나려고 노력했다. 당시 풍습으로는, 부족 싸움에서 잡은 포로를 죽이거나 아니면 고문한 후 손발을 절단하는 것이 관례였다. 코란은 무슬림이 쿠라이시 부족 전체를 상대로 싸운 것이 아니라는 점을 강조한다. 쿠라이시 중 많은 사람이 중립적이었으며 이들은 싸움터로 나가지 않고 메카에 머물렀다. 코란은 이들에게 위해를 가하는 것을 금했다.

코란은 전투에서도 자비와 용서를 강조하고 있다. 일단 전투가 벌어지면 무슬림은 용기와 투지를 가지고 전력을 다해 싸워 전투를 최대한 빨리 끝내야 한다. 그러나 적이 평화를 요청하는 순간 모든 무기를 내려놓고 이에 응해야 한다. 적이 휴전을 요청하면 조건이 있더라도 이를 받아들여야 한다. 코란은 모든 분쟁에서 가급적 폭력을 피하고 대화로써 문제를 해결할 것을 권고한다.

메카군이 바드르 전투에서 패한 요인은 여러 가지가 있다. 우선 지휘관들이 서로 싸우고 반목했다. 이들은 수적 우세만 믿고 막무가내로 덤비는 늙은 상인들이었다. 이들이 전략에 밝았다면 우선 지형적 요인을 놓치지 않았을 것이다. 분명히 무함마드가 지형적으로 유리한 위치에 진을 쳤는데도 이를 수수방관했다. 이슬람군이 이른 아침에 함께 모여 예배를 드릴 때 공격했더라면 메카군이 승리할 가능성이 높았다. 그러나 연로한 보수주의자인 메카 지도자들은 부족전쟁 시 내려온 전통을 지켰다.

"용감하게 공격하고 싸워라. 그리고 철수하여 적이 타협할 의사가 있는지 파악해라. 만일 그럴 의사가 있다면 대가(blood money)를 받고 전투를 끝내라."

바드르 전투는 소규모이지만 이슬람의 확장에 결정적인 영향을 미쳤다. 이 전투에서 무슬림 측은 말 두 필, 313명의 병사, 그리고 2명당 1필의 낙타 밖에는 동원할 수 없을 정도로 궁핍했으나 승리했다. 바드르 전투에서의 승리는 나중에 1만 마리의 말을 동원했던 대규모 전쟁보다 더 큰 가치를 지닌 것으로 이슬람 측은 평가한다.

무함마드가 평화주의자는 아니다. 그는 때때로 전쟁이 불가피하다는 사실을 깨닫고 있었다. 바드르 전투 후 무함마드는 메카가 보복해 올 것으로 예상했다. 그래서 그는 긴 고통의 세월이 될 지하드를 주문했다. 당시 지하드는 '전쟁에서의 희생'보다 '신의 뜻을 실천하기 위한 노력 또는 투쟁'의 의미가 더 강했다. 신도는 이를 위해 자신이 할 수 있는 모든 수단을 다해 열심히 노력해야 한다. 그러나 이것이 반드시 전투에의 참여를 의미하는 것은 아니었다. 바드르 전투를 끝내고 돌아오면서 무함마드는 말했다.

"우리는 작은 지하드(전투)로부터 큰 지하드로 돌아갈 것이다."

이 말은 근본적인 사회 개혁과 의식 개혁을 의미하는 것이었다.

바드르 전투의 패배 소식이 전달되자 메카는 공황상태에 빠졌다. 거의 모든 사람이 일가친척인 메카의 구조로 봐서 대부분이 줄초상을 당한 것이나 마찬가지였다. 아들을 포함 많은 가까운 친척을 잃은 아부 수피얀은 사람들에게 고통을 참고 슬픔을 드러내지 말 것을 주문했다. 지나치게 슬퍼할 경우 복수할 힘이 소진된다는 것이다. 고통을 드러내지 않는 소수 중 하나는 아부 수피얀의 부인 힌드(Hind)였다. 힌드는 누구보다 큰 손실을 입었으나 복수를 다짐하며 울지 않았다. 그녀는 아들 한잘라, 아버지 우트바 라비아, 오빠 왈리드와 삼촌 샤이바를 잃었다. 힌드는 매우 강한 성격을 가진 여자였다. 몸값을 치른 포로들이 메카로 돌아오자 아부 수피안은 2백 명의 특공대를 조직하여 메디나로 향했다. 그는 밤중에 무함마드의 사원을 공격하려 했으나 주변에서 자살행위에 불과하다고 만류하여 그만 두었다. 대신 이슬람 신도 중 한 사람이 소유하고 있는 농장을 습격하여 주인과 노예를 죽이고 불을 질렀다.

카이누카족 축출

바드르 승리로 자신감을 얻은 무함마드는 메디나로 돌아온 후 그를 조롱하는 시를 지은 시인들을 색출하여 살해함으로써 새로운 시대가 왔음을 경고했다. 무함마드의 칼은 이제 유대인에게로 향했다. 무함마드의 모스크로부터 3킬로미터 남짓 떨어진 카이누카(Qaynuqa)족의 성은 4층짜리 건물로 견고했다. 이들은 농업으로 부를 쌓은 나디르(Nadir)나 쿠라이자(Qurayza)족과 달리 금 생산, 공예, 무기 제조 및 상업으로 돈을 번 종족으로 이들의 상점은 아랍세계에서 좋은 보석을 파는 곳으로 유명했다.

　무함마드는 유대인 성의 입구에 서서 이슬람을 받아들이지 않으면 신의 징벌을 당할 것이라고 경고했다. 그러나 카이누카 측은 이슬람을 인정할 수 없고 그를 예언자로 믿지도 않는다고 응답했다. 곧 무함마드와 카이누카 간에 전쟁이 벌어졌다. 카이누카는 외부 지원을 기대했으나 유대인 부족의 지원은 없었고 기대했던 압둘라 우바이도 카즈라지족을 동원할 수 없었다. 원래 카이누카는 메디나의 부족 전쟁 시 카즈라지와 함께 싸웠으며 압둘라 우바이 시절 동맹을 맺은 사이였다. 2주 동안 버티던 카이누카는 마침내 항복했다. 압둘라 우바이는 무함마드에게 선처를 부탁했다. 남자는 죽이고 부녀자는 노예로 팔아넘기는 관례에 따르지 않고 무함마드는 자비를 베풀었다. 며칠 말미를 주며 짐을 꾸려 이곳을 떠나도록 했다. 이들은 거의 1천 년 동안 살아온 고향을 버려야 했다. 카이누카 중 일부는 인근 지역으로 도피했으나 대부분은 시리아에 정착했다. 카이누카족의 축출과 이교도에 대한 연쇄적인 폭력으로 인해 사람들은 공포에 사로잡혔다. 이 사건 후 많은 메디나인이 앞을 다투어 이슬람으로 개종했다.

바드르 전투 후 얼마 되지 않아 무함마드의 딸 루카야가 사망했다. 우스만 이븐 아판의 부인이었던 그녀는 20대 초반으로 자식은 없었다. 그로부터 몇 개월 후 우스만은 루카야의 동생 움 쿨숨과 재혼했다. 이로써 우스만은 예언자의 두 딸과 결혼하는 기록을 세우게 된다. 거의 비슷한 시기에 무함마드는 우마르의 딸 하프사와 결혼했다. 하프사의 남편이 바드르 전투 후 얼마 되지 않아 사망했으므로 미망인이었다. 하프사는 18세 정도였는데 아름다운 여인이었으나 아버지를 닮아 성격이 급했다. 아이샤는 다른 부인들과는 달리 하프사와는 좋은 관계를 유지했다. 언니, 동생처럼 지냈다.

이 무렵 무함마드의 막내딸 파티마가 알리와 결혼했다. 당시 알리는 24세 정도였으며 파티마는 그보다 서너 살 어렸다. 이로써 무함마드는 자신의 심복이며 나중에 정통칼리프가 되는 아부 바크르, 우마르, 우스만 및 알리와 모두 혼인관계를 맺었다. 바드르의 승리로 무함마드는 메카 상인의 전통적인 무역루트를 봉쇄했다. 무함마드는 홍해 연안에 사는 부족들과 동맹을 맺고 메카 카라반에 관해 수시로 정보를 수집했다. 바드르 전투에서 패한 메카군은 복수할 기회를 노렸으므로 무슬림은 늘 긴장해야 했다. 보다 위협적인 것은 메디나에 살고 있는 유대인과 전통종교를 고수해 온 토착민의 위협이었다. 이들은 바드르 전투 후 이슬람 세력이 나날이 커지는 것을 목격했다. 메카에서 이주해온 무슬림이 불과 2년 만에 강건한 세력을 구축하고 메디나 전체를 지배할 단계에 이르자, 두려움을 느낀 유대인은 무슬림의 단결과 결속을 방해하기 위해 파벌 싸움을 붙이고 분열을 조장했다.

마치 전쟁터가 메카에서 메디나로 옮겨지고 종교전쟁이 정치전쟁으로 비화한 것 같았다. 유대인은 무함마드의 정치적 입지를 약화시키기 위해 음모를 꾸미고 그를 암살하려는 계획까지 세웠다. 한편 메카는 자구책으로 메디나 동쪽의 베두인들과 동맹을 맺기 위한 외교적 노력을 벌였다. 이들의 땅을 통과하는 새 무역 루트를 개발하려는 것이다. 메카는 무함마드를 자신들에게 뿐만 아니라 아라비아 전체에 위험한 인물로 선전했다. 메카와 무함마드 간에 다시 전쟁이 다가오고 있었다. 무역 루트가 끊긴 메카의 상인들은 자금 압박을 받았으며 식량 부족으로 어려움이 가중되고 있었다. 메카의 상인들은 자금을 모아 무기를 새로 사들이고 보다 강력한 군대를 양성했다. 메카는 메디나가 도저히 감당할 수 없을 정도의 대병력으로 단숨에 메디나를 함락시키려 했다. 풍부한 자금력을 지닌 메카는 이러한 일을 추진할 수 있었다.

우후드 전투

아불 하캄과 아부 라합이 사망한 후 메카의 최고 지도자는 아부 수피얀이다. 아부 수피얀은 그 전 인물들에 비해 훨씬 영악하고 지략이 뛰어난 사람이었다. 그는 군대를 모으는 한편 사막의 베두인과 동맹을 결성하기 위해 노력했다. 메카는 3천 명의 군대를 모았다. 타이프가 3백 명을 제공했고 메카 부근의 베두인이 수백 명 그리고 아비시니아 출신 용병들이 주를 이루었다.

무함마드는 625년 3월 메카군이 출병했다는 소식을 삼촌 압바스를 통해 들었다. 바드르에서 생포된 후 압바스는 이슬람 신자로 개종했으며 충성을 맹세했다. 압바스가 비싼 몸값을 치르고 풀려난 것은 메카인의 의심에서 벗어나기 위한 전략이었다. 압바스는 군대에 관해 상세한 정보를 적은 편지를 베두인을 통해 무함마드에게 전달했다. 무함마드는 참모 회합을 열어 방책을 논의했다. 압둘라 우바이는 메디나의 전통을 설명하면서 방어를 주장했다. 메디나가 공격에 나설 때마다 패했으나 방어할 때는 승리했다는 것이다. 메디나는 성채와 같은 구조로 되어 있으므로 적을 저지할 수 있으며, 혹시 들어온 자가 있으면 지붕에서 활을 쏘아 처치하던지 아니면 길에서 칼로 죽이면 된다는 것이다. 무함마드와 지휘부는 이 의견에 동조했으나 병사들은 반대했다. 담 뒤에 숨어서 방어만 하는 약한 비겁자가 될 수는 없다는 것이었다. 이들은 지난 번 바드르 전투에서 승리한 후 스스로의 능력을 과시하고 있었고 무함마드는 군사 지도자로서 아직 경험이 부족했다.

병사들의 의견에 귀를 기울인 무함마드는 갑옷을 입고 나타났다. 정면 대결키로 한 것이다. 무함마드가 7백 명의 병사를 지휘하고 압둘라 우바이는 별도로 3백 명의 군사를 지휘했다. 전투는 우후드 산 밑에 있는 평원에서 벌어졌다. 메카는 병력 수에서 4배가 많았으며 2백 필의 말로 구성된 기병을 거느리고 있었다. 힌드를 비롯한 메카 여인들은 북을 치며 병사들의 사기를 돋우면서 복수를 외쳤다. 무함마드의 강점은 병사들이 죽음을 두려워하지 않는다는 것이다. 천국행을 믿기 때문이다. 젊은이들은 이렇게 말했다.

"바드르에서 우리를 이끄신 신이 우후드에서도 승리를 안겨주실 것이다. 만일 죽는다고 해도 이는 신의 뜻이다. 죽으면 천국으로 인도될 것이다. 우리는 신을 위해 싸우다 죽기를 원한다." 노인들까지 전의에 불탔다.

"신은 우리에게 승리를 주시거나 아니면 순교로 인도하실 것이다. 우리는 기회를 한번 놓쳤으나 대신 아들들이 그러한 축복을 누렸다. 어젯밤 꿈에서 아들들의 행복한 모습을 보았다. 우리도 아들의 뒤를 따라 천국으로 가기 원한다."

무함마드는 우후드 언덕 남쪽 기슭에 진을 쳤다. 위쪽에 있는 것이 밑에 위치하는 것보다 전투에서 유리할 것은 당연한 일. 이로써 메카의 자랑인 기병의 힘을 감소시킬 수도 있었다. 그러나 처음 전투에서 이기는가 싶었더니 메카의 기병이 진격하면서 전세가 불리해졌다. 겁을 먹은 압둘라 우바이는 병력을 돌려 도망쳤다. 무함마드는 적이 쏜 새총에 맞아 말에서 떨어졌으며 이가 부러지고 얼굴에 상처를 입었다. 적이 칼로 헬멧을 치자 머리에 상처를 입고 많은 피를 흘렸다. 적은 무함마드의 머리가 깨져 죽은 것으로 생각했다. 그러나 무함마드는 일어나 메디나군이 머물고 있는 동굴로 향했다. 추종자들이 몸으로 방어벽을 쳐서 적의 화살로부터 보호했다. 무함마드가 죽었다는 소식에 낙담하고 있던 아부 바크르와 우마르는 그를 보고 환호했지만 무함마드는 이를 그치도록 하고 부상당한 병사들을 돌봐줄 것을 명했다. 전투는 무함마드 측의 완패였다. 메카군의 사망자는 22명, 무함마드 측에서는 70명 이상의 사망자가 발생했다. 함자도 사망했다. 함자를 죽이기 위해 특별히 고용한 흑인 용사의 창에 맞아 죽고 만 것이다. 메카군은 많은 노예를 용병으로 고용했으며 전쟁에서 승리할 경우 이들을 자유인으로 풀어줄 것을 약속했다. 메카군에는 또한 이곳저곳에서 모인 용병들이 돈을 벌기 위해 참전하고 있었다.

힌드는 함자의 배를 가르고 창자를 끄집어내었으며 간을 빼낸 뒤 이를 씹었다고 한다. 그에 대한 복수심이 대단했던 것 같다. 아부 수피얀은 무함마드의 시체를 찾기 위해 그가 쓰러졌다는 장소에 가보

우후드 전투 당시 우후드의 궁수들의 언덕 Archer's Hill에 순례객들의 발길이 이어지고 있다
(사진Gus-Juned귀속)

았으나 찾을 수 없었다. 그는 메디나 측이 시체를 가져간 것으로 생각
했다. 동굴에 숨어있는 무함마드가 걱정하는 것은 메카군이 메디나를
총공격하는 것이다. 그러나 아부 수피얀의 생각은 달랐다. 전투의 주
목적은 무함마드를 제압하는 것인데 이제 목표를 이룬 것으로 생각했
다. 만일 메디나에 쳐들어가 주민을 상대로 이집 저집에서 전투를 벌
일 경우 메카 측 사상자가 많이 나올 것을 우려했다. 아부 수피얀은

나중에야 무함마드가 죽지 않았음을 알았지만 이미 때는 늦었다. 메카군은 메디나로 향하지 않고 메카로 돌아갔다.

무함마드는 메카군이 완전히 철수한 후 우후드 산에서 내려왔다. 메디나로 돌아온 무함마드는 저녁 예배를 마치고 잠이 들었다. 그러다가 새벽에 여인의 울부짖는 소리에 잠을 깨었다. 알고 보니 누군가가 전문적으로 곡하는 여인을 고용하여 함자의 죽음을 애도하게 한 것이다. 함자의 시체 앞에서 통곡하는 여인이 그의 누이 외에는 아무도 없다는 말을 무함마드가 했었는데, 누군가가 이를 듣고 전문가를 고용한 것이다. 그러나 무함마드는 곡을 싫어했다. 가식이라고 생각했을 뿐 아니라 울부짖는 소리 자체를 싫어했다. 여인의 날카로운 소리가 그의 신경을 거슬렀다. 무함마드는 이 사건 이후 곡하는 것을 금지했다. 다만 소리 내지 않고 우는 것은 허용했다.

무함마드는 비록 패했지만 부하들이 패배를 느낄 시간을 주지 않고 몰아치기로 결심했다. 그는 각 부족들에게 병사를 모아 메카군을 뒤쫓도록 명했다. 무함마드는 말과 낙타의 흔적을 따라 메카군의 뒤를 쫓았다. 그는 메디나에서 남쪽으로 13킬로미터 정도 떨어진 곳에 막사를 차렸는데 이곳을 'Red Lion(붉은 사자: Hamra al-Asad)'이라고 한다.

한편, 우후드를 떠나 메카로 향한 아부 수피얀은 중도에서 반대파들의 비난에 봉착했다. 이들은 아부 수피얀이 승기를 잡았을 때 메디나를 공격하지 않은 것과 부상당한 무함마드를 끝까지 쫓아가 죽이지 않은 것을 거세게 비판했다. 많은 사람들이 다시 돌아가 메디나를 공격할 것을 주장하자 마침내 아부 수피얀도 이에 동조했다. 아부 수피얀은 한 상인을 시켜, 메카군이 다시 공격하여 무함마드와 추종자들이 전멸할 때까지 싸울 것이라는 메시지를 전하게 했다. 이 메시지를 받은 무함마드는 언제든지 공격하라고 하면서 이전보다 훨씬 강한 군대로 응수하겠다고 말했다. 그의 군대는 5백 명 남짓 밖에 되지 않았으나 그는 심리전의 효율성을 이해하고 있었다. 이러한 상황에서는 강한 모습을 보이는 것이 최선이었다. 부하들에게 그날 밤 수백 개의 불을 밝히도록 명령했다.

무함마드의 전술이 적중했다. 멀리서 무수한 불빛을 바라본 메카군은 지레 겁을 먹고 메카로 돌아갔다. 무함마드는 우후드 전투에서 패했지만 메카가 압승을 거둔 것은 아니었다. 원래 메카의 목표는 이 전투에서 이슬람군을 쓸어버리는 것이었다. 그러나 그들은 목표를 달성하지 못했다. 1년의 준비기간과 거액의 자금을 쏟아 부었다는 점을 감안할 때 메카의 승리는 절반에 그친 것이었다. 당시 이슬람교도들은 죽은 전우의 시체를 덮어줄 천이 없을 정도로 가난했다. 쿠라이시에게 2백 필의 말이 있었음에 반해 이슬람 측은 단 2필의 말을 가지고 있었다. 이러한 열세에도 불구하고 이슬람군이 전멸하지 않은 것은 기적이었다.

제8장
이슬람 세력 확장

위선자의 진면목

우상 파괴, 이교도 부족장 살해, 무함마드를 조롱한 시인 살해, 유대인 추방 등 메디나에서 일어난 일련의 사태에 겁을 먹은 많은 사람들이 이슬람에 가입했다. 그러나 인위적인 공포에는 약점이 있었다. 새로운 신도 중 거짓 신도들이 섞여 있었기 때문이다. 이들은 이슬람을 믿는 체하면서 입으로 코란을 외우고 예배에 참가했으나 실제로는 믿지 않는 자들이었다. 처음에는 무함마드도 거짓 신도들을 인식하지 못했다. 그러나 점점 가짜들이 섞여있다는 사실을 알게 되었다. 믿는 척하고 있으나 종교를 방패로 삼는 불신자로서 얼마 전 신도인 척 하면서 모스크로 염탐을 나온 유대인과 흡사했다. 무함마드는 이들을 저주하는 구절을 지었다. '위선자(hypocrite) 또는 위선(hypocrisy)'이라는 말을 반복해서 사용했다. 그가 말하는 위선자는 예배에 불참하거나 다른 신도를 욕하는 사람, 논쟁 때 비(非)신도 편을 드는 사람, 이방종교와 가까운 사람, 또는 등 뒤에서 무함마드를 비난하는 사람 등을 일컫는다. 무함마드는 위선자에게 집단 압력을 가하는 방법으로 모욕을 주었다. 이들이 스스로 죄를 자백하게 했고 말을 듣지 않으면 직접 이름을 거론했다.

우후드 전투 후 위선자에 대한 압박이 훨씬 거세졌다. 3백 명의 병력을 이끌고 참가했다가 싸워보지도 않고 돌아온 압둘라 우바이는 위선자의 표상이었다. 사실 처음부터 우바이의 목표는 메디나 왕이 되는 것이었다. 만일 우후드 전투에서 무함마드가 죽었더라면 지도자 자리를 차지한 후 메디나를 손아귀에 넣었을 것이다. 무함마드가 죽기를 바라고 회군했던 것이 틀림없다. 바드르 전투 후 시인들의 죽음과 카이누카족의 추방을 지켜본 뒤 우바이는 이슬람으로 개종했었다. 군사적으로 대립할 생각은 없었으므로 개종하여 무함마드에게 복종하는 모습을 보이는 것이 살 길이었다. 그는 늘 예배에 참가했고 무함마드를 깍듯이 모셨다. 그러나 우후드에서의 회군으로 마각이 드러났다. 먼저 메디나로 돌아온 그는 무함마드를 비난했다. 처음부터 자기 말을 들어 방어에 치중했더라면 메디나도 무사하고 사람들이 전사하지도 않았을 것이라고 선동했다. 그러나 무함마드가 메카군을 추격하기 위해 다시 군대를 이끌고 출발할 때 그는 뻔뻔스럽게 모스크에 나타나 자신도 동행할 것을 요청했다. 무함마드는 이를 단호히 거절했다.

'Red Lion(붉은 사자)'에서 돌아온 후 무함마드는 우바이를 비롯한 위선자들의 처리를 논의했다. 늘 그랬듯이 강경파 우마르는 모두 처형할 것을 주장했다. 그러나 무함마드는 처형이 신도들에게 미칠 영향을 우려했다. 일반 신도들은 더 이상 안전하다고 느끼지 않을 것이며 믿음이 깊은 신도들도 불안에 빠질 가능성이 컸다.

무함마드는 신도들의 사형은 간통, 배교 그리고 같은 신도를 살해한 경우 세 가지로 한정했다. 우바이에게는 모욕을 주는 방법을 택했다. 금요일 예배에서 우바이가 아첨하기 위해 무함마드를 찬양하는 말을 꺼내자 사람들은 "가만히 있어, 이 적도야"라고 외치면서 수염을 잡아 예배당 밖으로 끌어냈다. 우바이는 메디나의 귀족으로 젊어서는 용감한 전사였고 평화 중재자이기도 했다. 성채와 농장 및 대추야자 숲을 소유하고 있었으며 관용과 배려 그리고 지혜로운 충고로 유명했다. 이러한 그의 이미지가 모스크에서의 모욕으로 완전히 손상되었다. 우바이에 대한 모욕을 시발로 위선자들에 대한 마녀사냥이 시작되었다.

신도들은 위선자로 낙인찍히지 않기 위해 신과 무함마드에 대한 경배 수준을 최대한으로 높였다. 하루 다섯 번 이상씩 예배를 드렸으며 땅에 머리를 너무 세게 부딪쳐 이마에 상처가 생기기도 했다. 아픈 사람들도 어떻게 해서든 예배에 참가했다. 주변의 베두인이 메디나를 공격하려 하자 무함마드는 선제공격을 펼쳤다. 사촌 아부 살라마가 북쪽 베두인을 평정한 후 많은 가축을 몰고 돌아왔다. 그러나 아부 살라마는 공을 세우고 돌아온 지 얼마 후 죽고 말았다. 우후드 전투 때 어깨에 화살을 맞았는데 원정으로 상처가 악화되어 사망한 것이다.

무함마드는 그의 미망인 움 살라마를 부인으로 맞아들였다.

전투 때 사망자가 많아 미망인과 고아가 다수 발생하자 사회적 혼란을 막기 위해 남성 1인이 4명의 부인을 둘 수 있도록 했다. 이슬람 이전의 아랍 사회는 남자든 여자든 모두 다수의 배우자를 둘 수 있는 혼란한 사회였다. 아이들은 아버지가 누구인지 모르는 경우가 흔했고 남자들은 아이들에 대한 책임이 없었다. 아이들은 그저 어느 어머니의 자식으로만 인식되고 있었다. 그러나 이슬람이 등장하면서 이러한 폐습이 바뀌기 시작했다. 남자들은 이제 자신의 핏줄을 명확히 파악하여 재산을 물려주기 원했다. 무함마드의 조치는 이러한 시대적인 변화와 보조를 맞춘 것이다.

당시 여성의 지위는 매우 낮았다. 마치 물건과 같이 취급되고 있었다. 카디자처럼 재산을 소유한 경우는 극히 드물었고, 남편이 죽으면 부인과 딸은 상속자의 재산으로 편입되었다. 여성은 가주에 참여하지 않으므로 사회에 기여할 방법도 없었다. 이러한 상황에서 코란은 여성에게 법적 권리를 부여하려고 했다. 서양 여성도 19세기가 되어서야 겨우 법적 권리를 가질 수 있었음을 감안할 때 매우 과감한 혁신이었다. 많은 저항이 있었고 무함마드의 측근들도 대부분 반대했다. 그러나 무함마드는 자신의 뜻을 관철시켰다. 남성 1명이 정식으로 4명의 부인을 둘 수 있게 함으로써 그전까지 보호받지 못하던 여성들이 이제 법적인 보호를 받을 수 있게 되었다. 재산을 상속받을 수 있고, 고아가 된 소녀도 자신의 뜻에 반하는 결혼을 하지 않을 수 있게 되었다. 이혼을 청구할 권리를 가졌으며 남편이 지불한 지참금이 가족에게 가는 것이 아니라 부인에게 직접 오게 되었다.

무함마드는 페미니스트적인 모범을 보이려고 했던 것 같다. 우후드 전투 후 그는 남편이 바드르 전투에서 사망한 자이납 빈트 쿠자이마(Zaynab bint Khuzaymah)를 부인으로 맞이했다. 자이납은 베두인 족장의 딸이기도 하다. 무함마드는 전쟁터에도 부인을 대동했다. 부인은 단순히 캠프에만 머무르는 것이 아니라 이곳저곳을 자유롭게 다니며 관심을 표명하고 정보를 입수했다. 마치 장군 중 한 사람과 같았다.

유대계 나디르족 축출

무함마드는 남쪽 베두인이 공격을 준비하고 있다는 첩보를 입수했다. 이들은 메카와 동맹관계에 있는 사막부족으로 우후드 전투에도 참여한 바 있었다. 지리적으로 너무 멀리 떨어졌으므로 이들을 선제공격하기는 어려웠다. 무함마드는 대신 암살자를 보내 적의 리더 칼리드 수피얀을 죽였다. 그는 칼리드의 목을 가지고 돌아왔다. 사기를 잃은 베두인이 복수를 단념한 것처럼 보였으나 위장전술이었다. 이들은 이슬람을 받아들이는 것처럼 속여 무함마드가 전도사들을 파견하자 죽였다. 전도사 중 두 명은 메카 측에 팔아넘겨졌고, 메카는 이들을 십자가형으로 처형했다. 메카와의 관계는 긴장의 연속이었다. 아부 수피얀과 무함마드는 서로를 죽이기 위해 암살자를 파견했으나 둘 다 실패했다.

무함마드의 실패는 계속된다. 메디나 동남쪽에 있는 베두인 부족을 개종시키기 위해 70명의 전도사를 보냈으나 모두 살해되고 한 사람만 겨우 살아 돌아왔다. 이 사건이 일어난 장소의 이름을 따서 '마우나 우물 사건(Mauna's Well Incident)'이라고 한다. 무함마드는 이방인에 대한 포교의 어려움을 깨닫고 당분간 메디나 내 선교에만 주력하기로 방향을 바꾸었다. 이런 가운데 무함마드는 유대계 나디르(Nadir)족을 공격하기 위한 계획을 세운다. 나디르족은 이슬람을 거부함으로써 무함마드의 미움을 사고 있었는데, 우후드 패배 후 좋은 기회라고 생각하여 우바이와 손을 잡고 이슬람을 아예 메디나에서 몰아내려 했다.

이러한 이유 외에도, 나디르가 많은 대추야자 숲과 농장을 보유하고 있는, 히자즈(메카와 메디나 등을 포함한 홍해 연안의 교통 요충지)에서 가장 부유한 부족 중 하나라는 점이 공격의 이유가 되었다. 이슬람이 교세를 확장하고 신도들로부터 충성심을 얻어내기 위해서는 재산이 필요했기 때문이다. 무함마드는 카이누카를 축출할 때와 같이 나디르가 반란을 일으킬 가능성이 높다는 이유를 내세웠다. 무함마드는 아부 바크르와 우마르 등을 대동하고 나디르의 성문 앞으로 가서 마우나 우물 사건 때 베두인에게 살해된 교인들의 위자료 지급을 요청했다. 나디르가 이 사건에 직접 연루되지는 않았으나 베두인과 동맹관계에 있었기 때문이다.

나디르족은 무함마드의 입성을 거부한 채 일행을 밖에 세워두었다. 그런데 갑자기 무함마드가 사라져 돌아오지 않았다. 부하들은 무함마드가 소변을 보기 위해 잠깐 자리를 비운 것으로 생각했으나 오래 돌아오지 않자 찾아 나섰다. 마침내 모스크에서 그를 발견했다. 무함마드는 유대인이 성위에서 맷돌을 떨어뜨려 그를 죽이려 한다는 사실을 가브리엘 천사가 일러주었다고 말했다. 이제 유대인을 공격할 구실이 생긴 것이다. 무함마드는 수백 명의 군대를 동원해 성을 포위한 뒤 최후통첩을 보냈다.

"내 땅으로부터 나가라. 앞으로 열흘 말미를 주겠다. 그 후에 보이는 자는 무조건 목을 자를 것이다."

나디르는 협박에 굴하지 않았다. 동맹자인 압둘라 우바이가 지원하겠다는 약속을 했고 쿠라이자(Qurayza) 유대 부족으로부터도 지원 약속을 받았다. 근처에 흩어져 살던 유대인이 모두 성채로 모여들었다. 집단 방어 체제를 갖추기 위함이다. 이들은 성 안에 넉넉히 비축해둔 식량이 있었고 큰 샘이 있어 물 걱정도 없었다.

나디르의 저항이 계속되자 무함마드는 극단적인 방법을 고려했다. 성 주위에 있는 대추야자 나무를 자르거나 숲을 태우려 한 것이다. 대추야자는 사막 주민에게 큰 재산이었고 이만큼 큰 숲을 가꾸는 데는 많은 노력과 시간이 필요했다. 유대인이 계속 버텼더라면 숲이 통째로 사라졌을 지도 모른다. 그러나 2주 동안 버티던 유대인에게 지원군은 오지 않았다. 카이누카족 때와 마찬가지로 압둘라 우바이는 약속을 지키지 않았다. 지금의 그는 그때보다 훨씬 더 힘이 빠져 있었다. 이슬람으로 개종한 그의 아들이 포위군의 일원으로 참여하고 있는 현실도 영향을 미쳤다. 나디르는 결국 무함마드로부터 신변 안전을 보장받고 성을 버리는 길을 택했다. 무함마드는 그들이 낙타에 실을 수 있을 만큼 싣고 떠나도록 허락했다. 다만 무기는 예외였다. 무기는 모두 이슬람 측에게 내어주도록 했다. 유대인은 사흘 동안 짐을 꾸려 낙타 6백 마리에 싣고 떠났다. 여자와 아이들은 낙타에 타고 남자들은 걸었다. 몇몇 유대인은 시리아로 가서 카이누카족과 합류했으나 다수는 북쪽으로 140킬로미터 떨어진 카이바르(Khaybar)에 정착했다. 언제 어디에나 배신자는 있게 마련인 법. 2명의 유대인은 이슬람으로 개종한다는 조건으로 재산을 온전히 보유할 수 있었다.

나디르족 추방은 무함마드 측에는 큰 횡재였다. 성채와 집, 대추야자 숲, 농장 등이 고스란히 손에 들어온 것이다. 이곳에는 큰 농장만 7개가 있었고 여타 조그만 농장들도 많았다. 전투복 50벌, 헬멧 50개, 칼 340여 개 등도 귀중한 노획품이었다. 나디르 포위에 참가했던 사람들의 숫자는 1천여 명 가까이 되었다. 이들은 전리품의 분배를 기대했으나 무함마드는 의외의 결정을 내렸다. 메디나 출신 신도에게는 분배하지 않고 메카 출신에게만 분배하겠다는 것이다. 지난 3년 간 메디나 신도들은 메카 신도들과 형제를 맺고 열심히 보살펴왔다. 그러나 경제적으로는 양측 모두에게 어려움이 가중되었다. 따라서 스트레스도 점점 심해졌다. 무함마드는 이제 노획물을 메카인에게만 분배함으로써 이들이 자립할 수 있게 하려는 것이었다. 메카인이 자립하면 메디나 신도들도 더 이상 경제적인 부담을 갖지 않아도 된다. 무함마드의 의도된 계산이었다. 무함마드는 이것이 신의 뜻이라고 공표했으므로 메디나 신도들은 더 이상 이의를 개진할 수 없었다. 전리품의 5분의 1을 차지하는 관행에 따라 무함마드는 가장 큰 농장을 선택했고 관리자를 임명했다. 아부 바크르, 우마르, 주바이르 등도 모두 농장을 하나씩 차지했다.

제9장
무함마드의 여인들

자이납과의 결혼

나디르족을 추방한 지 얼마 되지 않아 사람들을 놀라게 한 사건이 일
어났다. 무함마드가 양아들 자이드의 부인 자이납(Zaynab bint Jahsh)과
결혼한 것이다. 자이납은 사촌이기도 한데 그보다는 며느리와 결혼한
셈이니 놀라지 않을 수 없었다. 어느 더운 날 오후 무함마드가 양아들
의 집을 방문했는데 마침 자이드는 외출하고 없었다. 그의 앞에 자흐
시의 딸 자이납이 나타났는데 몸이 비치는 얇은 옷을 입고 고혹적인
표정이었다. 무함마드는 차마 집으로 들어가지는 못하고 "마음을 동
하게 하는 알라신을 찬양하라"라는 말을 남겼다. 귀가한 자이드가 이
이야기를 듣고 무함마드를 찾아갔다. 무함마드가 자이납에게 마음이
있는 것으로 생각하고 부인과 이혼하겠다고 말했다. 무함마드는 이를
여러 번 말렸으나 자이드는 듣지 않고 이혼했다. 이로부터 몇 개월 후
무함마드는 자이납과 결혼했다. 그동안 두 부부 사이가 순탄치 않았

던 것은 사실이었다. 결혼 후 자이납이 남편에게 못되게 굴었던 것이 주원인이었다. 그렇다고 해도 양아들의 부인과 결혼할 수 있을까? 무함마드는 알라신이 그녀를 아내로 맞아들이도록 허락했다고 했지만 센세이셔널한 일이었음에 틀림없다.

자이드는 양아들이자 충성스러운 신도이다. 카디자의 조카 하킴 히잠이 우카즈에 있는 노예시장에서 자이드를 사서 카디자에게 선물로 주었는데, 카디자는 다시 그를 무함마드에게 주었다. 몇 년 후 친 아버지가 메카에 와서 그를 데려가겠다고 했으나 자이드는 이를 거부하고 무함마드를 택했다. 그때부터 그는 '자이드 이븐 무함마드(무함마드의 아들 자이드)'로 불리게 되었다. 자이드는 카디자 및 알리와 함께 이슬람을 받아들인 첫 번째 신도이다. 무함마드는 어머니로부터 물려받은 아비시니아 출신 노예 바라카와 자이드를 결혼시켰다. 둘 사이에는 오사마라는 아들이 태어났다. 자이드는 무함마드의 양아들인 것을 매우 자랑스럽게 생각했다. 사람들도 그를 무함마드의 친 아들처럼 대했다. 자이드는 알리, 주바이르, 함자 및 다른 가까운 인척들과 함께 무함마드를 위해 용감하게 싸웠다.

우후드 전투 후 자이드가 40세가 되었을 때 무함마드는 자이납을 두 번째 부인으로 맞아들이게 했다. 자이납은 무함마드의 고모 우마이마(Umayma)의 딸이다. 자이납과 그녀의 첫 번째 남편은 열렬한 이슬람 신도로서 아비시니아로 피신했으나 남편이 그곳에서 죽었다. 자이납은 처음에는 자이드와의 결혼을 거부했다고 한다. 자신은 압둘 무탈립의 후손인데 반해 자이드는 근본이 노예 출신이기 때문이었다. 그러나 무함마드가 자이드를 대신해 넉넉한 지참금을 주자 결혼을 승낙했다. 이때 자이납은 34세였다. 일설에 의하면 자이납은 원래 무함마드에게 마음이 있었고 자이드와의 결혼을 승낙한 것은 무함마드에게 다가가기 위해서였다고 한다. 자이드는 부인이 무함마드를 연모하는 것을 보고 속으로 질투했다. 자이납은 무함마드의 용모를 좋아했고 남편의 용모는 혐오했다. 결정적인 것은 자이납이 남편을 노예 출신으로 대했다는 점이다. 무함마드의 많은 결혼 중에서 가장 논쟁이 분분한 것이 자이납과의 결혼이다. 여러 가지 합리화하는 이야기가 있으나 논쟁은 피할 수 없었다.

이 사건에 대해 비판자들은 다윗이 부하 우리야의 아내였던 밧세바를 자신의 아내로 취한 것과 다를 바 없는 사건이라고 비판한다. 사실 무함마드 시대가 오기 전까지 아랍인은 섹스에 대해 매우 방관적인 자세를 취했다. 그러나 비록 양아들이기는 하지만 며느리를 아내로 취한 것은 너무 파격적인 일이었다. 자칫하면 가족을 파멸시킬 수도 있는 위험한 일인 것이다. 예언자에 대한 비판을 금기시하는 골수 신자들은 아무런 이의를 제기하지 않았으나 압둘라 우바이를 위시하여 회색지대에 있는 신도들은 이 사건을 공개적으로 비판했다. 비판의 싹을 자르기 위해 무함마드는 지금까지 내려온 관습을 폐기시켰다.

"알라신은 양자 제도를 지지하지 않는다. 이는 인간이 만든 제도일 뿐이다. 네 이름을 남에게 주는 것은 신이 기뻐하는 일이 아니다."

자이드는 개혁의 첫 번째 피해자가 되었다. 예언자의 양아들이라는 지위를 잃고 그가 싫어하는 친부 하리타(Haritha)의 아들로 전환되었기 때문이다. 그 후 자이드는 울분을 삭이기 위해 보다 맹렬한 전사가 되었고 매우 잔인해졌다. 한번은 베두인을 공격하다 부상을 입고 부하들 몇 명이 살해되는 일이 발생했다. 보복에 나선 자이드는 돌격대를 이끌고 가서 눈에 보이는 자는 모두 죽였다. 생포한 족장 부인은 낙타 두 마리가 잡아당기게 하여 몸을 찢어 죽였다. 무함마드는 자이드를 위험한 존재로 생각했던지 다윗과 비슷한 수법을 썼다. 그로 하여금 계속 약탈대를 이끌고 싸우도록 했던 것이다. 자이드는 결국 전사(戰死)하고 말았다.

무함마드의 여인들

무함마드에게는 공식적으로 13명의 부인이 있었다. 본 부인 카디자, 그녀 사후 수개월 후 집안을 보살피기 위해 결혼했던 뚱뚱한 사우다, 그리고 9세 때 결혼한 아부 바크르의 딸 아이샤가 있었다. 우마르의 딸 하프사(Hafsa)는 결혼할 때 20세 된 미망인이었으며, 자이납 쿠자이마(Zaynab Khuzayma)는 결혼 후 8개월 만에 사망했다. 움 살라마는 전쟁미망인이었고, 자흐쉬의 딸 자이납은 양자인 자이드의 부인이었다. 무스탈리크 부족을 공격했을 때 전리품으로 얻은 베두인 공주 주와이리야(Juwayriya), 숙적인 아부 수피얀의 딸 라믈라(Ramlah), 쿠라이자 부족을 정복한 후 얻은 유대인 라이하나(Rayhana), 카이바르 정복 후 전리품으로 얻은 17세 된 유대소녀 사피야(Safiya), 이집트의 통치자가 선물로 준 콥틱 교도 마리아, 그리고 자이납 쿠자이마의 36세된 이복자매 마이무나(Maymuna) 등이 있었다. 이들은 공식적인 부인들이고 비공식적으로는 더 많다.

메디나 시절부터 사망하기 전까지 최소한 20여 명의 부인들이 있었다고 한다. 정략결혼인 경우가 많았으므로 유력한 족장의 딸이나 전쟁미망인 등이 포함되었다. 비공식적 부인들의 경우 대부분 결혼기간이 짧았다. 갈등이나 매력 상실 등으로 쉽게 헤어졌다. 중매인을 통해 얼굴도 모르는 여인과 결혼했다가 실제로 만난 후 바로 이혼하기도 했고, 먼 곳에 있는 신부가 메디나로 오던 중 사망하는 경우도 있었다. 어떤 부인은 나병환자임이 발견되어 돌려보낸 적이 있었고, 한 번은 어느 부족이 어떻게든 혈연을 맺기 위해 젊고 아름다운 부인을 보내겠다고 했으나, 실제로는 나이가 많은 여자임이 들통 나 돌려보낸 일도 있었다.

많은 아내들 중에서 유일하게 콥틱 기독교도인 마리아가 아이를 낳았으나 곧 죽고 말았다. 13명의 부인 중 카디자, 자이납 쿠자이마 그리고 라이하나는 무함마드보다 먼저 사망했다. 무함마드는 부인들 집을 교대로 방문하며 살았으며 전쟁에 나갈 때는 이들 중 한두 명을 대동했다. 좁은 곳에 모여 살다보니 부인들 간에 문제가 없지는 않았으나 대체적으로 삶에 만족했다. 이들에게는 '신도의 어머니,' '순전한 배우자' 등 존칭이 붙었으며 물질적으로 궁핍하지 않은 삶을 누렸다. 이들은 남편이 인색하다고 불평했으나 무함마드는 가끔 물품을 풍족히 공급해주기도 했다. 예를 들어 카이바르 점령 후 부인 1명에게 낙타 80마리 분의 대추야자와 20마리 분의 보리를 제공했다.

동족이 잔혹하게 살해당하는 것을 목격한 두 명의 유대인 부인 외에 가장 마음의 상처를 크게 입은 부인은 아이샤이다. 아홉 살 어린 시절부터 계속해서 새로운 부인이 들어오는 것을 목격한 아이샤는 질투에 몸부림을 쳤고 남편의 총애를 얻기 위해 안간힘을 썼다. 이로 인해 아이샤는 공격적이고 자주 화를 내는 성격이 되었다. 다른 부인들이 보낸 접시를 깨뜨리고 이들과 말싸움하는 것은 그녀의 일상이 되었다. 무함마드가 아이샤와 하프사를 나란히 전쟁터에 동반했을 때, 낙타를 나란히 한 채 하프사와 정겹게 이야기 하는 모습을 보고 아이샤의 질투는 극에 달했다. 일행이 잠깐 쉬기 위해 멈춘 동안 아이샤는 덤불지역을 맨발로 걸으면서 전갈이나 뱀에게 물려 생이 끝나도록 신에게 기도했다고 한다. 무함마드는 틈나는 대로 본 부인 카디자를 찬양했는데 이것도 아이샤의 심기를 건드렸다. 그녀는 이렇게 말하곤 했다

"카디자는 이 대신 잇몸으로 살아가는 수다스럽고 성가신 늙은 여자에 불과했다. 알라는 당신에게 그녀보다 더 나은 여자를 보내주셨다."

아이샤가 못 견뎌 하는 것은 남편이 그녀의 감정에 무관심할 뿐 아

니라 아예 망각하는 것이었다. 침실에 들어와서도 다른 부인을 칭찬하는 이야기를 계속했기 때문이다. 아이샤는 특히 움 살라마와 사이가 좋지 않았다. 움 살라마는 미인이고 우아하며 지성적이었다. 그녀는 메카의 세력 있는 부족장의 누이였으며, 남편 아부 살라마는 무함마드의 사촌으로 4명의 자녀를 남긴 채 우후드 전투에서 사망했다. 미망인이 된 그녀는 29세 때 무함마드의 부인이 되었다. 이 대단한 여인은 메디나 여성의 대변자 역할을 했다. 질투심이 강한 아이샤가 이를 그대로 놔둘 리 없었다. 예언자의 하렘은 아이샤 · 하프사 파와 움 살라마 파로 나뉘어 암투를 벌였다. 무함마드에게는 거의 프라이버시가 없었다. 늘 부인과 신도들에 둘러싸여 지냈다. 그의 명성이 높아지면서 베두인 대표들이 끊임없이 방문했고 딸과 손자들도 늘 그를 찾아왔다. 그는 알리와 파티마 사이에서 태어난 손자 하산과 후세인에게 특별한 애정을 쏟았으며 손녀 우마마(Umamah)를 몹시 귀여워했다. 우마마를 등에 업고 모스크로 이동할 정도였다.

부인들의 불만이 커지고 생활비를 더 달라는 요구가 높아지자 무함마드는 부인 길들이기에 나섰다. 그가 하프사의 방에서 마리아와 섹스를 하다가 들키자 함구토록 했는데 하프사가 아이샤에게 발설함으로써 소문이 퍼진 것도 원인이었다. 또 다른 원인은 질투 때문에 부인들끼리 다투는 것이다. 육십이 넘은 무함마드가 마리아에게서 아들 이브라힘을 얻자 아이샤는 몹시 질투했다. 아들이 자신을 빼닮았다고 자랑하자 아이샤는 전혀 닮지 않았다고 퉁명스럽게 말했다. 아이가 많이 자랐다고 하자 아이샤는 이브라힘 만큼 우유를 먹으면 어느 아이나 그 정도는 크고 튼튼하다고 빈정댔다. 이브라힘이 태어난 후 모든 부인들이 일제히 못마땅한 표정으로 빈정대는 말을 지껄여댔다. 무함마드는 이들을 엄하게 다스려야 할 필요성을 느꼈다. 한 달 동안 부인들을 만나지 않겠다고 선언하고 다락방으로 올라갔다. 이 기간 동안 누구와도 동침하지 않았으며, 문 밖에 하인을 세워두고 모든 사람의 출입을 막은 채 골방에서 대부분의 시간을 보냈다. 무함마드가 모든 부인들과 이혼할 것이라는 소문이 퍼지자 우마르가 다락방으로 올라갔다. 우마르는 방안에 들어가 주위를 살펴본 뒤 자리에 앉자마자 울기 시작했다. 종려나무 잎으로 만든 허름한 침대 생활로 등에 큰 자국이 난 채 누워있는 예언자를 보고 충격을 받았던 것이다. 무함마드가 어두운 골방에서 몇 줌의 보리와 조그만 물 주전자 하나로 지내는 것을 보고 눈물을 흘렸다. 걱정하는 우마르에게 무함마드는 부인들과 이혼하려는 것이 아니라 길들이기 위해 일부러 고생하고 있는 것이라고 설명했다.

적이 안심한 우마르는 그때서야 가싸니드 군대가 다가오고 있음을 보고했다. 다락방에서 내려온 무함마드는 부인들에게 이혼하던지 아니면 그가 정한 규율을 지키면서 소박한 생활을 지속하던지 선택을 요구했다. 모든 부인이 후자를 택함으로써 문제는 일단락되었다. 무함마드는 페미니스트적 기질이 다분했던 사람으로 알려져 있다. 부인들에게 신사적이었으며 자유롭게 대화했고 가정 일을 함께 보살폈다.

코란은 명시적으로 남성과 여성의 행위는 동등한 가치를 지닌다고 말한다.

"나는 남자든 여자든 너희 가운데 그 누가 한 행동도 소홀히 다루지 않을 것이다."

반면 코란은 남성과 여성 모두에게 정숙함을 요구하는 금지사항과 함께 예언자의 부인을 위한 별도의 준수사항도 포함하고 있다. 이슬람 초기 여성의 사회적 지위는 결코 낮지 않았다.

괄목할만한 활동을 한 여성들도 있다. 케르발라에서 순교한 후세인의 누이 자이납은 다마스쿠스의 칼리프 면전에서 공개적으로 도전하면서, 예언자의 권위를 이어받은 외손자의 죽음에 항의했다. 그녀의 담대한 도전에 수치심을 느낀 칼리프는 일행을 해치지 않고 놓아주었다. 무함마드의

무함마드의 부인 아이샤가 전쟁 중 포로로 붙잡힌 부족장의 딸을 풀어달라고 무함마드에게 간청하고 있다. 이 그림의 특색은 성스러운 이미지를 보여주기 위함인지 무함마드와 아이샤의 얼굴에 눈,코와 입이 그려져 있지 않다(작자 미상, 1388년 추정)

부인들은 새로운 사회를 창조하는데 조력자 겸 지지자들이었다. 이 때문에 예언자 사후에도 높은 사회적 지위를 유지했다.

아이샤는 예언자로부터 전수받은 2천개 이상의 하디스 기사(記事)를 전파했으며, 656년 바스라에서 벌어진 낙타 전투(Battle of the Camel)에서 알리에게 무력으로 대항했다가 패배하기도 한 행동파였다. 이슬람 초기 여성들의 활약은 요즘 서방에서 인식되고 있는 무슬림 여성의 이미지와 대조를 이룬다. 일반적인 무슬림 여성은 남성의 조종을 받고, 가정에 종속되어 있으며, 밖에 나갈 때는 늘 베일을 써야하는 존재이다. 서방은 이슬람을 여성의 자유를 억압하는 족쇄와 같은 도구로 간주하여 이로부터 벗어나는 것이 '여성 해방'이라고 주장한다. 그러나 이슬람의 정체성을 중시하는 무슬림 여성은 서방의 이러한 단선적인 태도를 불쾌하게 생각한다. 여성의 지위가 신장되더라도 이슬람적인 방식으로 이루어지기 원하는 것이다. 무슬림 여성에게 초기 이슬람 시대는 롤 모델이다.

정략결혼과 여성 통제

무함마드가 사랑이나 여색 때문에 아이샤나 하프사 등과 결혼한 것은 아니었다. 정략적인 목적, 그리고 새로운 무슬림 공동체의 일체감과 유대를 강화하기 위한 것이었다는 증거는 많이 있다. 예를 들어 사우다와 결혼한 것은 무슬림 병사들이 순교하더라도 처자식은 버림받지 않고 공동체가 돌보아준다는 사실을 보여주기 위한 것이었다. 사우다는 4명의 딸을 둔 과부로 늙은 여인이었다. 움 하비바(라믈라)와의 결혼은 다분히 정략적이었다. 그녀의 아버지 아부 수피얀은 무함마드의 적이지만 메카의 중심 세력이기 때문이다. 아이샤는 그가 부인들 중에서 가장 사랑한 여인이었다. 아이샤는 6세 때 무함마드와 약혼했으며 9세 때 53세이던 무함마드와 결혼했다. 이때 그녀는 아직 인형을 가지고 놀던 소녀에 불과했다. 의아하게 여기는 사람도 있겠지만 사막과 같이 더운 곳에서는 8~10세 정도 되는 소녀가 결혼하는 것은 흔한 일이다. 더운 곳일수록 여성이 보다 빨리 늙기 때문이다. 이런 곳에서는 20대만 되어도 여성이 노쇠하기 때문에 일부다처제는 자연스러운 제도라는 견해도 있다. 아부 바크르는 무함마드의 가장 가까운 친구이자 매우 영향력 있는 인물이다. 무함마드는 그의 딸과 결혼함으로써 세력을 확장할 필요가 있었다.

무함마드가 사회적 유대 때문에 결혼한 또 다른 사례로는 쿠자이마의 딸 자이납(Zaynab bint Khuzayma)과 움 살라마와의 결혼이 있다. 자이납은 바드르 전투에서 전사한 우바이다의 아내였다. 그녀는 아름답지는 않았지만 친절하고 온화한 여인이었다. 이미 갱년기를 넘어선 그녀는 무함마드와 사별한 세 아내 중 하나가 되었다. 움 살라마는 아부 살라마의 아내로 이미 여러 자식을 거느리고 있었다. 남편 사후 무함마드가 청혼하자 그녀는 자식도 많고 이미 늙은 몸이라 받아들일 수 없다고 했다. 그러나 무함마드는 계속 청혼하여 허락을 받아냈다. 그녀의 자식을 돌보고 양육하는 의무를 공유하기 위한 것이다. 무함마드의 부인이 많았던 것을 비판하는 서양 학자들에게 무슬림 학자들은 반론을 편다. 나이가 50이 넘은 무함마드가 여색에 빠져 자이납을 비롯한 많은 여자들과 결혼했다는 것은 이치에 맞지 않는다는 것이다. 무함마드는 혈기왕성한 25세 때 카디자와 결혼해서 25년간 그녀만을 사랑했을 정도로 신실한 사람이다. 사람이 갑자기 변할 리 없다는 것이다. 50세 이전에 카디자와의 사이에 여러 명의 자녀를 두었고 60세에 마리아로부터 아들을 얻은 무함마드는 다른 부인들과의 사이에서는 자녀가 없었다. 이들 대부분은 이미 자식을 낳은 적이 있는 여인들이었다. 따라서 무함마드가 여색에 취해 많은 부인을 두었다는 주장은 신빙성이 희박한 것으로 보인다.

당시 아라비아는 성적으로 분방한 사회였다. 여성은 남편 뿐 아니라 자신이 좋아하는 다른 남자에게 몸매를 뽐냈다. 단체 혹은 개별적으로 아무런 방해나 수치심 없이 남자들과 어울렸고, 몸을 노출시킴으로써 남자를 자극했다. 남녀 간의 성희롱은 흔한 일이었으며 욕망을 통제할 수 없는 많은 사람들이 죄를 저질렀다. 부족들은 간음을 중죄로 생각하지도 않았다. 예를 들어, 아부 수피얀 가문이 사회적으로 높은 위치에 있었음에도 불구하고 그의 아내는 외간 남자들과 자유롭게 접촉하고 있었다고 한다. 당시에는 한 여자가 사생아를 출산하면 관계한 남자들 중에서 아이와 가장 닮은 남자를 아버지로 삼기도 했다. 무함마드는 이러한 아랍의 폐습을 금지하고 순수한 가정생활을 바탕으로 한 새로운 사회개혁을 추진했다. 그러나 오래된 관습을 하

고대 이슬람 여성 복장 (루돌프 클로나우Rudolf Cronau 作, 1919년)

루아침에 없앨 수는 없었으므로 변화는 점진적으로 이루어졌다.

　죄악과 무질서 속에서 무함마드가 고안해낸 것은 여성들의 몸과 얼굴을 노출시키지 않는 것이다. 처음에는 어색했으나 세월이 흐르면서 이 방식은 아랍세계의 새로운 관습으로 정착되었으며 성범죄가 현저히 줄어들었다. 무함마드는 집안 단속부터 시작했다. 무슬림 중에는 교주의 집에서 거리낌 없이 부인과 잡담을 나누는 사람들도 있었는데 이제 무함마드는 방문객이 부인과 농담하는 것을 용납하지 않았다. 초대된 사람이나 출입 허가를 받은 사람 외에는 관사 출입을 금했다. 그의 사후 아내들이 다른 사람과 결혼하는 것도 금했다. 거리에서 마주칠 때 무함마드의 아내임을 쉽게 알 수 있도록 질밥(jilbab)이라는 옷을 입게 했다. 이른바 히잡의 시작이다. 그러나 히잡의 상용화는 무함마드 사후 3대에 걸쳐 이루어졌다. 그만큼 이와 관련된 찬반 논란이 컸기 때문이다. 히잡의 도입은 사실 우마르의 작품이다. 그가 예언자에게 어떻게든 부인들을 격리시켜야 한다고 계속 주장했기 때문에 이러한 제도가 생겼다.

아이샤 사건

압둘라 우바이의 배교적인 행동이 지속되자 그를 죽여야 한다는 의견이 팽배했다. 저돌적인 우마르는 늘 자원해서 그를 죽이고자 했다. 우바이의 아들 압둘라도 자신이 아버지를 죽이겠다고 나섰다. 그의 논리는 단순했다. 누가 아버지를 죽이면 아들인 자신이 보복해야 하는데 그렇게 되면 신도를 죽이게 되어 지옥으로 떨어진다는 것이다. 따라서 지옥에 가지 않으려면 자신이 아버지를 죽이는 방법 밖에 없다고 주장했다. 그러나 무함마드는 이를 허락하지 않았다. 압둘라 우바이의 죽음으로 메디나 내에서 분규가 생기는 것을 염려했기 때문이었다. 대신 무함마드는 그에게 모욕을 주는 방법을 택했다. 아들 압둘라는 아버지가 메디나로 들어가는 길을 막으면서 예언자의 승인 없이는 못 들어간다고 했다. 무함마드가 고개를 끄덕이자 그때서야 길을 열어주었다. 압둘라 우바이는 자신의 고향인 메디나의 출입도 자유로이 할 수 없는 딱한 신세가 되었다. 그러던 중 아이샤 사건이 일어난다.

무함마드는 출정할 때 항상 한두 명의 부인을 대동했다. 이들은 무함마드의 말동무가 되어주고 음식을 차려주거나 막사를 정돈하는 일을 담당했다. 한 번은 아이샤를 대동했는데 그녀가 어디론가 사라져 밤새 돌아오지 않는 사건이 발생했다. 전날 무함마드는 저녁에 출발한다는 명령을 내렸고 아이샤는 출발 준비를 하고 있었다. 그때 아이샤는 어머니가 결혼 기념으로 준 귀한 목걸이를 놓고 왔음을 알았다. 급히 뛰어가 목걸이를 가지고 다시 출발 지점으로 왔는데 이미 원정대는 출발해버렸다. 당황한 그녀가 기도하고 있는데 사프완이라는 젊은 신도 하나가 나타났다.

사프완은 남쪽 베두인 출신으로 최근 신도가 된 사람인데 낙오되어 출발지점에 늦게 도착한 것이다. 사프완은 낙타에 아이샤를 태우고 원정대가 간 길을 따라 밤새 걸은 끝에 새벽녘이 되어 원정대와 만났다. 한편 원정대 측에서는 소동이 벌어졌다. 아이샤가 가마에 탄 줄 알고 출발했는데 나중에 보니 그녀가 없었기 때문이다. 장정들은 체중이 가벼운 그녀가 안에 있는 줄 알고 가마를 낙타위에 올린 후 출발했던 것 같다. 뒤늦게야 아이샤가 사라졌음을 알고 추적대가 막 출발하려는 순간 사막 저 멀리서 그녀가 나타난 것이다. 이 일은 그대로 넘어가지 않았다. 아이샤가 부정한 짓을 저질렀다는 소문이 일었기 때문이다. 압둘라 우바이는 때를 만난 듯 아이샤가 매력적인 젊은이 사프완을 좋아한다고 떠들고 다녔다.

점차 소문이 커지자 아이샤도 이를 알게 되었다. 그녀는 대성통곡했다. 무함마드는 아이샤와 이혼해야 하는지 측근들에게 의견을 물었다. 어려운 처지에 있던 압둘라 우바이는 만회할 기회라도 만난 듯 중상과 비방을 가중시켰다. 일부 신도들이 소문의 중심인 압둘라 우바이를 제거해야 한다고 주장하자 아우족과 카즈라지족 간에 다툼이 벌어졌다. 아우족은 악의적인 스캔들을 퍼뜨리는 자는 즉시 처형하겠다고 위협했고 카즈라지는 이에 반발했다. 이 문제를 속히 해결하지 않으면 무함마드의 권위가 심각하게 손상될 가능성이 높아졌다.

무함마드는 아이샤를 부른 후 진실을 말하라고 했다. 만일 사람들이 수군대는 일을 저질렀다면 신에게 참회해야 하며 그러면 자비로운 신의 용서를 받을 수 있다는 것이다. 그러면서도 무함마드는 아이샤의 자백을 두려워했다. 수년 전 유대인 간통 사건이 발생했을 때 간통한 자를 투석형에 처하는 법을 선포했기 때문이다. 이제 자신이 선포한 법으로 인해 자칫하면 사랑하는 부인이 처형될 위험에 처했다. 장본인인 아이샤는 오히려 담담했다. 진실을 말해도 사람들은 이를 믿지 않을 것이나 신은 자신의 결백을 인정할 것이라고만 대답했다.

심한 스트레스에 처한 무함마드는 어지러움을 느끼면서 환상에 빠졌다. 아부 바크르와 부인 그리고 아이샤가 있는 자리에서 무함마드는 환상의 세계로 들어간 것이다. 얼마 후 무함마드는 땀을 비 오듯 흘리면서 깨어났다. 그는 입가에 미소를 띠었다.

"아이샤, 기뻐하라. 신께서 너의 무죄를 밝히셨다."

그는 신의 계시를 몇 번이고 외쳤으며 아이샤를 모함한 자들을 비난하는 시구를 지어 낭송했다. 무함마드는 공회를 열어 아이샤의 결백을 밝히고 그녀를 모함한 자들에게 태형을 명했다. 이 사건으로 대립한 아우족과 카즈라지족의 화합을 도모하기 위해 양측 대표들을 초청하여 두 차례 저녁을 베풀었다. 이 사건은 원만히 해결되었으나 이로 인해 무함마드의 권위는 손상되었다. 이러한 종류의 스캔들에 취약하다는 사실이 드러났기 때문이다. 수십 년이 지난 후 아이샤는 이 사건에 대해 마지막으로 못을 박았다.

"사프완에 대한 조사 결과 그가 성불능이라는 사실이 밝혀졌다. 그는 여자에게 접근할 수 없었다."

제10장
메디나의 승리

참호 전쟁

무슬림의 가주는 계속되었다. 무함마드는 홍해와 페르시아만을 잇는 무역 루트의 중심도시 두마(Duma) 공략에 나섰다. 두마는 메디나에서 북쪽으로 800킬로미터 떨어진 기독교 도시로 비잔틴 제국의 남쪽 경계에 위치하고 있다. 상업이 발달한 곳으로 고대 신전들의 폐허가 여기저기 남아 있었다. 무함마드가 그 먼 곳까지 원정을 간 것은 약탈뿐 아니라 기독교도에게 유대인이나 우상숭배자들과 가까이 하지 않도록 경고하는 데 있었다. 두마에 이르는 길의 곳곳에 노상강도가 출몰하였는데 그들은 그동안 약탈한 재물로 많은 부를 쌓아놓고 있었다. 무함마드는 그들만 제압해도 상당한 수입을 얻을 수 있을 것으로 생각했다.

"신의 사도는 신의 뜻에 반(反)하는 자는 누구든지 공격했고 그들은 사방으로 도망쳤다"라고 코란은 말한다. 무함마드가 두마에 도착했을 때 겁을 먹은 주민들은 이미 도시를 버리고 도망친 뒤였다. 무함마드는 텅 빈 도시를 약탈한 후 메디나로 돌아왔다. 이제 우후드 전투가 벌어진지도 1년이 지났다. 철군하면서 아부 수피얀은 1년 후 바드르에서 만나자고 약속한 바 있다. 그러나 메카 지역에 심한 흉년이 들어 약속을 지킬 수 없었다. 무함마드는 아부 수피얀이 약속을 지키지 않았음을 들어 그가 비겁자라는 선전공세를 펼쳤다. 한편 아부 수피얀은 이슬람군을 분쇄할 일대 결전을 준비하고 있었다. 여러 베두인 부족에게 사자를 보내 자기편에 가담해줄 것을 요청했는데 무함마드의 급성장에 위협을 느낀 많은 부족들의 호응을 얻을 수 있었다. 메디나로부터 쫓겨나 카이바르에 정착한 나디르족이 대표적인 예이다. 살람 후카이크(Sallam Huqayq: 일명 Abu Rafi)가 이끄는 나디르족 대표들은 기꺼이 메카 측에 가담했다. 이 소식을 들은 무함마드는 카이바르로 암살단을 파견했다. 암살단 중에는 히브리어에 능통한 사람이 포함되어 있었다. 이들은 은밀히 살람 후카이크의 거처를 파악한 후 그가 머무는 성채에 들어가 침실에서 그를 살해했다. 살람 후카이크가 죽자 더 큰 피해를 우려한 유대인은 메카와의 동맹관계를 포기했다.

627년 2월 아부 수피얀이 이끄는 4천 명의 군대가 메카를 출발했다. 이 군대는 아비시니아 용병과 베두인 그리고 타이프로부터 온 지원병 등으로 구성되었다. 메디나로 향하는 도중 잡다한 베두인족이 가담함으로써 병력은 1만 명으로 불어났다. 이와는 별도로 가타판족(Ghatafans) 용사 2천 명이 북으로부터 메디나로 향했다. 메카인이 우후드 전투 때 동원했던 3천 명은 이번에 비하면 아무 것도 아니었다. 아부 수피얀은 이렇게 많은 병력을 동원할 수 있는 자신의 능력을 자랑스럽게 여겼을 것이다. 대군이 메디나로 향한다는 정보가 무함마드에게 전해졌다. 여느 때와 마찬가지로 숙부 압바스가 보낸 정보인데 이번에는 좀 늦었다. 메카군이 메디나에 도착하기 6일 전에 도달했기 때문이다. 무함마드는 전혀 준비가 되어 있지 않았다. 페르시아인 신도 살만(Salman)이 메디나 주변에 참호를 파자고 제안했다. 페르시아에서는 전쟁 시 이런 참호를 많이 판다는 것이다. 기병의 행군을 저지하고 막무가내로 전진하는 보병을 죽음의 함정으로 몰아넣는데 유익한 전법이라고 설명했다.

무함마드는 3천 명의 인력을 동원하여 도시 주변에 참호를 팠다. 쿠라이자 유대인은 참호 공사에 참여하지는 않았으나 삽이나 곡괭이 등 장비를 빌려주었다. 무함마드는 직접 작업에 참가하여 주민들을 독려했다. 참호의 깊이는 1.8미터, 넓이는 말이 뛰어넘을 수 없을 만큼 넓었고 총 길이는 5킬로미터에 달했다. 지그재그로 성을 삥 둘러 참호를 팠다. 판 흙은 안쪽에 쌓아 병사들의 보호벽으로 사용했다. 메카군이 다가오자 무함마드는 모두 참호 안쪽으로 들어오도록 명령했다. 사람들은 가축과 물건을 가지고 안쪽으로 들어왔다. 메디나에 도착한 메카군은 우후드산 기슭에 막사를 쳤다. 그들은 쉽게 승리할 것으로 확신했다. 그러나 참호의 존재는 몰랐다. 메디나로 진격하던 그들은 참호 앞에서 멈춰야 했다. 바로 이때 무함마드 병사들의 화살과

돌팔매가 날라들었다. 메카군은 속수무책으로 당했다. 아부 수피얀은 장사꾼으로서는 수완이 좋은 사람이지만 군 지휘관으로서는 능력이 떨어졌다. 그는 예기치 않은 상황으로 인해 어쩔 줄 모르고 전전긍긍했다.

메카군은 메디나를 3주 동안 포위했다. 그동안 산발적으로 접전이 있었으나 전투의 대부분은 활을 쏘는 것이었다. 불과 10명의 사망자가 있었다고 기록되어 있는 것으로 봐서 대규모 전투는 없었음이 확실하다. 포위가 지속되면서 메카 측의 근심이 깊어졌다. 식량과 사료가 거의 바닥난 것이다. 카이바르를 보급선으로 하여 근근이 버틸 수 있었으나 무함마드군이 이를 알고 보급선을 차단해버렸다. 가장 큰 문제는 참호를 돌파할 방법을 찾지 못한 것이다. 아부 수피얀은 마지막으로 메디나 외곽에 있는 쿠라이자 유대인으로 하여금 뒤편에서 무함마드군을 공격토록 하는 방법을 써보기로 했다. 예기치 않은 기습으로 무함마드군이 우왕좌왕할 때 참호를 넘겠다는 것이다.

아부 수피얀은 쿠라이자와 가까운 특사를 파견했다. 용암 지구에 위치한 쿠라이자 성채를 왕복하는데 반나절이 걸렸다. 쿠라이자족은 중립을 유지하는 것이 생존의 길이라고 믿고 있었다. 그러나 특사로 온 나디르족 출신 후야위(Huyayy)가 열변으로 이들을 설득하는데 성공했다. 후야위가 설득에 동원한 무기는 병력수이다.

"메카군과 쿠라이자가 합치면 병력에 있어서 압도적이므로 무함마드의 패배는 필연이다. 쿠라이자가 7백 명의 병력을 동원해 뒤편에서 무함마드군을 공격하면 큰 소란이 일어날 것이고 이 틈을 타 메카군은 참호를 넘을 수 있다. 그러면 상황 끝이다. 메카군은 병력 일부를 쿠라이자에게 제공하여 무함마드군을 교란시키는 것을 돕겠다. 무함마드가 죽으면 쿠라이자는 더 이상 생존에 대한 염려 없이 평안히 지낼 수 있다."

쿠라이자 지도자 캅 아사드(Kab Asad)는 마지못해 제의를 수락했다.

"오 후야위, 나는 당신의 제의에 동의했소. 그러나 근심은 여전히 남아 있소. 만일 무함마드가 죽지 않고 메카군이 철수해버리면 우리만 덩그렇게 남아 모두 죽고 말 것이요."

후야위는 만일 그런 일이 벌어진다면 자신이 쿠라이자와 운명을 함께 하겠다고 약속했다. 무함마드는 이곳저곳에 심어 놓은 밀정을 통해 쿠라이자가 중립을 깨뜨렸다는 정보를 입수했다. 그는 주바이르를 보내 사정을 더 면밀히 살펴보게 했다. 쿠라이자가 싸울 준비를 하고 있다는 보고를 받은 무함마드는 아우 부족장 사드 무아드(Sad Muadh)와 몇몇 사람을 쿠라이자에게 보냈다. 아우족은 과거에 쿠라이자와 동맹관계에 있었다. 사드가 캅에게 무슬림과의 중립을 깨뜨린 사실을 따지자 그는 약속을 파기한 것이 아니라고 부인했다.

"도대체 신의 사도가 누구란 말인가? 우리는 애당초 무함마드와 협약을 맺은 적이 없다."

사드는 메카군이 떠나고 나면 쿠라이자족은 멸족하게 될 것이라고 경고했다. 양측은 서로 말다툼만하다가 헤어졌고 사드는 결과를 무함마드에게 보고했다.

사실 무함마드군도 어려운 처지에 놓여있었다. 메카군이 겨울이 끝날 무렵 습격해왔고 무함마드군은 추운 날씨에 굶주리고 지쳐있었다. 엄청난 숫자에 기가 질려 의기소침해졌으며 쿠라이자가 배신했다는 소문이 들리면서 자신의 배후에서 일어날 공격을 두려워했다. 무함마드도 무엇인가 대책을 세워야했다. 그는 이간 전략을 쓰기로 했다. 가타판족에게 접근하여 군대를 돌려 회군하면 메디나에서 수확하는 대추야자 3분의 1을 주겠다고 제안했다. 그러나 이 제안은 거부되었다. 나디르 유대인이 이미 카이바르에서 생산하는 1년 치 대추야자를 모두 주겠다고 약속했기 때문이다. 메디나는 대추야자 생산에 있어서 카이바르와 상대가 되지 않았다.

협상은 이루어지지 않았으나, 이 소식이 전해지자 메카는 가타판족의 신뢰성에 의심을 가지기 시작했다. 무함마드는 또 적들 간에 상호 불신을 조장하기 위해 거짓정보를 퍼뜨렸다. 이 역할을 맡은 사람은 누아임(Nuaym)이라는 인물인데 원래 메카군의 일원이었으나 비밀리에 무함마드를 만나 개종한 사람이다. 그는 거짓정보를 퍼뜨려 메카와 쿠라이자 간에 불신을 조장할 수 있다고 장담했다. 누아임은 여기저기 발이 넓고 수완이 좋은 사람이었다. 누구도 그의 변절 사실을 몰랐다. 누아임은 먼저 쿠라이자에 가서 메카의 신뢰성에 대한 의심을 조장했다.

"그들이 끝까지 싸울 것인지 알 수 없다. 만일 그들이 무함마드를 죽이지 않고 돌아간다면 쿠라이자는 큰 위기에 봉착할 것이다. 따라서 메카와 가타판 양측으로부터 인질을 요청해야 한다. 이것이 그들의 배신을 막는 방패가 될 것이다."

그러고 나서 이번에는 메카 측으로 갔다. 그는 아부 수피얀에게 다음과 같이 말했다.

"쿠라이자 유대인을 조심하십시오. 쿠라이자는 지금 메카와 동맹을 맺은 것을 후회하고 있으며 무함마드와 관계개선을 모색하고 있습니다. 곧 메카와 가타판에게 인질을 요청할 것이며 인질이 인도되면 이들을 무함마드에게 넘길 것입니다. 이것으로 그에게 사면을 받으려 하는 것입니다."

메카는 상호 합의한 공격을 논의하기 위해 아불 하캄의 아들 이크리마(Ikrima)를 단장으로 하는 대표단을 쿠라이자에 파견했다. 그날은 금요일이었는데 메카는 토요일에 공격을 개시하자고 제의했다. 그러나 쿠라이자는 승낙하는 대신 메카와 가타판이 장로급 중 중요한 인물을 인질 형식으로 보내줄 것을 요청했다. 또한 토요일은 유대인의 안식일이기 때문에 일요일에 공격하자고 제의했다. 이 소식을 들은 아부 수피얀은 결코 장로들을 무함마드에게 죽도록 내주지는 않겠다고 선언했다.

후야위가 다시 중재에 나섰다. 메카 측에게 공격 계획을 잠시 멈추고 시간을 달라고 했다. 그러나 메카 측은 안식일이 끝날 때까지 공격을 연기할 수는 없다고 말했다. 사태는 심각했다. 겨울이라 비바람이 몰아쳤다. 말과 낙타가 식량 부족으로 죽어가고 병사들의 식량 부족도 심각했다. 병사들은 추위에 떨고 지쳤으며 이제 동맹자인 가타판을 믿지도 않았다. 날씨는 점점 더 험악해지고 있었다. 후야위는 쿠라이자에 가서 인질 요구를 거두고 안식일에 공격하는 것에 동의할 것을 요청했으나 거절당했다. 후야위는 양측을 오가며 시간을 많이 소모했다. 우후드 산으로부터 걸어서 용암 지대까지 가는 것은 결코 쉬운 일이 아니다. 후야위는 마지막 중재안으로 서로 인질을 교환하자는 아부 수피얀의 제안을 전달했으나 쿠라이자로부터 긍정적인 답을 얻지 못했다.

후야위가 아부 수피얀에게 돌아온 것은 안식일 저녁이었다. 나빠진 날씨에 병사들은 이곳저곳에 모닥불을 피워놓고 불을 쬐고 있었다. 찬비가 계속 내렸고 차가운 바람이 불기 시작했다. 저녁이 깊어지자 비는 우박으로 변했으며 바람은 점점 강해져 모닥불을 꺼지게 했다. 병사들은 가지고 있는 모든 의류를 덮어 쓰고 낙타 옆에 웅크려서 온기를 보전하려고 안간힘을 썼다. 저녁내 고통 속에서 시달리다 아침이 되자 아부 수피얀은 쿠라이자를 배신자로 선언했다. 분노로 가득 찬 아부 수피얀은 메카군에게 회군을 명했다. 마침내 무함마드의 계략이 성공하는 순간이었다. 서로를 이간질 시킨 전법이 먹혀든 것이다. 메디나인은 아침에 메카의 대군이 모두 사라진 것을 알고 환호성을 질렀다. 무함마드가 신을 찬양하고 코란을 낭송하는 동안 후야위는 자신이 약속한대로 쿠라이자족 성채로 가서 조용히 운명을 기다렸다.

쿠라이자 학살

무함마드는 측근과 3천 명의 병력을 이끌고 쿠라이자 성채로 향했다. 양측 간에 서로 욕설과 비방이 오갔다. 공격하기 전 무함마드 군은 모두 엎드려 신에게 예배를 드리고 코란을 낭송했다. 예배가 끝나자 무함마드는 50명의 궁수를 앞으로 보내 활을 쏘도록 했다. 쿠라이자 측에서도 화살이 날라 왔다. 무함마드군은 3주 동안 성채를 둘러싸고 활을 쏘았다. 유대인의 상태는 절망적이었다. 이들은 숫자적으로 압도적인 열세였고 식량도 넉넉지 못했다. 이제 항복하던지 아니면 굶어죽는 수밖에 없었다.

20일이 지나자 쿠라이자는 사신을 보냈다. 항복하면 카이누카와 나디르족의 전례에 따라 자신을 메디나에서 추방시켜달라는 것이었다. 무함마드는 이를 단번에 거절했다. 쿠라이자는 내부 회의를 열어 대안을 검토했다. 하나의 방법은 이슬람을 받아들이고 무함마드를 예언자로 인정하는 것이다. 그러나 이 방안은 거부되었다. 이들은 이방 종교인 이슬람을 받아들이느니 차라리 토라를 품에 안고 죽는 길을 택했다. 또 하나의 방법은 로마의 예루살렘 공격 때 선조들이 산 위의 요새 마사다에서 행했던 것처럼 집단 자살하는 것이다. 이로써 적이 자신들을 하나씩 하나씩 죽이는 즐거움을 맛보지 못하도록 할 수 있다. 캅이 말했다.

"아이들과 여인을 우리 손으로 죽인 후 칼을 들고 무함마드 앞으로 나아가자. 신이 우리의 운명을 결정할 것이다. 우리가 죽더라도 뒤에 남겨 근심할 가족은 없지 않은가."

그러나 이 제안도 반대의견이 많아 쉽게 결정을 내리지 못했다. 이들은 마지막으로 다시 한 번 교섭해보기로 했다. 과거에 자신들과 가까웠던 아부 루바바(Abu Lubaba)라는 아우인을 통해 대화를 원한다는 메시지를 전달했다.

무함마드가 루바바를 보내자, 그를 본 아이와 여인들이 눈물을 흘리며 반가워했다. 이제 루바바가 마지막 희망이다. 쿠라이자는 무조건 항복한 뒤 무함마드의 처분에 맡기는 수밖에 없느냐고 물었다. 루바바는 그렇다고 대답했다. 무함마드가 어떻게 할 것으로 보느냐고 다그쳐 묻자 루바바는 손가락을 목에 대었다고 한다. 죽음을 예고한 것이다. 방법이 없음을 안 쿠라이자는 그 다음날 항복했다.

과거에 쿠라이자와 동맹이었던 아우족 지도자들은 무함마드에게 자비를 베풀어줄 것을 간청했다. 압박이 가중되자 무함마드는 사태를 진정시킬 필요성을 느꼈다. 그는 아우족이 그들의 운명을 결정토록 했다. 대표자로 사드 무아드를 지명했다. 이때 사드 무아드는 전투 때 화살로 입은 상처로 위독한 상태에 있었다. 그는 모스크 내에서 부상을 치료받고 있었는데 감염이 온몸으로 퍼져 절망적인 상태였다. 그가 결정자로 지명되자 사람들은 그를 나귀에 태워 성채로 데리고 왔다. 아우족이 두 줄로 서서 그를 영접하고 그 끝에 무함마드가 서 있었다. 사드는 충성스럽고 신실한 사람이다. 메디나에서 이슬람을 맨 처음 받아들인 인물로서 많은 사람을 신도로 포교했다. 바드르 전투 때 선봉에 서서 압도적인 메카군과 맞서 싸웠다. 우후드에서 패배한 날 무함마드의 막사 입구에서 밤을 새우며 그를 지켰다. 신실하고 우직한 사드는 무함마드가 자신에게 무엇을 원하는지 알고 있었다. 사드가 쿠라이자의 성채로 향할 때 아우족은 유대인의 선처를 부탁했으나 그의 표정은 돌처럼 굳어져 있었다. 그는 한 마디도 하지 않았다. 모든 사람 앞에서 자신의 결정이 최종적인 것인지 재차 묻자 사람들은 그렇다고 대답했다. 사드는 주저하지 않고 말했다.

"쿠라이자의 모든 남자들은 사형에 처하고 여자와 아이들은 노예로 삼을 것이며 모든 재산은 압수되어 전리품으로 분배될 것이다."

쿠라이자 남자들은 밧줄에 묶여 메디나의 중앙에 있는 한 성채로 이동했다. 약 1천 명 정도 되는 여자와 아이들은 모스크 근처에 있는 건물로 옮겨졌다. 모스크로 돌아온 무함마드는 북적거리는 시장의 한 편에 깊고 넓은 구덩이를 파도록 명했다. 작업은 무함마드가 시장에 있는 한 가게에서 아침을 먹은 후 시작하여 오후에 끝났다. 쿠라이자는 밤새 토라를 낭송하고 기도하며 서로에게 용기를 북돋아주었다.

처형 시간이 되자 이슬람군은 한 번에 5~6명씩 밧줄에 손이 묶인 유대인을 시장으로 끌고 나왔다. 이들의 목을 베는 것은 주로 알리와 주바이르가 맡았다. 나디르족 지도자 후야위가 첫 번째로 처형되었다. 유대인 남자 중 살아남은 사람은 거의 없었다. 몇 명 살아남은 자들은 항복하기 전 성채를 나와 이슬람으로 개종한 자들이다. 무함마드의 이모가 가족과 같다고 하면서 꼭 개종시키겠다고 약속하여 살아남은 사람이 하나 있었다. 또 한 사람은 유대인 랍비인데 늙고 반쯤 눈이 먼 사람이었다. 이 랍비는 오래 전 지금은 무슬림이 된 한 아우족의 목숨을 구해준 인연이 있었다. 이 아우족은 랍비의 목숨을 구해주려 했으나 랍비는 자기 대신 아들을 살려주기 원했다. 무함마드가 이를 승인함으로써 랍비는 처형되고 그의 아들은 살았다. 사춘기에 도달한 소년들도 모두 처형되었다. 좋은 옷을 입고 있는 사람들은 옷을 벗긴 후 맨몸으로 처형되었다. 처형은 밤늦게까지 지속되었다. 처형된 남자의 숫자는 400~900명에 달했다. 구덩이 옆에서 무릎을 꿇은 채 목을 길게 늘어뜨리고 있으면 알리와 주바이르가 목을 쳤다. 잘린 목은 구덩이 속으로 들어갔고 집행자들은 몸체를 구덩이 속으로 밀어 넣었다.

많은 시체가 묻힌 거대한 무덤에서는 오랫동안 악취가 진동했다. 사드 무아드는 처형이 끝난 지 얼마 되지 않아 죽었다. 노예가 된 아이와 여자들의 일부는 신도들에게 분배되고 일부는 노예시장에서 팔려 그 수익금은 무슬림의 금고로 들어갔다. 쿠라이자 족을 처단한 것은 종교적이나 정치적인 이유에서가 아니다. 이들은 반란죄로 처형된 것이다. 메디나의 17개 다른 유대 부족은 계속 무슬림과 함께 평화롭게 살았다. 코란은 유대인과의 영적인 친족 관계를 강조하고 있다.

"그들이 악을 행하지 않는 한 이전에 내려온 계시(earlier revelation)를 따르는 자들과 다투지 말라."

이후 이슬람 전성시대 때에도 무슬림은 유대인의 종교에 대해 어떠한 제재도 가하지 않았으며 유대인을 박해하지도 않았다. 무슬림과 유대인의 분쟁은 20세기 중반 이스라엘의 독립과 함께 시작된다.

쿠라이자족을 처단함으로써 메디나 내에서는 실제적으로 무함마드를 위협하는 존재가 모두 제거되었다. 전쟁과 유대인 숙청 등으로 한 때 2만여 명에 이르렀던 인구가 지금은 절반으로 줄었지만 새 신도와 기회주의자들이 몰려들면서 다시 인구가 늘었다. 메디나의 주축을 이루고 있는 아우와 카즈라지는 이제 거의 모두 신도가 되었다. 무함마드의 전 사위였던 아부 알 아스(Abu al-As)는 이슬람을 받아들이기보다 이혼을 택했던 사람이다. 그는 메디나군의 작전 중 포로로 잡혔다. 무함마드는 그를 풀어주고 소지품도 돌려주도록 명했다. 이에 감동한 아부 알 아스는 메카에 소지품을 전달한 후 다시 메디나로 와서 이슬람 신도가 되었다. 그리고 부인 자이납 및 어린 딸과 다시 결합했다.

이제 무함마드에게는 메디나 전체가 알 카에다가 되었다. 무함마드는 동서남북으로 세력을 뻗치기 위해 작전을 개시했다. 약탈에서 얻은 부(富)는 그의 통치 기반이자 충성을 맹세하는 세력을 관리하는 데 가장 중요한 요소였다. 사막의 베두인을 공격할 때에는 새벽 공격을 원칙으로 삼았다. 무슬림 신도와 비(非)신도를 구분하기 위해서이다. 무슬림의 경우 새벽 예배를 위해 무에진이 코란을 낭송했기 때문에 쉽게 구분할 수 있었다. 이러한 방식으로 비신도만 골라서 공격하고 약탈했다. 메디나를 평정한 후 무함마드는 시리아 국경 근처에 있는 기독교 도시 두마를 다시 공격했다. 유대인, 기독교인 그리고 다신교 아랍인이 북부에서 연합군을 결성할 가능성에 대비한 것이다. 무함마드는 압둘 라흐만을 지휘관으로 하여 7백 명의 병력을 파견했다. "누구든지 신의 길에 방해가 되는 자와는 싸워라. 신을 믿지 않는 자는 죽여라." 이것이 코란의 명령이었다.

라흐만은 성을 둘러싼 후 성주에게 전갈을 보내 사흘 내에 개종하지 않으면 모두 죽음을 면치 못할 것이라고 경고했다. 기독교인은 개종 대신 세금을 바치겠다고 제안했다. 무함마드는 라흐만에게 기독교 지도자의 딸과 결혼함으로써 이 계약이 성사되었음을 증명하라는 명령을 내렸다. 라흐만은 기독교인 부인과 거두어들인 세금을 가지고 돌아왔다. 이슬람군의 작전이 성공을 거두면서 이곳저곳으로부터 많은 가축이 메디나로 들어왔다. 수천 마리의 가축이 새 식구가 되자 먹일 풀이 부족했다. 무슬림은 메디나에서 동쪽으로 멀리 떨어져있는 목초지에 눈길을 돌렸다. 무함마드는 이곳을 관할하는 베두인을 위협하여 가축들에게 풀을 먹이게 했으며 감독관을 목초지에 파견했다.

제11장
무함마드의 규율

법 제정

무함마드는 메디나에 온 후 중재자 역할을 수행했다. 주민들은 외부인인 그가 중립적인 입장에서 일을 처리해줄 것으로 믿었다. 그는 물에 관한 논쟁을 비롯해 많은 문제를 중재했다. 부족 간의 전쟁시대에 일어난 많은 사건도 처리해야 했다. 위자료, 탈취한 재산에 관한 문제, 가족 문제, 유산 문제, 계약 위반 등 다양한 문제를 중재했다. 알 카에다(무슬림 본거지)를 설립한 후 무함마드는 중재자에서 벗어나 심판자 역할을 수행했다. 모스크에서 재판을 열어 문제를 검토하고 결정을 내렸다. 사람들이 개인적인 문제의 공개를 꺼렸기 때문에 주로 아이샤의 방에서 비공개로 재판이 열렸다. 무함마드의 결정은 절대적인 권위를 가졌다. 한번은 무함마드의 결정에 불만을 품은 남자가 아부 바크르를 찾아와 항의했다. 아부 바크르는 그에게 무함마드의 말은 신의 말과 같으므로 최종적이라고 타일렀다. 그러자 이 남자는 이어 우마르를 찾아가 항변했다. 우마르는 격노했다. 어떻게 인간이 감히 신의 결정에 이의를 달 수 있단 말인가? 그는 방으로 달려가더니 칼을 가지고 와 단숨에 목을 잘랐다.

무함마드는 기본적으로 절제주의자, 금욕주의자이자 금지주의자였다. 그의 이러한 성향이 술과 도박 등을 엄격하게 금하는 법을 만들도록 했던 것 같다. 당시 아랍사회에서는 술이 성행했다. 포도주는 널리 애호되었고 조나 보리로 만든 맥주를 마셨다. 발효시킨 대추야자로 만든 음료나 발효시킨 꿀도 즐겨 마시는 음료였다. 당시 알코올이 어떤 정도로 사회문제를 일으켰는지는 알 수 없다. 그러나 몇 가지 단서는 있다. 한 부족이 술에 취해 난동을 부렸다는 기록이 있다. 또 함자가 술에 취해 알리의 전리품인 낙타를 죽였을 때 무함마드는 그에게 분노의 눈초리를 보냈다. 우후드 전투 후 부하들이 두려움에서 벗어나기 위해 포도주를 마셨다는 사실을 알고 이들을 꾸짖었다. 그가 우려한 것은 알코올이 사람의 마음을 어지럽혀 신에 대한 경배를 게을리 하게 만드는 것이다.

술을 경계하라는 입장에서 금지 입장으로 바뀐 데에는 우마르의 조언이 강하게 작용했다. 우마르의 아버지 카탑은 주정뱅이로 술만 마시면 아들을 때렸으므로 그는 술을 증오하며 자랐다. 우마르 자신도 과거에는 술을 마셨으나 이슬람으로 개종한 후에는 끊었다. 그 후 우마르는 술과 도박을 금지토록 무함마드에게 조언한 것으로 알려져 있다. 무함마드는 우마르의 의견을 받아들여 술을 전면 금지했다.

위반한 자들은 처음에는 주먹이나 신발 또는 대추야자 잎으로 두들겨 맞았다. 이후에는 공개적으로 40대의 태형을 받았다. 습관적인 음주자에 대해서는 사형으로 위협하기까지 했다. "네 번째에도 술을 마시면 그를 죽여라." 절도에 대해서는 보다 엄격히 다루었다. 절도자의 손목을 자른 것이다. 이와 같은 형벌은 과거부터 아라비아에 있었는데 무함마드는 이를 법으로 만들었다. 무함마드는 계란 한 개를 훔쳐도 손목을 잘라야 한다고 말한 적이 있지만 보통은 금화 한 개 또는 은화 세 개 이상을 훔친 자에게 적용되었다. 이 돈은 당시 방패나 갑옷을 살 수 있을 정도의 금액이었다.

이밖에도 무함마드는 많은 금지법을 제정했다. 결혼, 금욕, 성교 후의 정화 의식, 남녀 구분, 여성의 베일 착용, 집밖에서 여성의 이동 제한 등이다. 간통한 자는 사형에 처했으며 혼외정사에 대해서는 태형 100대를 부과했다. 간통한 자는 모스크 밖에 있는 지정장소로 끌려나가 돌에 맞아 죽었다. 태형의 강도는 그렇게 심하지도 약하지도 않았다. 채찍을 맞고 살이 찢어지거나 죽는 경우는 거의 없었다. 그러나 큰 고통을 수반했다. 남자들은 옷을 벗고 가죽채찍으로 온몸을 두들겨 맞았다. 여자들은 등과 어깨만 때렸다. 간통죄가 중죄임을 감안하여 증인에 대해 엄격한 기준을 세웠다. 4명의 경건하고 정의로운 증인이 필요했다. 증인이 거짓말을 하거나 증명할 수 없는 증언을 할 경우 태형에 처했다. 아이샤에 대해 좋지 않은 소문이 생긴 후 증인에 관한 규칙은 보다 강화되었다. 무함마드가 만든 규칙들은 '눈에는 눈,

이에는 이'와 같이 기본적으로 아랍세계에서 오랜 전통으로 내려오는 것들이었다. 아랍의 전통은 원한이 있을 경우 복수하거나 아니면 위자료를 받는 것이 원칙이다.

무함마드는 폭력 사건의 경우 화해를 권장했으나 복수를 방해하지는 않았다. 우발적 살인이나 상해의 경우 위자료를 지불해야 했다. 살인의 경우 도시인은 400개의 금화 또는 그에 상당하는 은화를 지불해야 했고 베두인은 200마리의 낙타 또는 2천 마리의 양이나 염소를 내놓아야 했다. 코를 자른 경우 100마리의 낙타, 손이나 발을 자른 경우 50마리의 낙타, 손가락 하나에 대해서는 낙타 10마리, 치아는 하나 당 낙타 5마리가 부과되었다.

무함마드가 절대 용서하지 않는 죄는 무슬림이 다른 무슬림을 살해한 경우이다. 우후드 전투 때 이러한 죄를 저지른 병사를 참수한 후 무함마드는 이 법을 엄격하게 준수했다. 무함마드는 또한 자신을 비방하거나 조롱한 자들을 엄하게 처벌했다. 자신의 죄를 뉘우치고 충성을 맹세하지 않는 한 모두 사형시켰다. 유대교와 이슬람에서 왜 돼지고기가 금지되고 있는지는 확실치 않다. 혹자는 돼지가 습성 상 불결한 동물이라고 주장하며 혹자는 냉동기술이 없어 부패한 돼지고기가 건강에 해롭기 때문이라고 하지만 확실치는 않다. 코란은 이미 죽은 동물, 피, 돼지고기, 이교의 신에게 제물로 바쳐진 고기 등을 먹지 말라고만 할 뿐 금지에 대한 구체적인 이유를 밝히지는 않았다.

무함마드는 전투 의욕을 높이기 위해 몇 가지 요건을 내걸었다. 병사들은 포로로 잡은 여인을 성노리개로 삼을 수 있고 무함마드를 위해 싸우다 죽은 사람에게는 천국에서의 열락을 약속했다. 무함마드 전까지만 하더라도 아랍세계에서 복장에 대한 제한은 거의 없었다. 메카의 신전을 순례할 때 예복을 입지 않은 사람들은 남자든 여자든 발가벗고 다니기도 했다. 여자들은 허리 아래에만 옷을 걸치고 긴 머리로 가슴을 가린 채 메카 시내를 활보했으며 귀걸이, 목걸이, 팔찌 등 장신구를 착용하고 강한 향수를 뿌리고 다녔다. 여성의 베일 착용은 무함마드가 자흐쉬의 딸 자이납과 결혼한 후 도입한 규정이다. 결혼식 피로연이 끝난 후 몇몇 남자들이 자이납 방 근처에서 서성거렸다. 무함마드는 자이납의 뇌쇄적인 시선이 이들을 유혹했다고 생각하여 베일을 도입했다. 처음에는 얼굴만 가리다가 점차 발달되어 나중에는 몸 전체를 가리게 되었다. 여자들은 친족이나 가까운 친척들과 있을 때는 평상복을 입었다. 그러나 손님이 집에 오면 병풍 뒤에 숨어야 했으며 완전히 몸을 가린 후에야 병풍 밖으로 나올 수 있었다. 무함마드의 부인들은 모두 이와 같은 규칙을 준수했다. 전쟁터에 나갈 때 이들은 커튼이 드리워진 가마 속에 있어야 했다. 야영할 때는 무함마드의 막사 안으로 들어온 사람들이 보지 못하도록 별도로 설치된 커튼 뒤에 머물렀다.

무함마드의 일상

메디나에서 무함마드의 일상은 단순했다. 늘 신에게 감사 기도를 올렸고 단식을 그치지 않았으며 개인적으로 부를 소유하지 않았다. 무함마드는 재물과 부귀영화에 대한 욕심이 없었다. 부는 통치를 위해 필요한 것이지 자신을 위해 필요한 것은 아니었다. 이슬람이 확장함으로써 재물이 쏟아져들어 왔을 때 이를 매일 수하들에게 분배했으나 자신과 가족에 대한 배당은 거절했다. 무함마드는 솔직하고 단순하며 가식이 없는 사람이었다. 일상 입는 옷은 누덕누덕 기워 입은 것이었고 흙으로 만든 단순한 집에서 살았으며 가구라고는 원목으로 만든 침대와 물동이 하나뿐이었다. 아랍인들은 이렇게 말했다.

"무함마드는 마치 가난을 두려워하지 않는 사람처럼 사람들에게 가지고 있는 모든 것을 나누어주었다."

그는 한 줌의 대추야자와 우유 또는 낙타 젖을 마시고 살았다. 가난했어도 물질에 연연하지 않았고 적에게 미움을 받았으나 의연했다. 병자와 상을 당한 신도를 빠뜨리지 않고 방문하여 위로했다. 아이들을 사랑하고 노인을 공경했으며 부인들에게 친절하고 모든 사람에게 관대했다. 이 같은 덕을 가졌음에도 불구하고 무함마드는 하루에 수백 번씩 신의 용서를 구했다. 스스로를 먼지처럼 생각하고 신을 섬겼으며 추종자들이 자신을 존경하는 이상으로 그들을 사랑했다. 무함마드는 영웅호걸이 아니며 드라마틱한 순교자도 아니다. 신이 명하는 대로 성실한 삶을 산 하나의 평범한 인간이다. 그에게는 불가사의나 신비한 점이 거의 없다. 모든 것이 투명하고 평범하다. 유일한 기적은 그의 말대로 '코란'일 것이다.

코란 조형물이 있는 코란 회전교차로Koran Roundabout, 아랍에미레이트 샤하르에 위치하고
있다. (사진. 자심 함자 Jaseem Hamza)

"다른 예언자들은 다양한 기적을 가졌으나 나의 기적은 코란 밖에
없다. 코란은 영원히 남을 것이다."

무함마드의 키는 보통이었으나 어깨가 넓어 든든한 인상을 주었
다고 한다. 마음이 매우 착했고 악수할 때는 먼저 손을 거두어들이는
일이 없었다. 사람들의 부탁을 받고 들어줄 수 없을 때는 '노(No)'라
는 말을 못해 침묵했고 화가 났을 때도 큰 소리를 지르는 법이 없었

다. 부인들은 좁고 변변치 못한 오두막 같은 집에서 검소하게 살아야 한다고 늘 강조했다. 집안일을 열심히 도왔으며 자신의 필요는 스스로 해결했다. 옷을 기워 입고, 신발을 고치며, 가족용 염소 떼를 길렀다. 그녀들은 모스크에서 일어나는 일을 모두 알았다. 바로 옆에서 함께 모여 살았기 때문이다. 무함마드는 이들에게 아무 것도 감추지 않았다. 그는 거의 페미니스트에 가까웠다. 부인들과도 똑같이 논쟁하고 토론했다. 그러나 이것은 지금까지의 남성 우위 사회에 대한 도전이었다. 예언자가 죽은 뒤 여성의 지위는 급격히 하락하게 된다.

제12장
아라비아 반도 지배

메카 순례여행

무함마드는 메카에 있는 카바 신전을 신성시했다. 신전 위 하늘에 알라신의 보좌가 있다는 환상을 가졌다. 천지창조 때 하늘에서 내려온 '검은 돌'을 지키기 위해 아담이 이곳에 신전을 만들었다고 믿었다. 따라서 알라를 믿지 않는 불순한 세력이 이렇게 신성한 장소를 장악하고 있다는 사실을 혐오했다. 참호 전쟁이 끝난 지 1년 후 무함마드는 과감히 메카 여행길에 나선다. 무장하지 않은 채 메카를 순례키로 한 것이다. 라마단 월에 하얀 순례복을 입고 1,500명의 부하들과 함께 희생제에 쓰일 동물을 이끌고 메카로 향했다. 무함마드는 머리를 깎고 '집(신전을 말함)' 열쇠를 손에 쥔 채 카바 신전으로 들어가는 꿈을 꾸었다고 한다. 이것은 순전히 순례 여행이었으므로 무기의 소지를 금했다. 우마르는 이에 강력히 반발했다.

"우리는 마치 도살장으로 끌려가는 양과 같지 않은가!"

그러나 무함마드는 반대 의사를 물리쳤다. 동물을 잡기위한 간단한 칼만 허용했고, 식용으로 쓸 동물 사냥도 금했다. 순례가 끝날 때까지 희생동물 외에는 모든 살생이 금지되었다. 쥐, 독수리, 전갈, 미친 개 등 해를 끼칠 수 있는 동물의 살생만 허용했다.

메카인은 무함마드가 온다는 소식에 당황했다. 진의를 알 수 없었다. 이들은 오래전 무함마드의 선조 쿠사이가 순례를 빙자하여 수백명의 용병을 이끌고 메카에 침입했던 일을 기억해냈다. 이때 메카인은 쿠사이에게 신전 관리권을 뺏겼던 것이다. 이번에도 무함마드의 책략이 아닌지 의심했다. 이들은 무함마드가 오는 길을 막아 신전으로 들어가지 못하게 하려고 했다. 첩자를 보내 움직임을 감시하면서, 왈리드의 아들 칼리드에게 2백 명의 기마병을 주어 길을 봉쇄하고 유사시 무함마드군과 싸우도록 했다. 메카인은 또한 도시의 방어를 강화하고 주변의 동맹부족에게 지원군을 보내도록 요청했다. 무함마드도 칼리드의 군대가 저지선을 구축했음을 알고 있었다. 그는 지리를 잘 아는 베두인의 안내로 가파른 산길을 통과하여 메카에서 서쪽으로 10킬로미터 정도에 있는 후다이비야(Hudaybiyya) 평원에 도달했다. 계책을 썼음에도 불구하고 눈에 잘 띄는 흰 순례복을 입은 무함마드 일행은 금방 포착되었다. 그러나 칼리드는 무함마드를 공격하지 않았다. 이즈음 그는 다른 생각을 하고 있었기 때문이다.

무함마드는 후다이비야에 있는 우물 옆에 막사를 치고 정세를 살폈다. 이윽고 쿠사이 족의 후손인 쿠자인 몇 명이 나타났다. 쿠자는 얼마 전 동족인 무스틸리크가 무함마드에게 항복한 후 그에게 협조하고 있었다. 이들은 메카 서북쪽으로부터 홍해에 이르는 지역 내 정세를 알려주는 역할을 맡고 있었다. 쿠자인은 무함마드에게 이곳에 온 이유를 물었다. 무함마드는 순례 차 왔는데 만일 메카인이 자신을 막는다면 싸울 준비가 되어 있다고 말했다. 쿠자족은 메카 측에 무함마드의 의사를 전했으나 그들은 반신반의했다. 메카인은 무함마드의 의사를 재차 확인하기 위해, 동맹 부족에서 대표를 뽑아 보냈으나 대답은 똑같았다. 아직 만족하지 못한 메카는 베두인 출신으로 아비시니아 용병 대장인 훌라이스 알카마(Hulays Alqama)를 다시 보냈다. 알카마가 접근하자 무함마드는 희생제에 쓰도록 표식을 한 동물을 보여주며 확인토록 했다.

메카로 돌아간 알카마는 무함마드가 순례를 위해 온 것이 확실하다고 보고했다. 그러나 메카는 다신 숭배를 증오하는 무함마드가 전통을 좇아 이곳으로 순례를 왔다는 사실을 좀처럼 믿지 않았다. 이들은 용장으로 알려진 우르와 마수드(Urwa Masud)를 다시 대표로 보냈다. 우르와는 10년 전 타이프에서 무함마드를 좇아낸 지도자의 아들이다. 소문대로 우르와는 담대하며 직선적이었다. 무함마드 일행이 계속 전진할 경우 메카와의 전쟁이 불가피하며 결과는 결코 그에게 유리하지 않을 것이라고 위협했다. 그러면서 우르와는 무함마드 진영의 상황을 자세히 관찰했다.

추종자들의 무함마드에 대한 태도는 놀라울 정도로 순종적이었다.

말할 때는 조용한 목소리로 최대한 경의를 표했으며 얼굴을 똑바로 쳐다보지도 않았다. 명령을 내리면 즉시 이를 이행했다. 무함마드가 손을 씻자 그 물을 버리지 않고 몸에 바르거나 마셨다. 무함마드가 침을 뱉자 추종자가 손을 내밀어 땅에 떨어지지 않게 한 후 동료들과 나누어 피부에 발랐다. 우르와는 무함마드와 대화하면서 아랍의 전통에 따라 신뢰의 표시로 그의 수염을 쓰다듬었다. 그때 철갑으로 중무장한 무사가 나타나 즉시 손을 떼라고 경고했다. 목소리가 친숙하여 누구냐고 물었더니 바로 자신의 친조카 무기라(Mughira)였다. 우르와는 경악했다. 메카로 돌아온 그는 자신이 본 것을 자세히 전하고 협상하는 것이 좋겠다는 의견을 제시했다. 그러나 메카인은 완고했다. 여러 차례 대표를 보내 무함마드가 순례 차 왔다는 사실을 확인했음에도 불구하고 믿으려 하지 않았다.

메카로부터 아무 소식이 없자 무함마드는 심복 우스만을 파견했다. 우스만은 원래 쿠라이시 중에서도 명문 출신으로 신망이 높아 무시할 수 없는 인물이다. 아부 수피얀과 우마이야 칼라프의 아들 사프완 등이 모여 있었다. 우스만이 무함마드의 메시지를 전달하자, 수피얀은 메카의 입장은 하나도 바뀐 것이 없다고 말했다. 메카로 들어오는 것을 허용하지 않겠다는 것이다. 그러면서 그에게는 성전 참배를 허용하겠다고 했다. 우스만은 단숨에 이를 거절했다.

"예언자가 참배하기 전에는 절대 성전에 접근할 수 없다."

그 무렵 아불 하캄의 아들 이크리마가 독단적으로 70명의 기마병을 이끌고 출정하여 무슬림 인질을 잡으려다 오히려 몇 명이 붙잡히고 말았다. 이 소식을 들은 메카는 급히 우스만과 그의 부하들을 인질로 억류했는데 무함마드에게는 우스만이 살해당한 것으로 잘못 전해졌다. 무함마드는 순례에 참가한 모두에게 끝까지 싸우겠다는 맹세를 받은 뒤 전투 준비에 나섰다. 바로 그때 메카 측 대표로 수하일 아므르(Suhayl Amr)가 도착했다. 수하일을 본 무함마드는 직감적으로 우스만이 죽지 않았다는 사실을 알 수 있었다. 수하일은 아내 사우다의 옛 시동생이다. 그는 바드르 전투 때 포로가 되어 모스크에 있는 사우다의 방에 머무른 적도 있다. 무함마드는 수하일이 합리적인 사람임을 잘 알고 있었다. 메카가 그를 보낸 것은 협상을 원하고 있다는 증거였다.

사실 메카의 상황은 좋지 않았다. 메디나와의 전쟁으로 많은 지도자가 사망했을 뿐 아니라 무리한 군비 확장으로 재정이 위기에 처했다. 또한 무역길이 막혀 경제적으로 점점 더 어려워지고 있었다. 수하일은 우스만을 인질로 잡은 것은 몇몇 강경파의 준동에 의한 것으로 메카의 본심이 아니라고 사과했다. 양측은 곧 인질 교환에 합의했다. 그러고 난 후 '후다이비야 조약'으로 알려진 합의문을 작성했다. 조약의 주요 내용은 다음과 같았다.

"금년에는 무함마드의 메카 입성이 허용되지 않으나 내년에는 허용된다. 무함마드와 추종자들은 메카에 사흘 동안 머무를 수 있다. 무함마드 측이 메카에 들어올 때 칼은 칼집에 들어있어야 하며, 칼 외에 다른 무기는 허용되지 않는다. 양측은 향후 10년 간 적대행위를 하지 않는다. 양측은 다른 부족과 비밀리에 동맹을 맺지 않는다."

무함마드의 추종자들은 이 조약에 대해 불만이었다. 특히 우마르의 불만은 컸다.

"이 조약은 우상숭배자들에게 유리하고 우리의 믿음을 약화시키는 것이다. 우리는 신자이고 저들은 불신자들이 아닌가? 왜 처단해야 할 대상과 조약을 체결해야 하는가?"

그들은 순례를 위해 온갖 고생을 무릅쓰고 이곳까지 왔는데 신전에도 가보지 못한 채 돌아가야 하는데 불만을 토로했다. 그동안 카라반을 집중 공격함으로써 메카가 현저히 약화된 이때, 엉뚱한 평화조약으로 더 이상 메카를 공격할 수 없게 된 것에도 불만이 컸다. 나아가 개종을 위해 메디나에 온 메카인을 조약을 구실로 돌려보내는 것은 배신행위라고 비난했다. 그러나 무함마드의 생각은 달랐다. 그는 밀정을 통해 입수한 첩보에 따라 형세를 분석한 후 냉철하게 계산을 하고 있었다. 카이바르에 있는 유대인이 복수를 위해 북쪽의 다른 유대 부족들과 동맹을 추진하고 있었고, 가타판 족을 비롯해 세력이 큰 사막의 베두인들도 이 동맹에 가담할 가능성이 높았다. 이들이 연합전선을 구성하면 메디나는 큰 위기에 처하게 된다. 이러한 상황에서 평화조약으로 메카를 묶어놓은 후 북쪽의 적에게만 전념할 수 있다면 성공이다. 이런 계산이었던 것이다. 무함마드는 형세를 꿰뚫어보고 있었으나 우마르의 통찰력은 그에 미치지 못했다. 무함마드는 낙타를 죽여 추종자들과 함께 신에게 희생제를 드렸다. 그들은 그날 밤 낙타고기로 축제를 벌인 후 메디나를 향해 떠났다.

카이바르 유대인 공격

메카와 평화조약을 맺은 무함마드는 카이바르의 유대인 공격에 나섰다. 후다이비야 순례 때 수행한 사람들 위주로 병력을 구성했다. 많은 신도들이 공격에 참여하기 위해 지원했지만 물리쳤다. 순례 때는 참여하지 않고 전리품이 생기는 일에만 몰려드는 것을 꾸짖었던 것이다. 꼭 참여하고 싶으면 하되 이번에 전리품은 없다고 못을 박았다. 그러자 참여자가 줄어 총 병력은 1,500명에 불과했다.

카이바르 오아시스는 서부 아라비아에서 가장 부유하다고 소문난 곳이다. 이곳에는 대규모 대추야자 농장이 있고 야채, 곡물, 비단옷, 금속제품, 무기 등을 생산했다. 혈연과 종교로 맺어진 6개 부족들이 오아시스를 둘러싸고 살고 있었으며 각자 농장과 땅을 가지고 있었다. 이들이 가지고 있는 농장은 대규모로 기업 형이었다. 한 농장에는 4만 그루, 다른 농장에는 12만 그루의 야자나무가 있었다. 이들은 농공업 생산물과 무역으로 매우 풍요로운 삶을 누리고 있었다. 무함마드는 카이바르를 공격하여 막대한 전리품을 취하려는 목적 외에도 복수를 꾀하고 있었다. 이들이 무슬림을 받아들이지 않았을 뿐 아니라 그를 제거하려는 계획을 꾸몄기 때문이다.

카이바르는 가타판 족에게 대추야자 수확물을 나누어 준다는 조건으로 무함마드를 제거하는데 가담해 줄 것을 요청했다. 카이바르의 의도는 공격이 아니라 수비이다. 무함마드의 군대가 점점 불어나고 있었으므로 기습에 대비해 가타판에게 지원을 요청한 것이다. 무함마드는 기습작전을 펴기 위해 사흘 동안 쉬지 않고 행군하여 카이바르에 도착했다. 한편 무함마드는 무슬림군이 가타판 족의 본거지를 향해 진군하고 있다는 소문을 퍼뜨렸다. 무함마드의 작전이 들어맞았다. 카이바르로 향하던 가타판 지원군이 이 소식을 듣고 급히 본거지로 돌아간 것이다. 무함마드는 100~200명의 기병을 전략적 요충지인 높은 언덕으로 보내 가타판군이 혹시 다시 돌아오는 경우 제지토록 했다. 무함마드는 카이바르로부터 10킬로미터 떨어진 지점에 막사를 쳤다. 그리고 새벽에 어둠을 틈타 유대인 부족이 보이는 지점에 도달했다. 그리고 나서는 새벽 예배를 알리는 외침이 있는지 잠시 기다렸다. 유대인 부족에서 그러한 외침이 있을 리 없지만 이는 무함마드의 오래된 습관이자 무슬림에게 모범을 보이기 위한 것이었다. 그의 언행을 신도들이 그대로 따르기 때문이다. 무슬림 사회에서는 예언자의 언행을 순나라고 부르면서 코란과 마찬가지로 존중했다.

유대인은 농장에서 일하기 위해 아침 일찍 호미와 삽 등을 들고 집을 나서던 중이었다. 무함마드의 공격이 임박했음을 짐작하고 있었으나 이렇게 신속할 것이라고는 예상치 못했다. 마침내 공격 신호가 떨어졌다.

"알라후 아크바르! 카이바르를 파괴해라! 모두들 죽여라!"

이러한 구호를 외치며 말과 낙타를 탄 기병들이 계곡으로 쏟아져 들어왔다. 유대인은 모든 병력을 한 곳에 모으는 대신 각자 성채에 들어앉아 지키는 각개전략으로 맞섰다. 최대한 지구전을 펼칠 셈이다. 이들에게는 식량과 무기 및 물이 풍부했다. 그러나 이 전략은 병력이 우세한 무함마드군에게 통하지 않았다. 무함마드는 조그만 성채부터 하나씩 공격하기 시작했다. 맨 먼저 마르합이라는 용사가 지키고 있는 성채를 공격했다. 1주일 동안 공격했으나 성과가 없자 인근 대추야자 나무를 벌목하기 시작했다. 야자나무를 자식과 같이 귀하게 여기는 유대인에게 고통을 안겨주기 위한 것이다. 그러나 이것도 별 성과가 없었다. 그러다가 1주일이 또 지나자 견디다 못한 마르합 진영의 장수들이 성 밖으로 나와 결투를 요청했고 이 결투에서 무함마드 측이 승리함으로써 성을 차지하게 된다.

성을 하나 차지하게 된 무함마드는 본거지를 계곡 안으로 옮겼다. 계곡 안으로 들어온 무함마드군은 용이하게 유대인 성채를 하나씩 점령할 수 있었다. 분산된 유대인은 병력 수에 있어서 열세였고 전리품을 차지하기위해 기를 쓰고 덤벼드는 무함마드 전사들의 상대가 되지 못했다. 마침내 얼마 되지 않아 유대인 성채 전부가 무슬림 손에 들어갔다. 무함마드는 유대인 족장 키나나(Kinana)를 심문하여 감춘 보물의 일부를 찾아냈다. 그러나 키나나는 모진 고문에도 불구하고 금제, 은제 식기, 보석 및 기타 값진 재물에 관해서는 입을 다물었다. 키나나는 목이 잘려 죽었다. 키나나가 죽은 후 무함마드는 그의 17세 된 어린 딸 사피야(Safiya)를 아내로 삼았다. 무함마드는 사피야에게 만일 다른 부인들이 조롱하면 이렇게 대답하라고 했다고 한다. "나의 아버지는 아론이고 삼촌은 모세이다."

예언자 집안의 딸이 다른 예언자와 결혼하는 것은 순리라는 의미일 것이다.

카이바르 전투에서 유대인 93명이 죽고 무슬림 15명이 죽은 것으로 공식 집계되었으나 실제로는 사망자수가 훨씬 더 많았다. 항복 후 집단으로 학살된 사람들이 있었기 때문이다. 전리품은 엄청났다. 지난 6년간 약탈한 모든 전리품을 합친 것보다 더 많았다. 무함마드는 살아남은 카이바르인에게 농장을 관리해줄 것을 제의했다. 처음에는 다른 유대인 부족을 점령했을 때와 같이 추방하려 했으나 과거의 경험이 이를 막았다. 유대 부족을 추방한 뒤 농장 경영을 무슬림에게 맡겼으나 경험과 기술이 없는 이들은 형편없는 수확을 올렸다. 원예 관련 기술이 없었고 관개에 대한 지식도 부족했다. 주로 가주에 의지해 살아가는 메디나인에게 농장을 맡긴 것은 큰 실책이었다. 이런 이유로 무함마드는 카이바르인이 그대로 고향에 남아 농사를 짓게 하고 수확의 절반을 차지하는 선에서 타결했다.

카이바르의 농산물 생산은 엄청났다. 카티바 지역 하나만 하더라도 연 8천 와스크(wasq: 와스크는 낙타 한 마리가 실을 수 있는 분량으로 약 2백 킬로그램에 해당), 즉 1,600톤의 대추야자를 생산할 수 있었다. 이 지역에서는 또 연 3천 와스크의 보리를 생산했다. 무함마드는 그의 가족과 측근들에게 풍성한 전리품을 하사했다. 부인들은 각각 연 80 와스크의 대추야자와 20 와스크의 보리를 받았고, 아부 바크르는 연 100 와스크의 대추야자를 받게 되었다. 무함마드의 세력과 부는 점점 더 늘어났다. 카이바르가 함락된 소식이 전해지자 인근 파다크(Fadak)에 있는 유대 부족이 항복해왔다. 조공을 바치는 조건으로 전쟁을 피한 것이다. 그러나 북서쪽 오아시스 와디 알 쿠라에 사는 유대 부족은 항복하지 않았다. 무함마드군은 이 부족을 무력으로 점령했다.

메카 입성

후다이비야 조약으로 편하게 카이바르를 점령한 무함마드는 다시 관심을 메카로 돌렸다. 조약 규정에 따라 1년 후인 629년 3월 메카를 방문했다. 쿠라이시는 도시를 비워주었고 무슬림은 질서 정연하게 시내로 들어왔다. 쿠라이시는 인근 높은 언덕에서 이들의 입성을 지켜보았다. 무함마드는 순례복을 입은 2천 명의 추종자를 대동했으나 암살을 우려해 마슬라마를 지휘관으로 한 100명의 기마병을 별도로 파견했다. 이들의 임무는 집결지의 안전을 확보하는 것이다. 중무장을 한 무함마드 일행이 다가오는 것을 본 메카 측은 사신을 보내 조약 규정을 준수할 것을 요구했다. 무함마드는 규정 준수를 약속하면서 무기는 상대방이 조약을 위반하는 경우에 대비한 것이라고 응답했다. 무함마드는 메카의 북쪽 길을 따라 성전으로 향했다. 이곳은 그의 아내 카디자, 첫째 아들 카심 그리고 조부 압둘 무탈립이 묻혀 있는 곳이다.

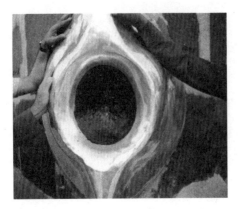

카바 신전에 있는 검은 돌Black Stone (사진.lord furkan38)

7년 만에 다시 돌아왔으니 감회가 새롭지 않을 리 없다. 멀리 히라 산을 바라보니 20년 전 처음 계시를 받던 순간이 떠올랐다. 시내로 들어서자 추종자들은 인간 방패를 만들어 그를 보호했다. 낙타를 타고 카바 신전으로 입성할 때 추종자들은 양측으로 도열해 경의를 표했다. 그는 신전 주위를 일곱 번 돈 후 검은 돌에 입을 맞추었다.

그 후 무함마드는 사파(Safa) 언덕과 마르와(Marwah) 언덕 사이를 왕복했다. 전승에 의하면, 아브라함 곁을 떠나 아들 이스마일을 데리고 이곳에 온 하갈은 물을 찾기 위해 두 언덕 사이를 부지런히 왕래해야 했다. 무함마드는 이를 기념한 것이다. 무함마드는 아브라함의 큰아들 이스마일과 그의 어머니 하갈이 팔레스타인에서 메카로 내려오는 이야기를 만들었다. 이스마일을 통해 민족이 시작되었고 혈통이 무함마드에게로 연결되었다. 무함마드는 아브라함의 직손이며 아브라함은 유대인도 기독교인도 아니다. 그는 유일신을 믿은 최초의 사람일 뿐이다. 무함마드는 알라신으로부터 아브라함의 진실한 믿음을

전파하라는 명을 받았다고 한다. 무함마드는 자신이 창조한 종교의 영웅이 되었다. 전승에 의하면

"이스마일과 하갈은 메카의 황량한 계곡에서 물이 없는 곤경에 처했다. 하갈이 갈증으로 고통을 겪었는데 이스마일이 막대기로 땅을 내리치자 물이 쏟아져 나왔다. 그 뒤 아브라함이 이곳에 와서 이스마일과 함께 신전을 세웠

순례객들이 카바 신전 동쪽 코너에 있는 검은 돌(Black Stone)을 만지기 위해 거칠게 밀치고 있다(사진. 오마르 차트리왈라Omar chartriwala)

다. 신전의 높이가 점점 올라가자 아브라함은 큰 바위 위에 서서 이스마일에게 필요한 돌을 건네주었다. 무함마드는 아브라함이 서 있었다는 곳을 'The Station of Abraham(아브라함의 기지基地)'으로 불렀다."

모든 의식을 마치고 무함마드는 준비해온 동물을 희생제로 올렸다. 메카인의 반대에도 불구하고 무함마드는 또 하나의 의식을 감행했다. 과거 우마이야 칼라프의 노예였던 부하 빌랄로 하여금 성전의

지붕으로 올라가 예배를 알리는 낭송을 하도록 한 것이다. 빌랄은 카바 신전의 지붕 위에 올라가 엄청나게 큰 소리로 '알라후 아크바르'를 외치며 예배 시간이 되었음을 알렸다. 이러한 행동은 메카의 심기를 건드렸으나 뾰족이 대응할 방법이 없었다. 이슬람 신도들은 모두 신전 앞에 모여 예배를 드리고 한 목소리로 코란을 암송했다. 이제 무함마드는 메카의 신전을 정복한 것이다.

메카 순례 동안 무함마드는 또 한 명의 아내를 얻었다. 마이무나(Maymuna)는 몇 년 전 무함마드와 결혼한 뒤 곧 사망했던 쿠자이나의 딸 자이납의 배다른 자매였다. 그녀는 무함마드의 삼촌 압바스의 부인과 자매 관계이기도 했다. 마이무나와 결혼식을 치르느라 조약에 규정된 기간보다 사흘을 초과했기 때문에 속히 메카를 떠나라는 재촉을 받아야 했다. 무함마드는 평화롭게 머물다가 메디나로 돌아왔다. 마이무나보다 조금 앞서 얻은 부인도 있었다. 아부 수피얀의 딸 라믈라(Ramlah: Umm Habibah)이다. 라믈라는 일찍 개종하여 남편과 함께 아비시니아로 피신했었는데 남편이 죽은 후 무함마드가 청혼하여 부인이 된 것이다. 그녀는 숙적 아부 수피얀의 딸이기 때문에 이 결혼은 다분히 정략적이었다.

지하드와 늘어나는 개종자

무함마드는 추종자들을 전쟁터로 보내기 위해 강력한 수단을 필요로 했다. 이것이 지하드이다. 카이바르 전투 때 아비시니아 출신의 한

무함마드가 부라크를 타고 지옥불을 찾고 있다.(작자 미상, 15세기 추정)

흑인 목동은 충성 서약을 한 후 나가 싸우다 바로 죽었다. 아직 예배에도 참가한 적이 없는 초보 신도였다. 무함마드는 그가 천국으로 인도되었다고 증언했다. 환상 속에서 그가 아리따운 여인들과 함께 있는 모습을 보았다는 것이다. 무함마드가 전투에서 죽은 자에 대해 약속하는 보상은 보통 아름다운 여성 또는 천국의 재물 등이다. 그러나 '당근'보다 더 강력한 무기는 '채찍'인 지옥불(Hellfire)이었다.

"전쟁에 나가기를 거부하는 자는 위선자로써 거짓 신도이다. 이들에게는 지옥불이 준비되어 있다. 진정한 신자라면 믿음을 증명해라. 알라신을 사랑함을 증명해라. 전투에 나가서 죽는 것은 아름다운 일이다. 신은 이들의 선한 행위를 알고 있다. 천국이 보장되어 있다."

이렇게 말하면서 군중에게 무엇을 해야 하느냐고 물으면 모든 사람이 '지하드, 지하드'를 외쳐댔다. 군중들은 천국에 가는 가장 확실한 방법이 지하드라고 점차 믿게 되었다.

이슬람교는 신도가 경건하다는 이유만으로 무덤의 평화를 보장하지는 않는다. 결정은 오직 알라신에게 달려 있다. 신은 신도의 선행을 고려하겠지만 어떤 심판을 내릴지 알 수 없다. 확실한 방법은 지하드의 부름을 받아 싸우다 순교하는 것이다.

자이드의 아들 오사마가 개종한 포로를 살해한 일을 놓고 무함마드는 심하게 꾸짖었다. 오사마는 포로가 살기 위해 거짓으로 개종한 척 했기 때문이라고 변명했다. 그러자 무함마드는 이렇게 말했다.

"약탈, 습격, 살해의 모든 목적은 사람을 공포에 몰아넣어 개종하거나 세금을 바치는 자로 만들기 위한 것이다. 복종은 우리의 승리를 의미한다. 복종한 자를 죽여서는 안 된다. 누구든지 믿음 선언을 하면 복종한 사람으로 간주되어 샤하다의 보호를 받게 된다."

오사마는 앞으로는 믿음 선언한 자를 죽이지 않겠다고 맹세했다. 카이바르 점령 후 무함마드의 세력은 엄청나게 커졌다. 카이바르의 재물과 종속세로부터 나오는 수입이 크게 늘어 많은 무기와 말을 구입했다. 믿는 자는 천국행이고 믿지 않는 자는 지옥행이라는 다소 공포스러운 그의 전략이 주효하여 이곳저곳에서 많은 개종자가 모여들었다. 너무 많은 사람이 메카로부터 몰려왔기 때문에 이들을 다시 메카로 돌려보낸다는 평화조약의 규정은 무용지물이 되었다.

두 명의 중요한 개종자가 메디나에 나타났다. 우흐드에서 무함마드의 군대를 격파했던 왈리드의 아들 칼리드와 떠오르는 군사지도자 아므르 알 아스(Amr al-As)가 찾아온 것이다. 이들은 메카가 카이바르와 같은 운명에 처하기 전에 개종하는 것이 현명하다는 계산을 하고 있었다. 아랍인 포교가 대성공을 거두자 무함마드는 이제 이슬람을 아라비아 반도 밖으로 전파하기 시작했다.

"모든 예언자는 동족을 지키기 위해 온다. 그러나 나는 모든 인류를 위해 왔다."

비잔틴, 페르시아, 이집트, 아비시니아, 가싸니드(Ghassanids) 등에 사신을 파견했다. 무함마드의 편지를 받은 페르시아 황제는 분노가 치밀어 속국인 예멘에게 무함마드를 죽이라는 명령을 내렸다. 비잔틴 황제 헤라클리우스는 무함마드의 정체를 파악하기 위해 히자즈로부터 온 30여 명의 아랍인을 데려오도록 했는데 그중 아부 수피얀도 끼어있었다. 마침 무역일로 가자에 왔다가 황제의 부름을 받은 것 같은데 좋은 말을 했을 리는 없다.

무함마드와 친분이 있었던 아비시니아 왕 외에 편지에 대해 긍정적인 반응을 보인 사람은 이집트 총독이다. 그는 감사 편지와 함께 2명의 여자 노예와 1명의 거세된 흑인 노예를 선물로 보냈다. 무함마드는 재차 사신을 시리아에 보냈는데 사해 동쪽 무타(Mutah)라는 곳에서 가싸니드 총독 슈라흐빌에 의해 살해되었다. 이에 대한 복수로 무함마드는 자이드, 자파르(알리의 형), 라와하 등을 지휘관으로 하여 3천여 명의 군대를 동원했다. 그러나 무타 전투는 무함마드군의 패배로 끝났고 자이드, 자파르, 라와하가 모두 사망했다. 이 소식을 들은 무함마드는 눈물을 흘리며 죽은 장군들이 모두 천국으로 들어갔다는 환상을 증언했다.

메카 정복과 세력 확장

후다이비야 조약 체결 후 무함마드는 자신이 원하는 부족들을 이슬람 진영으로 끌어들였다. 과거부터 메카를 지지했던 베두인들은 아직 메카 편으로 남았으나 불만을 가진 베두인은 대부분 무함마드 편으로 전향했다. 조약 체결 후 1년 반이 지났을 때 메카 측의 한 베두인이 개종자에게 무함마드를 모욕하는 말을 했다가 심하게 두들겨 맞는 사건이 발생했다. 이 사건으로 인해 629년 11월 메카 측인 바드르(Badr)족과 무함마드 측인 쿠자(Khuza)족 간에 전쟁이 벌어지자 메카 측은 동맹부족에게 무기를 제공했다. 이 전쟁에서 많은 사람이 죽었는데 대부분 무함마드 측 베두인들이었다. 베두인이 메카의 개입 사실을 고함으로써 무함마드는 조약 위반을 구실로 메카를 공격할 수 있게 되었다.

드디어 메카와 메디나 간에는 전운이 감돌았다. 사프완과 이크리마 등 강경파는 위험을 무릅쓰고 호전적인 입장을 고수했으나 아부

수피얀은 더 이상 전쟁을 원하지 않았다. 승산이 낮기 때문이다. 메카
는 아부 수피얀을 메디나에 사신으로 보내 조약이 지속되기 원한다는
메시지를 전달했다. 그러나 무함마드로부터 아무 언질이 없자 아부
수피얀은 측근을 통해 그를 설득하려 했다. 아부 수피얀은 먼저 딸 라
믈라에게 도움을 청했으나 거절당하자 아부 바크르, 우마르, 우스만,
알리, 파티마 등을 차례로 접근해 도움을 요청했다. 그러나 모두 거절
당했다. 빈손으로 돌아온 아부 수피얀에게 메카 측 반응은 냉랭했다.
이들은 아부 수피얀이 비밀리에 개종했다는 첩보를 입수하고 있었다.
심지어 아내 힌드까지 그를 의심했다. 아부 수피얀은 머리를 깎고 제
단에서 희생제를 드리고 공식적으로 다신교를 위해 죽겠다는 맹세를
한 후 겨우 곤경에서 빠져나올 수 있었다.

한편 무함마드는 메카를 공격키로 결심했다. 베두인 사건이 조약
을 파기할 수 있는 절호의 기회를 제공했기 때문이다. 메카는 상징적,
전략적으로 매우 중요한 곳이며 무엇보다 그의 고향이다. 그는 권력
을 따라 움직이는 아랍인의 기질을 잘 알고 있었다. 메카를 점령할 경
우 아라비아 반도 내 모든 사람이 이슬람으로 개종할 것으로 생각했
다. 메카에게 대비할 기회를 주지 않기 위해 은밀히 공격 계획을 진행
했다. 이 계획을 알고 있는 사람은 극소수에 불과했고, 비밀을 유지하
기 위해 메디나 밖으로 나가는 모든 사람을 통제했다.

메디나인, 메카인 그리고 베두인 등으로 1만 명의 대군을 동원했
다. 메카가 눈치 채지 못하도록 군대의 일부를 메디나 북쪽으로 보내

그곳에 있는 부족을 공격하는 성동격서(聲東擊西) 작전을 구사했다. 이윽고 무함마드군이 메카 쪽으로 다가오자 메카인, 타이프인 그리고 하와진 부족(Hawazins)들이 긴장하기 시작했다. 무함마드군이 메카의 동쪽을 향해 진군했기 때문에 공격 목표가 어느 부족인지 불분명했다. 무함마드는 메카 측 첩자를 생포해 그로부터 아부 수피얀이 겁을 먹고 있다는 첩보를 입수했다. 그날 저녁 무함마드는 모든 병사에게 각자 모닥불을 피우도록 지시했다. 멀리서 바라보면 엄청난 대군처럼 보였다. 또한 무함마드는 삼촌 압바스를 통해 메카에게 항복할 것을 요구했다. 압바스가 아부 수피얀을 무함마드에게 데려오자 그는 이렇게 말했다.

"이제 내가 신의 사도라는 사실을 인정할 때가 되지 않았는가?"

무함마드는 그를 잘 지키고 있다가 아침에 다시 데리고 올 것을 명했다. 그날 밤 압바스는 아부 수피얀을 설득했다.

"저항은 무의미하다. 무함마드가 메카를 공격할 경우 저항한 모든 사람을 죽이고 여자와 아이들은 노예가 될 것이다. 이제 이슬람으로 개종하는 것만이 살 수 있는 유일한 길이다."

아부 수피얀은 알라신을 믿는 것은 문제없지만 솔직히 무함마드를 사도로 받아들이기는 어렵다고 말했다. 다음 날 아침, 무함마드는 다시 한 번 자신을 신의 사도로 인정하라고 요구했다. 궁지에 몰린 아부 수피얀은 후회가 막심했다.

"무함마드는 메카를 갈기갈기 찢어놓은 장본인이다. 그로 인해 아버지와 아들, 형제와 형제, 삼촌과 조카, 사촌과 사촌이 원수가 되었다. 메카는 하세미트 가문과 전쟁을 피하기 위해 그를 살려두었는데 전쟁을 하더라도 그때 그를 죽이는 것이 옳았다. 그랬더라면 바드르, 우후드, 참호전쟁 등도 없었을 것이고 지금 메카를 둘러싸고 있는 이슬람 대군의 침입도 없었을 것이다. 자신의 첫째 아들 한잘라, 장인과 처남인 우트바 라비아와 왈리드, 친구이자 동업자인 우마이야 칼라프, 우크바 무아이트, 아불 하캄 등도 모두 살아 있었을 것이다. 메카인은 평화롭게 조상의 종교를 지키며 살아갔을 것이다."

이런 생각을 하니 기가 막혔다. 무함마드의 눈을 본 아부 수피얀은 이제 시간이 얼마 남지 않았음을 깨달았다. 무함마드가 신호만 보내면 당장 그의 목이 잘릴 판이다. 우마르는 거침없이 그의 목을 칠 것이다. 죽음 앞에 직면한 아부 수피얀은 무함마드의 손을 잡았다.

"세상에는 신이 한 분밖에 없고 당신이 신의 사자임을 인정한다." 무함마드는 미소를 지었다. 그는 아부 수피얀이 진심으로 이 말을 한 것이 아님을 알고 있었다. 그러나 이는 별 문제가 아니고 입으로 이슬람의 기본 계율을 인정하는 것이 중요한데 숙적 아부 수피얀이 마침내 그렇게 말한 것이다. 무함마드는 아부 수피얀을 산 위로 데려가 이슬람군의 위용을 눈으로 보게 한 후 메카로 돌려보냈다. 아부 수피얀은 신도들이 무함마드를 숭배하는 모습을 보면서 느낀 바가 많았다. 무함마드에게는 특별한 능력이 있었다. 능숙한 언변, 사람을 끌어당기는 힘, 타인이 그의 말을 받아들이도록 하는 능력, 환상을 말하고 이를 동경하도록 하는 능력 등 마술사와도 같은 능력을 가지고 있었다. 아부 수피얀은 메카인에게 집밖으로 나오지 말고 집안에 머물러 있으라고 말했다. 무함마드가 집안에 있는 사람은 해치지 않겠다고 약속했기 때문이다. 대부분은 그의 말에 따라 집안에 머물렀으나 몇 사람은 싸울 준비를 했다. 사프완, 이크리마, 수하일 등은 병력을 모아 무장시킨 뒤 전투 준비를 했다.

마침내 무함마드군이 입성했다. 무함마드는 거리가 텅 비어있는 것을 보고 만족했다. 저항하는 자들은 모두 죽일 것이나, 저항하지 않는 자는 죽이지 말라는 명령을 내렸다. 꼭 죽여야 할 10명의 명단도 발표했다. 6명의 남성과 4명의 여성으로 구성된 이 명단에는 무함마드를 공격하고 괴롭혔던 자와 배교자들이 포함되어 있었는데 아부 수피얀의 부인 힌드도 있었다. 많은 메카인이 목숨을 보전하기 위해 개종하고 샤하다를 낭송함으로써 보호 우산 밑으로 들어갔다. 힌드는 방에 숨어 남편의 보호를 받고 있다가 마지막 순간에 개종함으로써 간신히 목숨을 구했다. 아불 하캄의 아들 이크리마와 사우다의 전 시동생 수하일도 개종하여 생존했다. 이들이 목숨을 부지할 수 있었던 것은 죽이는 것보다 살려두는 것이 더 유익하다는 무함마드의 전략적 판단 때문이었다. 예언자의 환상과 계시를 사기로 규정한 서기관 압둘라 사흐르는 일차적인 제거 대상이었다. 그는 젖형제인 우스만을 찾아가 목숨을 구걸했고 그의 간청으로 간신히 구제되었다. 사흐르는 무함마드에게 자신의 행동을 사죄하고 충성을 맹세했다.

우상과 신당 파괴

신전으로 들어간 무함마드는 모든 우상을 파괴했다. 이후 두 차례에 걸쳐 예배를 드린 후 메카인을 소집하여 새 시대가 열렸음을 선포했다.

"신의 전당에 아무 것이나 갖다 놓고 우상으로 숭배하던 시대는 끝났다. 카바 신전은 알라신의 것이다. 메카는 신의 성지로서 심판 날까지 남게 될 것이다."

그는 이제부터 메카인은 신이 내린 법과 규칙을 준수해야 한다고 선언했다. 신도는 신이 예언자를 통해 계시한 법을 준수할 의무가 있다는 것이다.

"메카인이 이슬람으로 개종하면 자유를 얻을 것이나 그렇지 않으면 생명과 재산을 잃게 될 것이다."

무함마드는 메카를 손에 넣은 후 카바 신전을 알라의 전당으로 만들었다. 무함마드는 메카에 약 3주 동안 머물렀다. 그 무렵 무함마드는 이슬람법을 거의 완성하고 있었다. 신으로부터 계시 받았다는 이 법은 당시 히자즈에서 통용되는 관습을 흡수하여 무슬림의 모든 생활을 규율하는 포괄적인 법이다. 무함마드는 법관을 임명하여 법을 어기는 자를 응징토록 했다. 이후에는 이방신의 신당 파괴에 나섰다.

첫 번째 목표는 과거에 자신이 카디자와 함께 숭배했던 알 우짜 여신이다. 칼리드에게 30명의 병력을 주어 메카 동쪽 나클라(Nakhla)에 있는 신당을 파괴하고 이곳을 지키는 여(女)사제를 죽였다. 메카의 군사령관이었던 아므르 알 아스는 과거 아우족과 카즈라지족이 숭배했

카바 신전, 2003년(사진. 알 파삼Al-Fassam)

던 마나트 여신의 신당을 파괴했다. 이 신당은 얌부 남쪽 홍해 연안에 위치하고 있었다. 무함마드는 메카 시민에게 모든 우상을 집밖으로 가지고 나오도록 명령한 후 나오는 대로 이들을 파괴했다. 무함마드는 또한 메카 주변의 베두인 부족에 군대를 보내 개종토록 했으며 거부하는 자는 살해했다. 바로 이때 대규모 군대가 무함마드에 대한 공격을 준비하고 있었다. 이라크와 페르시아 만으로 향하는 대상로에 위치한 하와진(Hawazins)과 타키프(Thaqifs) 족이었다. 그들은 무함마드가 메카에 입성하여 우상을 파괴했다는 소문을 들었다. 이들 역시 우상을 숭배하고 있었으므로 다음 목표는 자신이 될 것으로 생각했다. 이들은 먼저 공격하기로 결심했다. 두 부족은 하와진 족장 말리크 아우프(Malik Awf)의 지휘 아래 모였다. 30세에 불과했지만 용맹함과 뛰어난 언변으로 명성이 높은 아우프는 타이프의 부족들에게도 무함마드와의 전투에 가담할 것을 요청했다.

아우프는 여자 및 아이들과 함께 부족의 전 재산을 모아놓고 병력을 그 앞에 배치했다. 만일 패하면 그들이 가진 모든 것이 송두리째 날아가는 것이다. 무함마드는 메디나군 1만 명과 함께 메카에서 자신에게 충성을 맹세한 2천 명의 군대를 동원했다. 메카군의 지휘는 아부 수피얀에게 맡겼다. 양측은 후나인(Hunayn) 계곡에서 맞붙었다. 무함마드군이 먼저 공격을 개시했다. 무함마드는 이집트 통치자로부터 선물로 받은 흰 노새를 타고 앞장서서 지휘했다.

아우프는 계곡 양측에 군사를 매복시켰다. 궁수들이 계곡 위에서 활을 쏘며 공격하자 이어 수백 명의 기병이 계곡 양편에서 쏟아져 나왔다. 지금까지 뒤편에서 전투를 지켜보기만 했던 무함마드는 이 전투에서 처음으로 앞에 나서 직접 칼을 들고 싸웠다. 수세에 몰리던 무함마드군은 압바스가 우렁찬 목소리로 군을 호령하고 칼리드 등 다른 지휘관들이 대열을 정비함으로써 공격으로 전환했다. 기세당당했던 아우프 군이 살 길을 찾아 뿔뿔이 흩어지자 뒤에 남은 6천 명의 부녀자와 아이들은 포로가 되었다.

무함마드군은 2만 4천 마리의 낙타와 4만 마리의 염소를 노획물로 얻었다. 승리를 거둔 후 무함마드는 타이프를 포위했다. 그러나 견고한 타이프 성을 함락하기는 쉽지 않았다. 한 달여 동안 포위했으나 좀처럼 허점을 발견하지 못했다. 무함마드는 투석기와 파성추(破城槌)를 사용했으나 여의치 않았다. 적은 화살과 뜨겁게 달군 쇠 등으로 강력히 저항했다. 화가 난 무함마드는 포도원의 파괴를 명했다가 측근의 만류로 중단시켰다.

메디나인은 새로 신도가 된 메카인을 무함마드가 특별히 대접하자 불만을 표출했다. 무함마드는 메디나인과 초기에 메디나로 이주한 메카인을 한 자리에 모이게 했다. 무함마드는 장광설을 토했다.

"내가 그대들에게 한 일을 벌써 잊었는가? 처음 왔을 때 그대들은 신을 몰랐으며 서로 싸우고 있었다. 그런 너희들을 신에게 이끌고 서로 단결하게 했으며 가주를 통해 부유하게 만들어주었다. 내가 메카인을 특별히 대접한 것은 아직 초신자(初信者)라 믿음이 약하기 때문이다. 믿음이 굳건해질 때까지는 특별히 대해줘야 하지 않겠는가?"

연설이 끝난 후 무함마드는 바레인을 정복한 후에 모든 전리품을 메디나인에게만 나누어 줄 것을 약속했다. 그동안 그를 충실히 따라준 메디나인에게 감사를 표했다. 그가 추방자 신세였을 때 메디나가 베푼 은혜를 절대 잊지 않을 것이며, 앞으로 남은 생을 메디나에서 마치겠다고 약속했다. 그리고 그들이 죽어서 천국에 왔을 때 사나(예멘의 수도)와 오만 사이의 거리만큼 넓은 '큰 연못(Great Pond)'에서 그들을 맞이하겠다고 약속했다. 심판 받기 위해 신 앞에 섰을 때 그들을 옹호하고 대변할 것이며 아들, 손자 모두 대대로 신의 축복을 받게 될 것이라고 했다. 무함마드의 연설에 감동한 메디나인은 연설이 끝나기도 전에 수염이 축축이 젖도록 소리 내어 울었다.

　무함마드의 승리는 계속되었다. 2개월 남짓한 기간에 메카와 인근 부족을 정복하고 개종시켰으며 하와진 족 전체가 개종했다. 그동안 메카 인근지역의 우상은 대부분 파괴되었다. 목숨을 건지기 위해 피신했던 사람들이 돌아와 용서를 구하고 무슬림으로 전향했다. 무함마드는 용서를 구하는 모든 사람에게 자비를 베풀었다. 1년이 되지 않아 타이프가 항복했다. 산악지대의 철옹성이었던 타이프는 주변 모두가 이슬람으로 개종하자 섬과 같은 존재로 남았다. 과거에 동맹관계였던 하와진에게 자주 침공당하면서 개종하지 않으면 생존이 어렵게 되자 항복한 것이다.

아라비아 반도의 통치자

'부인 길들이기' 사건이 마무리된 후 무함마드는 총동원령을 내렸다. 비잔틴이 아랍 동맹부족들과 함께 메디나에 쳐들어올 것이라는 첩보 때문이었다. 가싸니드, 주드하미스, 라크미드 등 모든 친 기독교적 아랍 부족들이 로마의 깃발 아래 모였다. 무함마드는 비잔틴을 선제공격하기 위해 전례 없이 대규모 병력을 동원코자 했다. 지하드의 당위성을 외치는 문구를 추가적으로 만들고 측근들에게 군비지원금을 내놓도록 지시했다. 그러나 메디나인의 반응은 미온적이었다. 한 여름에 사막을 횡단하여 650킬로미터나 떨어진 시리아로 진격할 마음이 없는 것이다. 온갖 핑계를 대며 가급적이면 모병에 참여하지 않으려했다. 무함마드는 메디나인의 마음이 점차 떠나가고 있음을 느꼈다. 메카와 후나인을 정복한 후 급작스럽게 이러한 현상이 생겼는데 발단은 전리품의 분배에 있었다. 메디나인은 용감히 싸웠으나 돌아온 것은 부스러기에 불과했다. 무함마드는 최상의 전리품을 메카인에게 분배했고 다음으로는 하와진족이었다. 불만에 찬 메디나인을 무마하기 위해 바레인 공격 시 얻은 전리품 전부를 하사하겠다고 약속했으나 메디나로 돌아온 후에는 더 이상 언급이 없었다.

이유는 또 있었다. 이슬람 세력이 커지면서 많은 사람이 메디나로 몰려들었는데 농업 생산은 오히려 감소했다. 대규모 농장을 경영했던 유대 부족들이 쫓겨나거나 학살당한 후 농장을 주로 메카인에게 나누어주었는데 그들은 경험이 없고 육체노동을 혐오하는 사람들이었다. 그 결과 농작물 소출이 감소되어 메디나 주민은 식량 부족에 시달렸다.

무함마드는 비잔틴에게 승리함으로써 사기를 진작시키고 주민들을 만족시킬만한 전리품을 얻으려 했다. 이것으로 민심의 동요를 막을 수 있을 것으로 생각했다. 그러나 3만 대군을 이끌고 출발한 원정은 실패로 끝났다. 무함마드군은 시리아 영토에 들어가지 않았고 약 500킬로미터 정도 떨어진 타북(Tabuk) 오아시스에서 열흘 동안 머무르다가 돌아왔다. 따라서 비잔틴과의 전쟁은 없었고 아무런 전리품도 얻지 못했다. 왜 무함마드가 비잔틴 영토로 들어가지 않았는지 자세한 이유는 알 수 없지만, 사막의 열기로 인해 병사들이 탈진한데다 공격 목표가 너무 멀리 떨어져 있어 포기했던 것 같다. 원정 실패로 무함마드의 위신이 크게 손상되었다. 돌아오는 길에 무함마드를 암살하려는 기도가 있었다. 좁은 산길을 따라 내려오는 도중 누군가 그를 절벽 밑으로 떨어뜨리려 했다.

무함마드 곁에는 가짜 신도들이 많이 있었다. 압둘라 우바이와 같이 이미 밝혀진 사람도 있지만 샤하다의 우산 밑에 숨어있어 정체를 모르는 사람들이 많았다. 무함마드는 가짜 신도들이 모여 있는 것으로 추정되는 한 모스크를 태워버리도록 명했다. 무함마드가 몹시 화가 나서 돌아온다는 소식을 듣고 메디나 주민은 긴장했다. 출정하지 않은 사람들은 자신의 게으름을 반성하면서 무릎을 꿇고 참회기도를 올렸다. 모스크 양편에 신도가 도열해 있는 것을 본 무함마드는 신이 용서하기 전에는 누구도 모스크를 떠날 수 없다고 선언했다. 신도들이 충분히 참회토록 한 뒤 수일 후에야 풀어주었다.

무슬림이 지하드의 부름을 받아 전투에 나가는 것이 충성의 증거였고 그렇지 않으면 불충으로 간주되었다. 무함마드는 36명의 이름을 거명하면서 위선자라고 말했다. 이들은 참회의 눈물을 흘리면서 용서를 구해야 했다. 이번에도 압둘라 우바이에게는 손을 대지 않았다. 카즈라지족에 대한 영향력 때문이다. 그러나 이 문제는 한 달 후 우바이가 사망함으로써 저절로 해결되었다. 타북 원정으로 비잔틴을 격파하지는 못했으나 북부 아라비아 정복이라는 목표는 이룰 수 있었다. 3년 전 무함마드는 압둘 라흐만을 북쪽으로 보내 기독교 카라반 도시인 두마를 정복했고 이후 타밈(Tamim)족과 타이(Tayyi) 족을 공격하여 굴복시킨 바 있었다. 이제 타북 원정으로 여러 부족들이 추가로 항복해옴에 따라 홍해와 아카바 만 그리고 중북부의 타밈, 타이를 잇는 광대한 지역이 무함마드의 수중으로 들어왔다. 지금까지 주요 수입원은 약탈이었으나 정복지가 넓어지면서 약탈은 점점 줄고 대신 세금이 새로운 수입원으로 등장했다. 자신의 종교를 지키려는 기독교도와 유대교도는 금, 은, 농산물 또는 다른 상품으로 인두세를 바쳤으며, 개종자들은 기부금을 냈다.

무함마드가 632년 사망할 때쯤이면 아라비아 반도의 실질적인 통치자가 되어있었다. 그의 가장 중요한 자산인 이슬람교는 공식적인 종교가 되었고, 진흙으로 지은 원시적인 모스크와 몇 개의 엉성한 주택으로 이루어진 최초의 '알 카에다'는 이슬람의 정치적, 행정적 센터로 변모했다.

제13장
설교와 중보

무함마드의 설교

무함마드는 매우 뛰어난 직관을 가지고 있었다. 그는 빼어난 조종자였다. 인간의 본성을 꿰뚫고 있었고 사람들을 통제하는데 공포가 첫째라는 것을 알고 있었다. 처음에는 소수만이 그를 따르다가 점차 규모가 커졌는데도 무함마드의 통제방식은 같았다. 무함마드의 강점은 자신의 환상을 스스로 믿었다는 점이다. 그는 사람들을 감동시키기에 충분한 빼어난 웅변과 상상력을 가졌다. 무함마드는 때때로 장시간에 걸쳐 공포 학습을 진행했다.

"세상의 종말이 다가왔다. 증거가 도처에서 나타나고 있다. 믿지 않는 자들에게는 지옥불이 기다리고 있다."

이렇게 공포를 한층 불어넣은 후 해법을 제시했다. 코란을 통해 희망을 주는 것이다.

공포와 희망 이것은 무함마드의 세일즈 방식이었다. 한번 공포 학습을 시작하면 밤낮으로 지속되어 사람들은 거의 탈진하고 심리적으로 공황상태에 빠졌다. 무함마드는 신도들을 지옥의 불, 고통스러운 고문 등으로 공포에 사로잡히게 한 후 계속해서 '천국 아니면 지옥'을 선택하도록 몰아붙였다. 그가 가하는 공포가 극에 달하면 사람들은 땅위에서 뒹굴거나 제어할 수 없을 정도로 울었다. 신도들은 고통 속에서도 신의 사자와 함께 있다는 사실로 위안을 얻었다. 예언자의 말에 복종하면 반드시 천국에 갈 수 있을 것으로 믿었다.

무함마드는 스스로가 종말(End Time)에 대한 확신자이자 맹신자였다. 그는 늘 꿈에서 세상의 종말을 보았고 사람들에 대한 심판을 보았다. 천국과 지옥 이것은 그에게 명확히 존재하는 사실이었다. 무함마드는 놀라울 정도로 정력적인 설교자였다. 앞뒤로 왔다 갔다 하면서 검지를 계속 움직이면서 신도들을 노려보았다. 종말이 오고 있다는 증거들을 제시하면서 환상에 사로잡힌 고함으로 설교를 시작했다.

"비참한 전쟁과 학정, 지진 등과 같은 엄청난 자연재해가 땅을 흔든 후 커다란 화재가 일어나 산과 들을 태울 것이다. 이때에는 산 자들이 죽은 자들을 부러워할 것이다. 믿는 자들끼리 싸우고 순례자가 약탈을 당하고 살해될 것이다. 신성한 산에서 싸움이 일어날 것이며 질서가 혼돈에게 무릎을 꿇을 것이다. 이는 예언자의 자손 중에서 이맘 마흐디(Imam Mahdi: 인도된 자)가 나타난다는 징조이다. 마흐디는 40세가 되던 해 메디나에서 출현할 것이다. 그는 이슬람의 희망이다."

무함마드는 메시지를 전달할 때에는 주먹으로 설교단을 치고 지팡

무함마드의 설교 (그리고리 가가린Grigory Gagarin 作)

이로 바닥을 두들겼다. 흥분하면 공중으로 뛰어오르기도 했다. 뒷짐을 진 채 신도들에게 질문이 있으면 말하라고 한 뒤 스스로 질문들에 답하곤 했다.

무함마드는 계속해서 앞으로 일어날 환상의 세계를 계시했다. 다잘(Dajjal: 적그리스도)의 출현, 마흐디의 콘스탄티노플 점령, 예수가 죽지 않고 최후의 만찬에서 하늘로 올라간 것, 예수의 재림과 다잘의 죽음, 예수가 더러운 동물인 돼지를 멸종시킨다는 것, 예수가 마지막 선지자인 무함마드 묘를 방문한 것, 신이 곡(Gog)과 마곡(Magog)의 감옥에서 죄수를 방면한 것, 예수가 기도로 죄수들을 물리친 것, 예수의 통치와 유토피아 시대, 지상에서 40년 간 예수의 머무름, 예수의 결혼과 자녀 출생, 예수가 죽은 후 무함마드 무덤 옆에 묻힌다는 것, 등등 그의 계시는 끝없이 전개되었다.

카바 근처에서 대지진 발생, 무너진 땅으로부터 아랍어를 말하는 신비한 야수의 출현, 사악한 자의 카바 신전 파괴, 코란의 말씀 실종, 신에 대한 믿음 상실, 독재자들에 의한 탄압, 누구도 신의 말씀을 기억하지 못하게 될 때 예멘에서 큰 화재가 발생하며 북상하다가 시리아에서 소멸되는데 이것이 마지막 징표가 된다는 것, 이스라필 천사가 나팔을 불며 나타나 끝이 도달했음을 알린 뒤 바다가 산을 삼키고 산이 갈라지며 하늘이 찢어져 별, 달, 그리고 태양이 부서지게 되는데 이는 부활이 시작되었음을 의미한다는 것, 이후 지금까지 존재했던 모든 사람들이 무덤으로부터 나와 피와 살을 가진 인간으로 재탄생하며 이들은 떨면서 신의 마지막 심판을 기다려야 한다는 것, 이로써 무함마드의 마라톤 설교가 끝났다.

무함마드의 가장 강력한 무기는 시가(詩歌) 형태로 된 계시를 암송하는 것이다.

"신이 내게 이렇게 말씀하셨다. 천사가 내게 이와 같은 신의 메시지를 전했다"라는 공식을 가지고 무함마드는 신의 계시를 계속 암송했다. 그리고 충성스러운 신도들로 하여금 이곳저곳을 다니며 이를 전파하도록 했다. 기억력이 비상한 신도들은 그의 계시를 모두 외웠고 이를 반복적으로 낭송할 수 있었다. 코란의 낭송은 듣는 사람에게 큰 감흥을 줌으로써 많은 사람들이 주저하지 않고 이슬람을 받아들였다.

중보자 무함마드

무함마드에게는 많은 호칭이 붙었다. 친절한 인물(The Kind), 신실한 인물(The Truthful), 사랑받는 자(The Beloved), 선택된 자(The Chosen One), 좋은 소식의 전달자(The Bearer of Good Tidings), 인격화 된 빛(The Light Personified), 빛을 발하는 램프(The Light-giving Lamp) 등이다. 호칭은 점점 진화하여 가주를 통해 세력을 넓히던 시절, 완벽한 인간(The Perfect Man), 최고의 인간(The Best of Mankind), 행동의 모델(The Model of Conduct), 인류에 대한 신의 자비(God's Mercy to Mankind) 등이 추가되었다. 말년에 오면 모으는 사람(The Gatherer)으로 불렸는데 이는 심판 날에 최초로 부활한 뒤 사람들이 심판을 받도록 신 앞으로 인도하는 자를 뜻한다. 무함마드는 심판 날에 중보자(Intercessor) 또는 중보가 허용되는 자(The One Whose Intercession Shall Be Granted)로 등장하는 것이다.

무함마드는 마지막 심판의 날에 그만이 유일한 중보자가 되고 다른 예언자들은 권한을 넘길 것이라고 한다. 신이 다른 예언자보다 우월한 속성을 그에게 부여했기 때문이라는 것이다.

"부활의 날에 신은 '마지막 심판'을 연기할 것이다. 이것은 아담 시대까지 거슬러 올라가는 수많은 사람들에게 혼란을 주기 위한 것이다. 아담 시대 사람들은 자신의 운명을 걱정하며 기다려야 한다. 신이 태양을 지구에 가깝게 하자 사람들은 전에 없이 많은 땀을 흘리게 된다. 심판이 지연되자, 사람들은 신이 화를 낸 것으로 생각하여 아담으로부터 시작하는 예언자들에게 중보를 요청하게 된다. 아담은 금단의 열매를 따먹은 원죄가 있으므로 노아에게 중보를 미루나 거절당하며 이어 아브라함, 모세도 거절한다. 마지막으로 예수에게 요청하나 그는 '무함마드에게 가봐라'라고 말할 것이다. 심판 날에 무함마드는 추종자 전체에 대한 자비를 신에게 요청하며 지옥으로 떨어지게 된 사람까지도 용서를 빈다. 신은 그의 기도를 받아들이나 천국으로 가는 사람의 숫자는 7만 명으로 제한한다. 이들은 하늘로 올라가는 문을 통해 천국으로 들어가게 된다."

무함마드는 천국으로 향하는 다리 밖으로 밀려난 많은 죄인들을 구원한다. 죄인 대부분은 작은 믿음을 가지고는 있으나 삶에서 죄를 많이 지어 처벌이 필요한 사람들이다. 이들은 지옥불(hellfire)에 떨어져 고통을 받아야 하며 그 기간이 짧지 않다. 내세에서의 하루는 현세의 5만 년에 해당한다. 지옥에서 하루만 지내도 그 고통은 엄청나다. 이들의 몸은 숯불로 구워지는데 다 구워지면 다시 재생된다. 모든 몸이 불길에 싸이게 되나 한 부분은 예외인데 그것은 이마이다. 땅에 머리를 부딪치며 기도한 이마 그리고 동전 크기의 기도 자국(prayer marks)은 타지 않는다. 무함마드는 심판일이 오면 신의 보좌 앞에서 부복하여 이들을 위해 간구하겠다고 약속했다. 신은 무함마드의 중보를 들어줘서 천사로 하여금 지옥에서 사람들을 끄집어 낼 것이라고 한다. 천사들이 이들을 생명의 강(River of Life) 속으로 넣으면 인간의 형태로 다시 살아나게 된다. 구원받은 이들은 천국으로 들어가기는 하지만 천국의 가장 낮은 문으로 들어가야 하며 가장 낮은 단계에서 거주해야 한다.

제14장

새로운 시작

무함마드의 죽음

무함마드는 신도들의 집합 장소인 아라파트 언덕 위에 올랐다. 그 아래에는 하얀 옷을 입은 신도들이 모여 있었다. 그는 처음 환상을 본 후 23년간 수많은 시련을 견뎌왔다. 모든 불리한 여건 속에서도 꿋꿋이 자신을 지켰고 모든 적을 물리쳤다. 이제 그의 앞에 4만 명의 신도가 운집해 있었다. 무함마드는 이들에게 설교를 했는데 이를 '작별설교'라고 한다. 이 설교를 마친 수개월 후 그가 죽었기 때문이다. 설교의 내용은 새로운 규칙과 경고의 내용을 알려주고 코란의 새로운 구절을 선보이는 것이었다. 사람들에게 빌려준 돈을 원금만 돌려받도록 하여 이자 징수를 금했다. 다신교 시절에 횡행했던 살인의 경우 피의 대가를 치르는 관행을 금하고 음력의 절기를 태양력에 맞추기 위해 3년마다 한 달을 추가하는 관습을 폐지했다. 예언자는 남녀 간의 관계를 정립했다.

아라파트 산Mount of Arafat. 무함마드가 죽기 전 마지막 설교를 했던 곳. 순례객들은 성지순례 둘째 날에 이곳에서 기도를 한다고 한다(사진 오마르 차트리왈라Omar chatriwala).

"남자들이여, 여자들을 잘 돌보아라. 여자는 집에서 기르는 가축과 같아 자신을 위해서는 아무 것도 소유하지 않는다. 너희들은 신의 도움으로 그들을 취한 것이다. 나는 그대들에게 신의 계시를 전했다. 그리고 그대들이 굳건히 지키면 절대 망하지 않을 것을 선물로 남겼다. 그것은 신의 책(코란)과 예언자의 순나이다."

이것이 그의 마지막 설교였다. 무함마드는 창의성이 뛰어난 천재였다. '전쟁과 평화'와 같은 서사시를 썼고 웅장한 오페라를 작곡할 수도 있었다. 스스로를 자신이 만든 서사시의 주인공으로 삼아 인간과 신을 연결할 수 있는 유일한 인물이 되었다. 달과 태양 등 우상을 숭배하던 메카의 신전을 강력한 일신교의 전당으로 격상시켰다. 모든 창조 작업이 끝나자 무함마드는 다시 메디나로 돌아왔다. 그는 이제 단순히 아라비아 반도의 주인뿐 아니라 신화의 주인공이 되었다. 메카를 평정하고 잡신들의 신전을 알라의 신전으로 바꾼 무함마드는 메디나로 돌아온 지 3개월 후에 숨을 거두었다. 전승에 의하면 이미 자신의 죽음을 예측하고 있었다고 한다.

어느 날 저녁 그는 묘지에서 기도하고 있었다. 이 묘지는 가르카드 정원(Garden of Gharqad)이라는 곳으로 많은 전사자들과 함께 무함마드의 세 딸 자이납, 루카야, 움 쿨숨 그리고 그가 마리아에게서 얻은 아들 이브라힘이 묻혀 있는 곳이다. 나이 육십에 얻은 이브라힘은 태어난 지 16개월 만에 병으로 죽고 말았다. 무함마드는 몹시 피곤해보였다. 끊임없는 전쟁 그리고 잡다한 일들로 인해 많은 스트레스가 쌓였다. 무함마드는 무덤을 향해 큰 소리로 외쳤다. 죽은 자들이 행복하다는 것이다. 망자들은 세상에 살면서 끊임없이 밀려드는 일과 도전 때문에 시달릴 필요가 없다.

모스크로 돌아온 무함마드는 심한 두통에 시달렸다. 그날은 18세 된 부인 아이샤의 방에서 자는 날이다. 무함마드의 두통은 점점 심해져 거의 머리가 터질 지경에 이르렀다. 두통이 며칠간 계속되면서 고열에 시달렸다. 모든 부인을 아이샤의 방으로 불러 모았다. 이제 떠날 때가 된 것을 감지한 무함마드는 그동안 자신이 해를 끼친 사람들에게 사과하고, 그에게 해를 끼친 사람을 신이 용서해주도록 빌었다. 그는 총회의 소집을 명했다. 총회장으로 나가기 전 하프사가 가지고 온 욕조 안에 앉아있었고 부인들이 연신 그의 몸에 찬 물을 끼얹었다. 단상으로 나온 무함마드는 말했다.

"신도들이여, 그대들의 권리는 숭고하다. 내가 누군가의 등을 때린 적이 있다면 그로 하여금 나의 등을 때리게 하라."

그의 말은 온건했고 자비로운 모습이었다. 우후드 전투 때 명령을 거역함으로써 메카에게 승리를 안겨준 궁수들을 용서해주라는 기도를 드렸고, 아부 바크르를 신뢰할만한 동지로 칭찬했다. 이어서 누구든지 자기에게 빚을 받을 사람이 있으면 말하도록 했다. 그러자 한 남자가 일어서더니 3 디람의 빚이 있다고 말했다.

"몇 년 전 한 거지가 지나갈 때 예언자께서 돈을 주라고 해서 3 디람을 내준 적이 있습니다." 무함마드는 즉시 돈을 지급했다. 이때 두통이 다시 엄습했다. 무함마드는 아이샤의 방으로 옮겨졌다. 중론은 무함마드가 늑막염에 걸렸다는 것이다. 부인들은 강제로 그의 입을 벌리고 아비시니아 의사가 조제한 약을 먹였다.

무함마드는 자신의 병이 카이바르에서 남편과 친척을 잃은 한 유대인 여자가 가져온 음식 속에 든 독약 때문이라고 말했다.

"나는 카이바르에서 먹은 음식으로 인해 아직까지 고통을 받고 있다."

무함마드의 병은 거의 2주 동안 지속되었다. 그는 온 힘을 다하여 하루 5번씩 예배를 주관했으나 마지막이 다가오자 아부 바크르에게 예배를 맡겼다. 신도들은 그가 아부 바크르를 후계자로 삼고자 하는 것으로 생각했다. 그러나 아이샤는 아버지를 적절한 후계자로 생각하지 않았다. 아부 바크르는 무함마드의 상태를 보고 계속 울었다. 코란의 구절을 암송할 때마다 울음을 터뜨리다가 정신을 차리고 감정을 억제하곤 했다.

무함마드는 월요일 정오에 숨을 거두었다. 그날은 모처럼 무함마드의 컨디션이 좋은 날이었다. 사흘 동안 줄곧 병석에 누워있던 무함마드는 새벽에 일어나 커튼을 열었다. 수많은 신도들이 아부 바크르의 인도로 예배를 드리기 위해 가지런히 정렬해 있는 모습을 보고 미소를 지었다. 무함마드의 상태가 너무 좋았기 때문에 아부 바크르는 이제 그가 병석을 박차고 일어나려는 것으로 생각했다. 그러나 아침이 지나자 갑자기 상태가 나빠지면서 고통에 시달렸다. 무함마드는 머리를 아이샤의 가슴에 기댄 채 침대에 누워 있었다. 측근과 가족이 그를 둘러쌌다. 파티마, 압바스, 압바스의 아들들, 아이샤의 이복형제 압둘라, 무함마드의 다른 부인들, 오래된 하인과 시종들이 방에 모였다. 무함마드는 예언자의 몸은 썩지 않을 것이라고 말했다. 자신의 몸을 가까운 친족 남자가 씻도록 명했으며 수의는 평상시 옷을 입히거나 아니면 예멘 식 옷 또는 이집트의 흰 옷을 입히도록 했다.

"내 몸을 씻겨 방부 처리하고 수의를 입힌 후 무덤의 가장자리에 잠시 놔두어라. 나를 위해 기도하는 첫 번째 인물은 나의 동료이자 친구인 가브리엘과 미카일이니라. 그 다음에는 죽음의 천사 이스라필이

다른 천사들과 함께 나를 위해 기도할 것이다."

무함마드는 몇 마디 말을 더 남긴 후 아이샤의 품안에서 숨을 거두었다. 아이샤와 다른 여인들은 가슴을 치고 얼굴을 때리며 슬퍼했으나 울음이 밖으로 새나가지 않도록 조심했다. 무함마드가 이를 금했기 때문이다. 무함마드가 사망했을 때 아부 바크르는 곁에 없었다. 소식을 듣고 달려온 아부 바크르는 덮어놓은 천을 벗기고 무함마드의 볼에 입을 맞추며 속삭이듯이 말했다.

"당신은 얼마나 축복받은 생을 보냈으며 죽음도 얼마나 아름답게 맞이하였는가!"

코란에서는 무함마드의 죽음을 이렇게 기술하고 있다.

"무함마드는 지금까지 이 세상에 온 수많은 예언자 중 한 사람에 불과하다. 이들 모두 세상에 왔다가 조용히 떠났다."

무슬림은 코란의 말씀대로 무함마드의 죽음을 담담히 받아들였고 소박하게 장례를 치렀다.

무함마드가 죽었다는 소문이 곧 퍼졌다. 고집 센 우마르는 이를 낭설로 치부하고 모세가 사라진 지 40일 후에 다시 돌아왔듯이 무함마드도 돌아올 것이라고 주장했다. 우마르는 낭설을 퍼뜨리는 자는 죽이겠다고 협박했다. 아부 바크르가 아무리 우마르를 설득해도 듣지 않자 그는 독자적으로 무함마드의 죽음을 발표했다.

초대 칼리프 선출

무함마드가 죽기 몇 주 전부터 이미 권력 투쟁은 시작되었다. 무함마드는 19세 된 자이드의 아들 오사마를 시리아 원정사령관으로 임명한 후 측근들에게 그를 수행토록 지시했으나 지켜지지 않았다. 그들이 노예 출신이었던 사람의 아들 명령에 따를 생각은 전혀 없었기 때문이다. 결국 오사마의 군대는 메디나를 떠나지 못했다. 우마르를 비롯한 측근들은 오사마를 따라 떠남으로써 중요한 순간에 배제되는 것을 원치 않았다. 그들은 고의적으로 출발을 지연시켰다.

무함마드가 사망할 당시 세 개의 파벌이 형성되었다. 메카측은 두 개의 캠프로 나뉘었다. 첫째는 알리를 후계자로 내세우는 파이다. 알리는 무함마드의 친족일 뿐 아니라 두 아들 하산과 후세인을 통해 무함마드의 혈통이 이어지고 있다. 주바이르를 비롯한 많은 메카 출신이 알리파였다. 이들은 무함마드의 혈통인 하세미트 가문이 예언자를 승계해야 한다고 주장했다. 다른 파벌은 아부 바크르와 우마르를 포함한 메카의 비(非) 하세미트 가문이 주도했다. 이들은 예언자의 이념을 충실히 수행할 수 있는 원로가 이슬람 합의체에서 후계자로 선출되어야 한다고 주장했다. 아이샤는 이 그룹을 적극 지지했다. 아버지가 이 그룹에 속해있기도 했지만 과거에 그녀의 정절에 관한 논란이 일었을 때 알리가 자신을 지지하지 않기 때문이다. 세 번째 그룹은 초기 메디나 신자인 안사르(Ansars)이다. 이들은 10여 년 전 자신의 고향으로 이주해 와서 주도권을 빼앗아 간 메카인을 혐오했다. 굴러들어온 돌인 메카인이 자기들을 제치고 박힌 돌이 되었다고 생각했다.

메디나 그룹이 먼저 움직였다. 이들은 아우족과 카즈라지족의 연합회의를 개최했다. 안사르는 자기가 무함마드를 도와 이슬람을 발전시킨 주역이므로 승계권을 가진다고 주장했으며, 만일 계승자가 메카 쪽에서 나올 경우 권력을 나눌 것을 요구했다. 아부 바크르가 나섰다. 그는 안사르의 역할을 인정하면서도 아랍인은 무함마드의 출신부족인 쿠라이시의 권위만을 인정한다는 점을 지적했다. 세 그룹 모두 자신의 주장만을 고집하여 자칫 내전이 발생할 우려까지 있었으나 이슬람의 장래를 생각해야 한다는 원로들의 충언에 따라 마침내 타협이 이루어졌다.

우마르가 아부 바크르를 계승자로 추대했다. 아부 바크르는 메카로부터의 탈출을 주도한 무함마드의 특별한 동료였다. 그는 늘 무함마드와 함께 했으며 충성스러운 신도였다. 그의 코란과 순나에 관한 지식에는 부족한 점이 없었다. 뿐만 아니라 비록 무함마드가 그를 후계자로 지명하지는 않았지만 죽기 며칠 전 그로 하여금 예배를 인도하도록 명령했다. 투표 결과 아부 바크르가 선출되었다. 그는 손을 내밀었고 메카인과 안사르는 모두 그의 손을 잡으며 충성을 맹세했다.

다음 날 아직 무함마드의 사체가 모스크의 단상 뒤편에 놓여있는 가운데 아부 바크르는 연단에 섰다. 먼저 우마르가 앞으로 나섰다.

"우리 모두가 죽은 후에도 예언자는 살아남기를 원했으나 그는 죽었다. 그러나 코란은 살아 있다."

그는 아부 바크르를 가리키며 신이 선택한 최선의 후계자라고 말했다. 그러면서 모든 사람이 일어나 충성을 맹세토록 했다. 아부 바크르는 초대 칼리프 선출을 수락한 후 취임 연설을 했다. 코란의 명령과 무함마드의 자취를 따를 것을 약속한 뒤 지하드가 무슬림의 의무라는 말로써 연설을 마쳤다. 알리와 그를 따르는 무리는 회합에 참석하지 않았다. 주바이르는 칼을 빼어들고 알리가 무함마드의 승계자가 되기 전까지는 거두어들이지 않겠다고 맹세했다. 우마르는 알리와 그의 무리가 모스크에 와서 충성 맹세할 것을 요청했으나 거절 당했다. 우마르는 군대를 이끌고 알리 집으로 가서 외쳤다.

"모두 나와 아부 바크르에게 충성을 맹세하라. 그렇지 않으면 집에 불을 지를 것이다."

주바이르가 칼을 빼든 채 나왔으나 누군가가 돌로 쳐서 그를 쓰러뜨렸다. 그는 무장 해제되었으며 모든 사람이 항복했다.

무함마드의 장례식이 거행되었을 때 시신을 어디에 묻을 것인가를 놓고 논란이 벌어졌다. 모스크의 안뜰, 그가 늘 예배를 인도했던 설교단 앞, 많은 동료들이 묻혀 있는 가르카드(Gharqad) 정원 등으로 의견이 나뉘었다. 그러나 아부 바크르는 무함마드가 생전에 했던 말을 기억해냈다. 예언자는 늘 그가 죽은 장소에 묻혔다는 것이다. 이로써 아이샤의 방에 묻히기로 결정되었다. 예언자의 시신은 한밤중에 횃불을 켜고 있는 가운데 아이샤의 방안에 매장되었다. 압바스의 아들들을 비롯한 4명이 구덩이 속으로 들어가 무함마드의 시신을 내려놓았다.

그 다음에 흙으로 덮고 벽돌을 무덤 위에 표지석으로 올렸다.

무함마드가 무덤으로 들어가자마자 아라비아에서 일제히 반란이 일어났다. 동서남북 각지에서 한 때 충성을 맹세했던 베두인들이 먼저 떨어져나갔다. 가장 거세게 저항한 부족들은 하와진과 같이 무함마드군이 격파했던 부족들이다. 메카에서도 반란이 일어났다. 무함마드가 임명한 총독을 쫓아내는 등 한때 기세를 올렸으나 곧 진압되었다. 바드르 전투 때 포로로 잡혀 사우다의 방에 기거했던 수하일(Suhayl)이 모든 반역자를 참수하겠다고 위협했던 것이다.

감정이 풍부해서 눈물이 많았던 감성적인 지도자 아부 바크르는 이와 같은 위기에는 맞지 않는 지도자처럼 보였다. 그러나 그는 무함마드와 마찬가지로 냉철하고 결단력 있는 지도자였다. 그는 예멘 동부의 하드라마우트(Hadramaut)에 사는 몇 명의 여인이 무함마드의 죽음을 축하하여 손을 예쁘게 단장하고 거리에서 북을 치며 노래를 불렀다는 이야기를 듣고 즉시 군대를 파견하여 이들의 손을 잘라버렸고, 무함마드의 장례식을 치른 다음 날 그동안 지연되었던 오사마의 시리아 출정을 명했다.

오사마는 3천 명의 병력을 이끌고 출정하여 북쪽에서 일어난 반란을 진압한 후 서부 시리아(모압)에서 벌어진 아랍인 기독교도와의 전투에서 승리했다. 무함마드 사후 우후죽순처럼 일어난 반란으로 자칫 무너질 뻔 했던 이슬람은 아부 바크르의 결단과 열성으로 위기를 극복할 수 있었다. 오사마, 알리, 주바이르, 탈하, 칼리드 등 맹장들이 반란을 진압하는데 큰 공을 세웠다. 처음에는 반란군이 아라비아 전체를 장악했으나 연합 세력을 형성하지 못하고 개별적으로 행동한 것이 가장 큰 약점이었다.

취임 첫해 말쯤 되자 아부 바크르는 거의 모든 반란을 진압했다. 두 번째 해가 되자 아부 바크르는 이미 아라비아를 넘어 세력 확장을 시작했다. 칼리드는 6개월간 서부 이라크 원정에 나서 페르시아와 기독교 아랍 연합군을 격파했다. 칼리드는 이후 시리아를 공격하여 많은 전리품을 가지고 메디나로 돌아왔다. 아부 바크르는 634년 8월에 사망했다. 이후 우마르, 우스만 그리고 알리가 칼리프 좌를 이어받았다. 이 네 명의 칼리프를 라쉬둔(rashidun: '올바로 인도된 칼리프')이라고 하며 라쉬둔이 이끌었던 이슬람 확장기가 바로 정통칼리프 시대이다.

마지막 라쉬둔인 알리는 661년 1월에 암살되었다. 아부 바크르 사후 27년간 이슬람군은 시리아, 이집트, 페르시아를 정복한 뒤 주민들을 개종시키거나 아니면 세금을 징수했다. 동쪽으로는 파키스탄까지 쳐들어갔고 북으로는 흑해에 도달했으며 서쪽으로는 튀니지에 이르렀다. 무함마드의 군대는 놀라운 성공을 거두었는데 성공의 비결은 그가 만든 마법적 신조에 있었다. 군인들은 싸우다 죽으면 천국에 가서 많은 여인들을 거느리며 복된 삶을 누릴 수 있다고 믿었고 살아남으면 현세에서 물질적인 보상을 받을 수 있었다. 죽든지 살든지 모두 수지맞는 장사가 아닐 수 없었다. 주바이르, 탈하, 압둘 라흐만 등은 모두 당대 큰 부호가 되었다.

놀라운 천재 무함마드

무함마드는 실로 놀라운 천재였다. 그의 신앙에 대한 확신은 무서웠다. 그가 간질로 인한 환상으로 계시를 받았다고 믿었는지 아니면 온전한 계시를 받았는지는 알 수 없다. 확실한 것은 그가 확고한 믿음과 소명의식을 가졌다는 것이며 자신의 믿음을 실천하기 위해 최선을 다했다는 점이다. 그가 코란을 만드는데 유대교의 토라와 기독교의 성경을 인용한 흔적은 여러 군데에서 보인다. 그렇다고 해서 이슬람을 모방된 종교라고 할 수는 없다. 이슬람은 독자적인 교리 및 가르침과 스토리를 가진 독보적인 종교가 되었고 가장 강력한 힘을 가진 종교 중 하나가 되었다. 무함마드는 독특한 종교적 의식을 만들어 모든 신도가 이를 실천토록 했다. 지하드의 개념을 만들어 신도들의 믿음을 강화하고 세력을 확대하는데 이용했다. 천국과 지옥, 내세, 부활 등의 개념을 구체적으로 정립하고 이를 신봉토록 했다. 내세에서의 보상과 행복을 철저하게 믿는 신도들에게 두려움은 없었고 두려움이 없는 군대만큼 무서운 것은 없다. 바로 이것이 수적으로 열세임에도 불구하고 아라비아 반도를 벗어난 무슬림이 놀라운 속도로 확장한 이유일 것이다.

무함마드는 단순한 종교지도자가 아니었다. 그는 새로운 종교를 만들고 예배와 의식을 완성한 사람이지만 이를 넘어 아라비아와 아랍세계를 재편하고 아랍인의 생활과 의식구조를 바꿔놓았다. 아랍인의 모든 삶의 영역에 이슬람을 심어놓았고 자신을 모범으로 삼도록 의식

무함마드의 일생The Life of Mahomet(앙드레 뒤 리에르A.du Ryer번역作,
1719년 출간

을 개화시켰다. 한마디로 말해 무함마드 전의 아랍이 영향력이 없는
밋밋한 곳이었다면 무함마드 후의 아랍은 전 세계에 폭발적인 영향을
미치는 세력으로 환골탈태한 것이다. 무함마드는 새로운 법과 규범을
만들었고 전통적인 관습을 폐기하거나 변화시켰으며 움마라는 새로
운 이슬람 공동체를 만들어 아랍을 하나로 묶었다. 그는 예언자, 교주,
성인, 위인, 대통령, 총사령관, 국회의장, 대법원장, 재무장관, 국세청
장, 중앙은행장 등 모든 중요한 직책을 한데 묶어놓은 것과 같은 존재
였다. 아마 무함마드와 같이 초인적인 인물은 앞으로 더 이상 나오기
어려울 것이다.

무함마드가 무에서 유를 창조한 후 어떻게 이를 신봉하게 만들었는지는 사실 잘 알려져 있지 않다. 아무리 창의력과 신념과 언변이 뛰어나고 운율의 천재라고 해도 코란의 모든 구절을 신도들이 의심 없이 받아들이도록 만들기는 어려웠을 것이다. 아마 정성스럽게 몸을 씻은 후 끊임없이 예배를 드리면서 코란을 암송토록 한 의식과 질서가 믿음을 형성하는데 큰 역할을 한 것으로 보인다. 몸을 씻는 것과 합동 예배를 드리는 것은 공동체의 정신적인 일체감을 형성하는데 크게 기여했다. 뿐만 아니라 청결함과 몸으로 드리는 예배는 건강 증진에도 기여했다. 무슬림이 평소 운동량이 많지 않음에도 건강하게 지내는 데에는 청결과 예배를 통한 신체의 움직임이 작용하고 있는 것이다. 오랜 시간이 지나면서 의식과 예배는 자연스럽게 몸에 배었을 것이고 코란의 구절은 모두 진리로 받아들여졌을 것이다.

무함마드의 솔선수범하는 리더십과 모범적인 생활 그리고 강철과도 같은 확신과 믿음, 이러한 것이 이슬람의 정체성 형성에 중요한 역할을 했음이 틀림없다. 무함마드는 무에서 유를 만들어낼 수 있는 천재였고, 확신과 믿음으로 사람들을 이끄는 지도자였다. 전략이 뛰어난 군인이었을 뿐 아니라 정세 판단에 능숙한 정치인이었다. 코란과 하디스 및 순나를 법으로 만들어 지키게 하고 재판관 역할을 맡은 법조인이기도 했다.

아랍은 무함마드와 코란으로 인해 다시 태어났다. 무함마드는 가브리엘 천사로부터 전수받았다는 일곱 가지 방법으로 코란을 암송했다. 저음과 고음, 단음과 장음이 조화를 이룬 독특한 리듬에 따라 낭송되는 코란은 남녀노소 할 것 없이 무슬림에게 특별한 영감을 불러일으킨다. 무함마드는 아름다운 리듬으로 코란을 낭송해야 할 것을 강조했다. 코란 낭송의 독특한 리듬과 운율은 듣는 사람에게 최면을 거는 것처럼 심미적 즐거움을 안겨주는 것으로 알려져 있다. 코란 낭송은 악기를 사용하지 않고도 청중을 매혹시킬 수 있고 낭송할 때 조용히 경청만 해도 축복을 받는다고 한다.

"코란 낭송은 일종의 최면술과 같은 효과를 가지고 있다. 달콤한 음악적인 효과와 특이한 운율은 비판의 목소리를 가라앉히고 독자적인 이슬람 교리에 생명을 불어넣는다."

무함마드가 출현하기 전 아라비아 반도에서는 각 부족마다 제각기 다른 방언을 사용하고 있었다. 셈족 언어인 아랍어에는 모음이 없으므로 동일한 단어라도 읽는 사람에 따라 발음이 다르고 다른 뜻으로 전달되는 일이 흔했다. 무함마드는 각 부족의 방언을 코란을 통해 하나의 표준어로 통일시켰다. 코란에서 쓰이는 아랍어가 표준어가 됨으로써 각 아랍 국가의 공식어로 자리 잡았다. 이집트를 비롯한 아프리카의 여러 지역이 이슬람 제국에 편입되었을 때 주민들은 피 정복민으로 아랍어를 배운 것이 아니라 코란을 읽고 그 의미를 이해하기 위해 배웠다. 코란은 복잡 다양한 아랍어가 아랍인 상호간에 이해할 수 없는 방언으로 분열되는 것을 막아주었다.

코란의 진위에 대해서는 계시설, 무함마드가 한 말에 불과하다는 설 등 여러 가지가 있고 대부분 서양에서 제기된 것이나 정설은 없다. 물론 무슬림은 코란이 신의 계시로서 코란에 나와 있는 내용은 한 점, 한 획도 오류가 없다는 입장이다. 마찬가지로 무슬림은 무함마드의 예루살렘과 천국 여행을 예언자적 경험의 정점이며 신의 뜻으로 간주한다. 신화에서나 나올 법한 단순한 환상이 아니라 실제 일어난 일로 보는 것이다. 또 하나의 신비한 이야기는 무함마드가 어렸을 때 두 천사가 나타나 그의 가슴을 열고 검은 반점을 끄집어냄으로써 정화(淨化)된 무함마드에게 계시가 내릴 수 있었다는 것이다. 이에 대해서도 실제로 일어난 일인지 여부를 놓고 논란이 많다. 무슬림은 유대교와 기독교가 모세의 기적이나 예수의 부활을 비롯한 많은 신비한 이야기는 사실로 받아들이면서 유독 무함마드와 관련된 기사(奇事)는 폄하한다고 비난한다. 무함마드도 모세나 예수와 같은 예언자들과 동등하게 다루어져야 한다고 주장하고 있다.

제15장
오늘의 이슬람

이슬람의 현주소

인간과 우주를 신이 창조한 것으로 믿고 있는 이슬람은 신법(샤리아)
을 국가의 성문법보다 상위에 두고 있다. 샤리아가 입법, 행정, 사법
등 모든 법의 모체이며 통치권자는 샤리아에 따라 국가를 통치해야
한다는 신본주의 사상이 이슬람의 특징 중 하나이다. 절대성을 가진
코란이 헌법과 모든 실정법의 모체로 적용되고 있는 사우디아라비
아와 같은 정통 이슬람 국가에는 국회가 없다. 국회가 없으니 국회의
원은 물론 정당, 선거 및 정치 토론 등이 없다. 쿠웨이트를 비롯한 일
부 이슬람 국가에는 국회가 있고 각종 실정법이 있지만 코란의 절대
성은 마찬가지이다. 코란은 인간의 범주를 벗어나는 성전으로 간주된
다. 모든 법의 최상위에 코란이 있고 하디스와 순나가 보조적인 역할
을 담당하고 있다.

　하디스는 선지자의 언행에 관한 기록이고 순나는 옛적부터 내려오

는 전통적 아랍 규범을 집대성한 것으로 예절과 생활양식 등을 포함한다. 순나는 예언자의 언행일 수도 있고 경우에 따라서는 예언자가 인정하는 다른 사람의 언행일 수도 있다. 하디스를 해석하는 과정에서 신학자와 법학자 간에 견해 차이가 발생하여 4대 법학파가 생겼다.

말리크파는 주로 선지자의 말씀에 의존하여 법을 해석하는 보수파로서 북아프리카, 스페인, 쿠웨이트, 바레인 등이 여기에 속한다.

하나피파는 인간의 이성과 견해에 의존하여 코란과 하디스를 해석하므로 보다 합리적이고 융통성이 있다. 터키, 파키스탄, 이라크, 요르단, 중국, 러시아, 인도차이나 지역의 무슬림이 주로 이 학파를 따른다.

샤피이파는 말리크와 하나피 사이에서 중도노선을 취하고 있는 학파로 융통성이 있고 개방적이다. 이집트, 이라크, 레바논, 팔레스타인, 인도네시아, 예멘, 사우디아라비아 등에 따르는 신도들이 많다.

한발리파는 선지자의 관행과 전통에만 의존함으로써 극히 보수적인 성향을 띠고 있다. 사우디아라비아, 시리아, 레바논 등에 지지자들이 많다.

예배를 집전하는 무슬림을 이맘이라고 하는데 '앞에 있는 자'란 뜻이다. 이맘은 예배를 집전하는 것과 설교하는 것 외에 다른 임무는 맡지 않는다. 신부나 목사는 특별한 자격을 갖추어야 되지만 이맘은 무슬림이면 누구나 될 수 있다. 이맘은 인간으로서 국가의 최고통치권을 비롯한 사회의 모든 직분을 가질 수 있으나 신과 인간을 중개하는 것과 같은 종교적 권능은 갖지 못한다. 이슬람에서는 알라를 유일신으로 받아들일 때 의식을 집전하는 사제가 없다. 기독교에서의 세례나 성찬과 같은 의식이 없으며 승려, 신부, 목사 등과 같은 종교적 직급도 허용되지 않는다. 무슬림에게는 자신이 소속된 사원이 없고 따라서 교인을 관리하는 사원도 없다. 예언자가 이슬람교의 본질을 성직자와 신자 또는 모스크와 신자 간의 관계로 보지 않고 각 개인의 믿음에 입각한 신자와 신(神)간의 직접적인 관계로 규정했기 때문이다.

이슬람은 대략 16억 명의 신도를 가지고 있다. 일반적인 생각과는 달리 아랍인은 결코 무슬림의 다수집단이 아니다. 20여개의 나라에 2억 5천만 명의 아랍인이 있기는 하지만 아랍인은 전 세계 무슬림의 18%에 불과하다. 대규모 무슬림 인구를 가진 나라들은 인도네시아(1억 8천만), 파키스탄(1억 5천만), 방글라데시(1억 3천만), 인도(1억 2천만) 등 모두 아시아 쪽에 있다. 무슬림 인구의 절반 이상이 아랍 국가들이 몰려 있는 사막과 황무지가 아니라 열대성 기후와 비옥한 토지 및 벼농사를 대표로 하는 곳에 자리 잡고 있다.

아시아 다음으로 무슬림 인구가 많은 국가들은 이집트, 이란, 터키, 나이지리아 등인데 이들 나라에서는 무슬림 인구가 각각 6천만 명 쯤 된다. 사우디아라비아의 경우 정치적, 경제적 영향력은 상당하지만 인구는 1천 5백만 명에 불과하다. 결론적으로 50개 이상의 국가에서 무슬림이 다수이지만 지역과 국가에 따라 이슬람의 종교적 권위와 역할에는 큰 차이가 있다. 이슬람을 시작한 민족은 아라비아 반도의 아랍인이었으나 이슬람을 발전시킨 주체는 아랍인 외에도 페르시아, 투르크, 메소포타미아, 몽골, 베르베르, 쿠르드, 인도인, 동남아시아인 등 여러 민족과 인종들이 있다. 이슬람이 전 세계에서 가장 강력한 종교 중 하나로 발전하고 많은 민족과 국가들이 이슬람을 받아들이게 된 것은 여러 민족들의 힘이 합쳐졌기 때문이다. 이슬람은 한 민족의 종교가 아니라 여러 민족의 종교이다. 마치 큰 주식회사처럼 이슬람을 발전시키는데 기여한 민족들이 지분을 가지고 있는 구조라고 보면 된다.

종파 분열과 극단주의

이슬람의 최대 비극은 무함마드 사후 일어난 내분으로 종파가 갈라진 것이다. 하나의 움마로서 단합했던 이슬람은 수니와 시아라는 양대 종파로 나뉜 후 서로 화해하지 못하고 분열과 대립을 계속함으로써 약화를 자초하고 말았다. 마치 서로 다른 종교처럼 이전투구를 벌이고 있는 수니와 시아는 이슬람의 장래에 짙은 암운으로 드리워져 있는데 그 내막을 잠깐 살펴본다. 알리의 추종자들은 무함마드가 영적 자산과 권위를 사위이자 사촌인 알리에게 양도함으로써 그를 합법적인 계승자로 지목했다고 확신했다. 지지 세력을 등에 업은 알리는 우마이야 가문의 반대에도 불구하고 제4대 칼리프로 취임할 수 있었다. 그러나 알리가 비극적으로 암살된 후 우마이야 가문은 때를 만난 듯 칼리프 체제를 왕조로 전환시켜 버렸다. 이 사건으로 인해 알리 추종자들은 불의한 세력과는 결코 함께 할 수 없음을 선언하고 무함마드의 적통인 '이맘'을 중심으로 똘똘 뭉치게 되었다. 시아파가 탄생한 것이다. 시아는 알리를 따르는 사람들이 스스로를 '알리 당원(시아이 알리: Shiah i-Ali)'으로 부른 데서 연유한다.

시아파에 있어서 이맘은 지상에서 신의 권위를 대변하는 최고 지도자로서 알리가 초대 이맘이며 그의 아들 하산과 후세인이 2대~3대 이맘들이다. 알리 가문과 우마이야 가문의 악연은 지속된다. 큰 아들 하산은 우마이야와 타협했으나 둘째 후세인은 저항하다 추종자들과 함께 몰살당하고 만 것이다. 이후 이맘 직을 승계한 알리의 후손들은 대부분 우마이야 왕조와 압바스 왕조 칼리프들의 감시 하에 사실상 연금(軟禁) 상태로 지냈다. 시아파가 다시 여러 개로 쪼개진 것은 이맘 직 승계 문제를 놓고 다투었기 때문이다. 시아파 중 가장 큰 집단은 알리를 시초로 그의 두 아들 그리고 후세인의 자손들에 이르는 12이맘파이다. 874년 제11대 이맘 하산 알 아스카리가 사망한 후 그의 아들 무함마드 알 문타자르(Muhammad al-Muntazar)가 흔적도 없이 사라졌는데 시아파는 그가 심판의 날에 메시아(마흐디: al-Mahdi)로 돌아올 것으로 믿고 있다. 오늘날 무슬림 가운데 대략 10~15% 정도가 12이맘파이다. 이들은 시아파 대국인 이란과 이라크에서 우세하며 파키스탄, 레바논 등에서는 소수이지만 상당한 영향력을 행사하고 있다. 그밖에 주목할 만한 분파는 7이맘파로 알려진 이스마일파로서 현재 그들을 대표하는 이맘은 예언자 가문의 제49대 계승자인 아가 칸이다. 신도가 1천 5백만 명에 달하는 이스마일파는 주로 파키스탄, 인도, 동아프리카, 타지키스탄 등에 거주하며 중동, 유럽, 북미 등지에서도 큰 공동체를 이루고 있다.

가장 작은 집단은 다우디 보라파(Dawoodi Bohras)이다. 약 120만 명에 달하는 이 공동체는 인도와 파키스탄 등에 집중되어 있다. 현재 지도자 시에드나 무파달 사이푸딘은 이들의 전통에서 볼 때 예언자의 제53대 계승자이다. 시아파의 다른 분파들로는 터키와 시리아에서 각각 알레비파(Alevis)와 알라위파(Alawis)로 알려진 누사이르파(Nusayris), 그리고 레바논과 이스라엘의 드루즈파(Druze) 등이 있다.

시아파 이맘의 언행이 갖는 권위는 대단한 것이어서 오직 예언자의 하디스에만 미치지 못할 뿐 실제로는 경전만큼 중요시된다. 알리, 후세인, 그리고 여타 이맘들의 영묘를 비롯한 이라크의 성지는 시아파에게 중요한 순례지이다. 수니파 종주국 사우디아라비아의 정신적 지주 역할을 하고 있는 청교도적인 와하브파는 시아파를 매우 적대시한다. 1801년 이라크를 급습한 와하브 세력은 많은 시아교도를 죽이고 케르발라에 있는 이맘 후세인의 묘소를 파괴했다. 한 세기 후 사우디 가문이 아라비아 반도에 대한 지배권을 확보하자 와하브파는 메디나에 있는 이맘들과 시아파와 연계된 무함마드 친족들의 묘를 대대적으로 파괴했다. 당시 예언자에 대한 우상 숭배를 막기 위해 그의 묘까지 파괴하자는 의견이 있었으나 묘소가 성스러운 메디나 모스크의 일부로 되어 있어 실행하지 않았다고 한다.

와하브파가 시아파의 영묘를 파괴하는 데에는 종교적인 것 외에 정치적 이유도 있다. 시아파 이맘과 수피 성자들의 영묘는 수많은 참배객으로 인해 부와 권력의 중심지가 되어 있다. 신도들의 기부금과 세금 등으로 거두어들이는 돈이 막대하다. 와하브파로서는 영묘를 파괴해야 시아파를 약화시킬 수 있다고 보는 것이다. 와하브파는 영묘들이 종교적 권리를 제도화하고 돈과 결부됨으로써 타락했다고 비난한다.

이슬람 초기인 7세기에는 메카가 악의 중심이었으나 이제는 미국이 악의 중심이라는 시각이 이슬람 극단주의자들에게 팽배해 있다. 그들은 미국이 최소 세 가지 방법으로 이슬람에 대해 전쟁을 선포했다고 주장한다. 첫째, 미국은 유대인 편을 들어 무슬림의 거룩한 땅인 팔레스타인에 이스라엘을 건국토록 했다. 둘째, 미국은 이슬람 지역에서 자신에게 의존하는 세속적이고 이슬람 이념에 충실하지 못한 꼭두각시 정부들을 세우고 지원했다. 셋째, 미국은 핵심 무슬림 국가인 아프가니스탄과 이라크를 침공하고 가장 신실한 무슬림(극단주의자)을 상대로 전면전을 선포했다. 이 세 가지 이유로 인해 무슬림 세계는 미국을 상대로 투쟁해야 할 충분한 명분을 확보하고 있다는 것이다.

한때 전 세계를 공포로 몰아넣었던 IS(이슬람국가)는 2017년이 되면서 이라크, 쿠르드, 시리아 등의 협공과 미국의 지원으로 본거지를 잃고 거의 유명무실한 조직으로 전락했다. 그러나 이들이 유럽 각국에서 저질렀던 테러로 인해 수백, 수천 명의 무고한 인명이 목숨을 잃었고 많은 부상자도 생겼다. 이것은 모두에게 끔찍한 악몽이 아닐 수 없다.

문제는 이러한 테러가 완전히 소멸된 것이 아니라는 사실이다. 지하드를 외치고 죽음을 두려워하지 않는 전사들이 있는 한 테러는 언제든지 재발할 수 있다. 그리고 이슬람 극단주의자들의 최종 목표는 언제나 미국을 타도하는 것이다. 미국을 '악의 중심'으로 보기 때문이다. 이제 극단주의자들은 미국 내에서 9.11과 같이 큰 테러를 일으킴으로써 존재감을 과시하기 위해 온갖 노력을 다할 것이다.

2017년 11월 벽두에 벌써 미국의 심장인 맨해튼 중심지에서 자동차 테러가 발생하여 8명이 목숨을 잃었다. 유감스럽게도 인류가 자랑스럽게 생각해야 할 유대교, 기독교, 이슬람교 등 3대 일신교는 오랜 세월을 거치면서 서로 적대관계에 빠졌고 이를 치유할 수 있는 방법은 현재로서는 보이지 않는다. 역사적인 맥락에서 연유하는 종교들의 적대관계로 인해 세상에는 분쟁과 테러가 그치지 않는다. 신앙과 이념에 관한 문제는 국가와 국제기구는 물론 모든 제도적 노력을 다 동원해도 해결할 수 없다. 이 세상에서 진정한 평화는 불가능한 것일까? 아마 우리는 모세, 예수, 무함마드와 같은 종교적 성인이 다시 나타날 때를 기다려야 할지도 모른다.

2부. 살라딘

제16장
예루살렘 수복

예측을 뛰어 넘은 영웅

살라딘은 기독교와 이슬람의 오랜 대립의 역사에서 양 진영에서 존경을 받는 드문 지도자이다. 많은 사람들에게 지중해 동부 연안에서 역사적으로 가장 뛰어난 인물을 고르라고 하면 살라딘을 꼽는다. 유럽과 미국에서도 아랍의 영웅으로 꼽는 최종 인물은 단연 살라딘이다. 이것은 살라딘의 뛰어난 업적과 놀라운 인품이 조화를 이루고 있기 때문이다. 한마디로 그만한 인물이 없다는 이야기이다. 살라딘은 사람을 이끌어 가는데 천재였다. 수니와 시아로 갈라진 이슬람을 단합시켰고 신도들이 지하드에 동참하도록 이끌었다. 그는 당시 무슬림의 가장 큰 희망이었으며 보다 더 나은 미래를 이끌어가는 롤 모델이었다.

살라딘에 관한 역사적 자료는 주로 세 가지이다. 첫째는 서기관 이마드 앗 딘 알 이스파하니(Imad-ad-Din al-Isfahani)와 충실한 장관 바하 앗 딘(Baha'-ad-Din)이 쓴 전기이고, 둘째는 동 시대 위대한 역사

살라딘 초상화(크리스토파노 델 일티시모Christofano dell'Altissimo作, 1552~1568년)

가로 꼽히는 이븐 알 아티르(Ibn-al-Athir)가 쓴 『역사개론Historical Compendium』에 수록된 그의 이야기이다. 쿠르드 출신으로 장기와 누르 알 딘 밑에서 높은 관직을 지낸 아버지 아유브 덕분에 기회를 잡았지만 살라딘이 아랍 세계를 제패할 것으로 예상한 사람은 아무도 없었다. 그는 예측을 뛰어 넘은 영웅이다.

1174년 장기의 아들 누르가 죽은 후 살라딘은 모술에서 다마스쿠스에 이르는 전 시리아 지역을 지배하는 최고 술탄이 된다. 그는 장기 후손들 간의 분쟁을 조정하는 역할도 맡았다. 1191년 살라딘은 분쟁의 평화적 해결을 위해 장기 가문의 왕자 한 사람을 방문했다. 이 왕자는 살라딘이 일을 마치고 떠나기 위해 말을 탈 때 그의 등자를 잡아주었다. 당 시대에 이러한 행위는 극도의 존경심을 나타내는 행위였다.

살라딘이 죽었을 때 시의(侍醫)는 모든 신하가 진심으로 왕의 죽음을 애도하는 것은 처음 있는 일이라고 고백했다. 살라딘의 정의감과 친절 및 자비심에 그를 만난 모든 사람들이 매료되었으나 바그다드의 칼리프는 질투했고 장기 후손들은 그를 인정하지 않으려 했다. 서양인에게 살라딘은 누르를 계승한 지하드의 지존이나, 그의 적들에게는 성전을 핑계로 권력을 차지한 찬탈자이다. 그러나 지지자이든 반대자이든 살라딘의 투철한 신념, 관용 및 인자한 성품에 토를 다는 사람은 거의 없었다. 살라딘은 다른 종교 신도들에게도 관용을 베풀었다. 그가 예루살렘을 점령한 후 유대인이 돌아와 살도록 허락한 것은 BC 538년 페르시아 황제 키루스 2세가 바빌론에 잡혀있던 유대인을 예루살렘으로 돌려보낸 것에 비유된다.

살라딘은 정직하고 성실했으나 종교적으로는 엄격한 인물이었다. 비록 기독교도에게도 존경심을 표했으나 이교도는 적이었다. 이방인에 대한 무력투쟁으로서의 지하드는 그의 중요한 의무이다. 지하드의 두 가지 의미 즉, 큰 지하드(al jihad al-akbar)는 이슬람 신앙을 지키기 위한 자신과의 투쟁이며 작은 지하드(al-asghar)는 신의 명령에 따른 투쟁을 말한다. 살라딘은 후자에 보다 치중했다. 투쟁이라는 측면에서 볼 때 살라딘을 본격적인 지하드의 원조라고 할 수 있다. 그는 지하드를 무기로 예루살렘을 탈환했다.

비판자들은 살라딘이 과장해서 성전을 벌였고 그의 목표는 예루살렘 탈환보다 자신의 왕국을 확대하기 위한 것이었다고 말한다. 그러나 살라딘이 성지 탈환을 위해 어려운 전쟁을 벌였다는 사실을 부인할 수는 없다. 살라딘 전기를 쓴 바하 앗 딘은 "살라딘의 진정한 꿈은 지구상에 이방인이 하나도 남지 않을 때까지 싸우는 것이었다"라고 기록하고 있다. 살라딘의 인생은 전사(戰士)의 삶이다. 그는 세상에 알려지기 전부터 가문의 일원으로 전쟁에 참가해야 했다. 그가 세상에 이름을 남긴 것은 전쟁을 통해서이고 이슬람 세계의 명예를 회복한 예루살렘 탈환도 전쟁을 통해서이다. 그 유명한 사자심왕, 리처드와의 밀고 당기는 전투와 협상도 전쟁터에서 이루어진 것이었다. 그는 장성한 후 평생을 전쟁터에서 보냈고 전쟁이 일단락되자 어릴 적 고향인 다마스쿠스에서 짧은 휴식을 누리다 세상을 떠났다. 전쟁을 빼면 그의 인생에서 기록될만한 것은 거의 없다. 따라서 살라딘의 인생은 독자들의 입장에서 보면 비교적 단순한 것으로 생각될지도 모른다.

예루살렘 탈환

살라딘의 인생에서 클라이맥스는 예루살렘을 수복한 것이다. 1187년 9월 4일 살라딘 군대는 예루살렘 인근에 있는 아스칼론(Ascalon) 성문에 도달했다. 십자군은 지난 40년 간 이 항구를 지배해왔으나 이제 이슬람군의 손에 넘겨주어야 할 때가 왔다. 이슬람군은 그동안 파죽지세로 지중해 연안 도시를 점령해왔고 아스칼론까지 넘어가자 이제 기독교 측에게 남은 것은 예루살렘과 몇몇 흩어져 있는 성채에 불과했다.

살라딘(Salah-ad-Din Yusuf ibn-Aiyub)은 당시 50세였다. 작은 키의 살라딘은 둥근 얼굴에 회색수염을 기르고 있었다. 하틴 전투의 대승 후 예루살렘을 목표로 줄곧 지중해 연안을 따라 내려온 그에게 종착지가 눈앞에 있었다. 술탄이 된 후 신 앞에 맹세한 그의 목표는 이슬람을 이방인의 손으로부터 구하는 것과 예루살렘을 회복하는 것이다. 그는 피 흘리지 않고 성지를 회복하기 원했다.

"예루살렘은 신의 집이다. 신이 계시는 곳을 포위하고 공격하는 것을 원치 않는다."

기독교도의 입장은 달랐다. 그들은 선배들이 피땀 흘려 점령한 예루살렘을 지키고 있었다. 싸우지도 않고 예루살렘을 내어줄 수는 없었다.

"우리는 예루살렘과 함께 한다. 예루살렘을 지키면 우리도 구원을 얻지만 버리면 우리의 명예는 땅에 떨어져 수치스러운 존재가 되고 만다. 우리는 성묘를 끝까지 지키다 죽을 것이다."

좋은 조건을 제시했음에도 불구하고 항복 거부를 전해들은 살라딘은 대군을 이끌고 예루살렘 성벽 앞에 포진했다. 서쪽 벽에서 공격을 시작한 이슬람군은 기독교 측의 완강한 저항에 부딪쳐 좀처럼 성과를 내지 못했다. 살라딘은 일단 공격을 중단하고 후퇴한 후 공격 목표를 북쪽과 동쪽 벽으로 변경했다.

살라딘의 깃발이 올리브 산 위에서 펄럭였다. 예루살렘 성내 사정은 심각했다. 시민은 물론 수 천 명의 피난민을 먹여 살려야 했다. 수비대 내에 정식 기사는 두 명 밖에 없었다. 새로운 사령관이 사기를 올리기 위해 수비대에 속한 16세 이상의 병사 모두를 기사에 임명했지만 형식에 불과했고 전투력을 높일 수는 없었다.

한 가지 다행스러운 것은 이벨린의 발리앙(Balian of Ibelin)이 이곳에 와있었다는 사실이다. 발리앙은 당시 기독교 진영에서 가장 빼어난 장군 중 하나였다. 하틴 전투에 참가했던 발리앙은 남은 병사와 함께 티레로 피신했다가 아내 마리아 콤네나(Maria Comnena: 비잔틴 황제의 딸)와 가족이 있는 예루살렘으로 옮겨왔다. 살라딘이 인도적인 견지에서 그의 예루살렘 행을 승인했던 것이다. 조건은 하루 밤만 그곳에 머물며 이슬람군에게 칼을 겨누지 않는다는 것이었다. 발리앙은 신에 대한 맹세로 이를 받아들였다. 그러나 막상 예루살렘에 들어오자 대주교는 계속 머물 것을 강요했다. 발리앙은 맹세에 어긋난다고 거부했지만 대주교는 이교도에게 한 맹세는 효력이 없다고 하면서 이를 무효화했다.

양심의 가책을 느낀 발리앙은 마음이 편치 않았지만 가족을 버리고 떠날 수는 없었다. 발리앙은 서약을 파기토록 강요당했음을 설명하면서, 티레로 가는 가족을 보호해줄 것을 요청하는 편지를 살라딘에게 보냈다. 자비로운 살라딘은 발리앙을 비난하기는커녕 50명의 정예병을 보내 발리앙의 가족을 티레까지 무사히 보호해주도록 했다. 이렇게 해서 살라딘이 예루살렘을 공격했을 때 발리앙이 총사령관직을 맡고 있었던 것이다. 하지만 발리앙이 아무리 유능하다고 해도 살라딘의 대군을 막아내기에는 역부족이었다. 성내에는 불과 14명의 기사 밖에 없었고 병사들의 전투력도 의문이었다. 보다 더 큰 문제는 군 내부에서의 배신 가능성이었다. 그리스, 시리아, 아르메니아 계 기독교도는 평소에 자신들이 괄시를 받았다고 생각하고 있었다. 이들이 이슬람 측과 내통할 가능성이 컸다.

살라딘의 파상적인 공세에 성벽이 점차 허물어지면서 성이 곧 함락될 지경에 이르렀다. 시민들은 교회에 모여 죄를 참회하는 기도를 드렸으며 사제들은 검은 옷을 입고 시내를 돌며 예배를 이끌었다. 어머니들은 딸의 머리를 깎고 얼굴에 검은 숯을 바르는 등 추하게 보이

살라딘의 예루살렘 왕국 수복(스텐리 레인 풀Staney lane-Poole 作, 1898)

게 함으로써 적에게 끌려가거나 강간당하지 않도록 안간힘을 썼다.

살라딘은 88년 전 1차 십자군이 예루살렘을 정복할 때 벌어졌던 무자비한 폭력을 상기하면서 힘으로 예루살렘을 되찾겠다고 외쳤다. 성문이 곧 무너질 지경이 되었다. 한편에서는 항복하여 살라딘의 자비심에 호소하자는 의견이 있었지만 새로 기사가 된 군인들은 마지막으로 출정하여 적과 싸운 뒤 장렬하게 전사하는 쪽으로 기울고 있었다. 이 경우 성이 무력으로 함락될 것은 뻔했고 이렇게 되면 제한 없는 약탈과 살육이 벌어질 것이 확실했다. 헤라클리우스 대주교는 성이 함락될 경우 시민의 목숨 뿐 아니라 교회가 보유하고 있는 값을 매길 수 없는 보물과 성스러운 유품이 약탈될 것을 우려했다. 그는 출정하려는 기사들에게 다시 한 번 결정을 재고해줄 것을 요청했다. 기사들은 천국으로 갈지 모르나 남은 가족은 비참하게 죽거나 노예가 될 것이 뻔했다.

다음 날 아침 발리앙은 대표단을 이끌고 살라딘 진영으로 향했다. 마지막 협상을 시도한 것이다. 협상이 벌어지는 동안에도 전투는 계속되었다. 살라딘은 성에 나부끼는 이슬람 깃발을 가리키며 "이미 정복한 도시인데 협상이 또 필요한가?"라고 물었다. 그 순간 기독교 수비대가 기를 쓰고 간신히 이슬람군을 몰아내는 장면이 눈에 들어왔다. 성이 함락되는 것은 이제 시간 문제였다. 하지만 성이 손 안에 들어온다고 해도 협상의 이점은 있었다. 협상으로 성을 차지할 경우 전투로 인한 손상을 입지 않고 온전히 성을 돌려받을 수 있었다. 또한 전투의 경우에는 병사들이 재물을 약탈하는 것을 막을 수 없으나, 협상을 통해 평화적으로 성을 차지할 경우 성내 재물을 거의 온전하게 보존할 수 있었다.

발리앙은 어떻게 논리를 전개할 것인지 궁리했다. 기독교 수비대는 가족을 구하기 위해 영광스러운 순교를 잠시 보류하고 있었다. 만일 협상이 결렬될 경우 이들의 광분으로 예루살렘은 초토화될 가능성이 높았다. 그밖에도 성내에는 5천여 명에 달하는 무슬림 죄수와 노예들이 있었다. 드디어 결심한 듯 발리앙이 입을 열었다.

"예루살렘 백성들은 당신이 다른 성을 정복할 때 자비를 베풀었던 것을 기억하여 열심히 싸우지 않고 있다. 그들은 죽음을 두려워하

며 어떻게든 살아남기 원한다. 그러나 군인들은 다르다. 우리는 신의
뜻에 따라 죽을 때가 왔다고 판단하는 경우 아녀자를 먼저 죽이고 모
든 재산을 불태워 당신들이 가져갈 아무런 것도 남기지 않고 누구도
노예로 삼을 수 없도록 할 것이다. 그리고 난 후 우리는 바위돔 사원
과 알 악사 모스크 및 다른 성소를 파괴할 것이며 5천 명의 죄수를 비
롯한 모든 무슬림을 살해할 것이다. 그 후 우리는 최후의 한 사람까지
싸울 것이다. 이슬람 군인을 죽일 수 있을 때까지 죽인 후 명예롭게
죽을 것이다."

발리앙의 발악에 가까운 경고였다. 발리앙과 기독교군이 과연 자신
이 말한 대로 최후의 일전을 벌일 것인지는 미지수였다. 그러나 살라
딘과 그의 참모는 이를 시험하기 위해 모험하지는 않았다. 발리앙의
말이 사실로 드러날 경우 예상되는 피해 때문이다. 문제는 살라딘이
예루살렘을 힘으로 정복하겠다고 맹세한 점이었는데 이 문제도 해결
되었다. 종교적 조언자들이 만일 수비대가 공식적으로 항복할 경우 이
는 칼로써 성을 정복한 것과 마찬가지라는 해석을 내렸기 때문이다.

곧 배상금이 결정되었다. 남자는 금화 10개, 여자는 5개 그리고 아
이들은 1개였다. 살라딘은 몸값을 지불할 능력이 없는 사람들을 위해
3만 베잔트(bezant)를 받는 조건으로 7천 명을 우선 석방했다. 필요한
금액은 몇 년 전 영국의 헨리 2세가 병원에 희사한 돈 중에서 남는 것
으로 충당했다. 6만~10만 명에 이르는 사람들이 배상금을 내고 풀려
나기 위해서는 시간이 필요했다. 살라딘은 돈을 마련하는데 40일을

허용했다. 그때까지 배상금을 내지 못하는 사람은 노예로 팔려나가야 했다. 무슬림 관원들은 성문을 빠져 나가는 사람을 엄격히 통제했다. 갖고 나갈 수 있는 짐에는 제한이 없었다. 무슬림 진영은 대주교 헤라클리우스가 정해진 몸값만을 지불한 후 동물과 짐꾼을 최대한 동원하여 교회 보물, 성묘에 있는 금 쟁반 및 그의 개인 재산 등을 몽땅 싣고 빠져나갔다는 소식을 듣고 분개했다. 그를 체포해야 한다는 건의가 있었으나 살라딘은 한 번 맺은 약속을 깨뜨릴 수 없다는 이유로 거부했다. 같은 기독교인도 헤라클리우스의 이기적인 행태에 분노했다. 3만 베잔트를 지불하고 7천 명이 구제될 수 있었지만 성내에는 더 많은 빈자(貧者)들이 있었다. 교회에서 몸값을 내는 것이 순리이나 헤라클리우스는 이를 거부했다.

빈자들은 모든 소유물을 다 팔아 겨우 몸값을 내고 빈털터리로 성을 빠져나갔다. 꾀가 많은 사람들은 밤에 광주리를 타고 성벽 아래로 내려가 무슬림으로 변장하여 탈출하는 사례도 있었다. 재산을 팔아 성을 떠나는 사람들의 뒤를 따라 수천 명의 거지와 노동자들이 성문 앞에 도달했다. 이들도 살라딘의 자비로 구제될 수 있었다. 살라딘의 동생 알 아딜도 피난민과 빈자들의 처지를 가엾이 여겨 전리품으로 1천 명의 노예를 요청한 후 모두 풀어주었다. 발리앙도 협상의 공을 세운 대가로 5백 명의 노예를 요청한 후 즉시 풀어주었다. 발리앙은 가족이 있는 티레로 향했다. 살라딘은 이제 자신이 전리품을 받을 차례라고 하면서 성안에 남아 있는 노인과 병자 및 빈자들을 모두 풀어주었다.

"아침에 해가 뜰 때부터 해가 질 때까지 계속해서 사람들이 성을 빠져나갔다"라고 한 역사가는 기록하고 있다. 살라딘이 대단한 자비심을 가진 사람이었음을 증명하는 기록이다. 엑소더스가 끝났을 때 성내에는 아직도 1만 5천 명의 빈자들이 남아있었다. 몸값을 내지 못한 이들은 노예로 팔려나갈 운명이었다. 살라딘은 이들도 마지막으로 구제해주었다. 살라딘이 이렇게 자비를 베푸는 동안 이 기회를 돈벌이로 삼는 몇몇의 장군과 관료들도 있었다. 이들은 허위 영수증을 만들어주거나 노예로 삼겠다고 협박해서 금전을 갈취했다.

기사 부인들이 울면서 자비를 요청하자, 살라딘은 감옥에 있는 기사들을 가족 품으로 돌려보낼 것이며 행방불명된 기사들의 소재를 추적하여 알려줄 것을 약속하고 위로금을 나누어주기도 했다. 적에게 이렇게까지 관대한 것은 전례 없는 일이었다. 상식을 넘어선 자비와 친절로 인해 살라딘이 정치적 목적을 가진 것이 아니냐는 소문이 돌았다. 향후 전투 시 기독교 병사들이 살라딘의 자비심을 믿고 쉽게 항복토록 그물을 쳤다는 것이다. 그러나 기독교 진영과 무슬림 진영 모두 이러한 의혹을 공식적으로 제기하는 사람은 아무도 없었다. 오히려 양측 모두 살라딘의 행동은 진정한 자비심과 명예를 존중하는 그의 성격으로부터 나왔다고 기술하고 있다. 살라딘 주변에는 과거 십자군의 악행에 대한 보복으로 예루살렘을 폭력으로 점령해야 한다는 의견을 가진 사람들이 많았다. 살라딘은 이들의 의견에 귀를 기울이

지 않았다. 평화적인 예루살렘 수복은 온전히 그의 작품이다. 살라딘의 진심이 무엇이었든지 간에 예루살렘은 피 한 방울 흘리지 않고 이슬람의 손으로 들어왔다. 88년 전과는 전혀 다른 상황이었다. 당시 십자군은 같은 종교임에도 불구하고 성묘교회로부터 그리스인, 그루지야인, 아르메니아인, 콥트교도, 시리아인 등 모든 기독교인을 쫓아냈다. 그들은 인종과 남녀노소를 가리지 않고 수만 명을 학살했다. 십자군은 무슬림 중 살아남은 사람들에게 시체를 성문 밖으로 나르도록 강제했다. 이들이 쌓은 시체는 산을 이루었다.

영광스러운 업적

이제 그동안 십자군이 지배해 온 예루살렘에서 기독교 흔적을 없애는 일이 남았다. 먼저 바위돔 위에 설치된 금 십자가가 제거되었다. 바위돔과 알 악사 모스크의 그림과 조각 및 기독교식 가구들이 모두 철거되었다. 무함마드가 부라크를 타고 천상으로 올라갔다고 믿는 바위 위에는 기독교 교회가 지어져 있었으며 무함마드의 발자국이라고 알려진 곳에는 신당이 있었다. 바위는 도굴꾼으로부터 보호하기 위해 대리석 널빤지로 덮여져 있었다. 살라딘은 대리석을 걷어내어 모든 무슬림이 성스러운 바위의 모습을 온전히 볼 수 있도록 하라고 명령을 내렸다. 알 악사 주변에 있는 모든 건물을 철거하고 사원 안에는 고급스러운 카펫을 깔았다. 천장에 웅장한 캔들라브라를 달아 벽을 뺑 둘러 쓰여 있는 코란의 구절을 비추도록 했다.

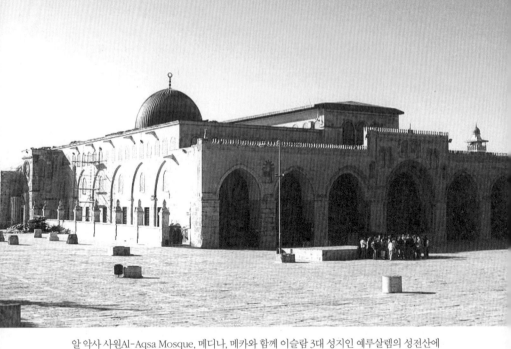

알 악사 사원Al-Aqsa Mosque, 메디나, 메카와 함께 이슬람 3대 성지인 예루살렘의 성전산에
위치하고 있다(사진.Posi66, 2006년)

성묘교회는 전혀 손대지 않았다. 7세기 무슬림이 최초로 예루살렘
을 정복했을 때에도 기독교의 상징인 이 교회는 그대로 남아있었다.
20년 전 누르 알 딘이 예루살렘 정복을 꿈꾸며 우마르 모스크에 설치
하려고 제작했던 정교한 조각이 있는 설교단을 알레포로부터 가져
왔다.

예루살렘을 수복한 지 일주일 후인 1187년 10월 9일 알 악사 사원
에서 공식적인 감사예배가 열렸다. 기도가 끝난 후 알레포에서 온 대
법관(great qadi) 알 자키(Muhyi al-Din ibn al-Zaki)의 설교가 있었다. 그

는 떨리는 목소리로 말했다.

"신의 도움으로 당신은 길 잃은 낙타를 이방인의 손으로부터 구해냈다. 이곳은 우리의 조상 아브라함의 집이며 예언자 무함마드가 신의 축복으로 하늘로 올라간 곳이다. 이슬람 초기 신도들이 예루살렘을 향하여 기도를 드렸던 키블라이기도 하다. 이곳은 또한 심판과 부활의 날에 모든 사람이 모이게 될 신성한 장소이다. 살라딘, 그대에게 신의 축복이 있으리라. 그대는 무슬림의 손상된 위신을 회복시켜주었도다."

예루살렘의 항복이 결정되던 날 술탄의 서기관과 사관들은 전 무슬림 세계에 이를 알리는 서한을 보냈다. 『살라딘 전기』의 또 다른 저자 수석 서기관 이마드 앗 딘도 이날 잠자리에 들기 전까지 70통 이상의 서한을 각지에 발송했다고 한다. 소식이 바그다드에 도착하자 칼리프는 크게 기뻐하며 풍성한 선물과 찬양의 메시지를 보내왔다. 그러나 칼리프의 칭송은 곧 의심으로 바뀌게 된다. 시리아를 배경으로 하는 왕국까지는 괜찮았으나 예루살렘까지 살라딘 손에 들어가자 그가 아예 압바스 왕조를 멸망시키려는 것이 아닌가 하는 의심이 들었기 때문이다. 전 무슬림 세계에 살라딘을 찬양하는 목소리가 울려 퍼졌다. 살라딘을 의심하고 비난하는 세력들조차 그의 놀라운 업적을 인정하지 않을 수 없었다. 장기 왕조의 충신으로 살라딘에게 적대적인 역사가 이븐 알 아티르는 다음과 같이 기록했다.

"이 영광스러운 업적은 칼리프 우마르 이후 살라딘이 최초로 이룬 것이다."

예루살렘은 무슬림에게 성스러운 도시이다. 무슬림이 알 쿠드스 (Al-Quds)라고 부르는 이 도시는 다윗과 솔로몬이 통치했던 곳이고 구약의 예언자들이 활동했던 곳이며 예수가 죽음을 맞이한 곳이기도 하다. 이곳은 무함마드가 초기 이슬람 시절 예배의 방향으로 정한 첫 번째 키블라이며 후에 메카의 카바 신전으로 키블라가 바뀐 후에도 '신의 두 번째 집'으로 숭앙되고 있다. 예루살렘은 무슬림이 말에 오르기 전에 경의를 표해야 하는 세 방향 중 하나이기도 하다.

예루살렘 이슬람 사원의 자비문(Gate of Mercy: 기독교인은 'Golden Gate'라고 함)을 통과하는 사람은 천국에서 영생이 보장된다고 한다. 일부 무슬림 학자들 간에 이론이 있기는 하지만(이들은 알라신이 어느 곳에서나 죽은 자를 부활시킨다고 주장함) 예루살렘은 또한 무슬림이 믿고 있는 최후의 심판이 내리는 곳이다. 무엇보다도 이곳은 이슬람교의 독보적 신화인 선지자의 천국 여행이 이루어진 곳이다. 무함마드가 메카에서 기도하고 있던 중 예루살렘으로 이송되었다가 신성한 바위에서 부라크를 타고 하늘로 올라갔다고 전해진다. 예루살렘의 신성함은 기독교에 대항하기 위해 인위적으로 만들어진 것이라고 믿는 무슬림도 있지만, 코란 및 초기 이슬람시대의 문헌에 '신성한 곳(Holy Land)'으로 기술되어 있고 수피들도 예루살렘의 신성함을 신봉한다. 무슬림에게 있어서 예루살렘은 메카 및 메디나와 함께 '3대 성지 중 하나'로 경배되고 있음은 분명한 사실이다.

제17장
십자군의 태동

중동의 십자군

살라딘이 1차 십자군의 최대 업적을 원점으로 돌리고 예루살렘을 탈환함으로써 훈족 장수 아틸라(Attila)이후 동방인으로서는 유럽에 가장 큰 수치를 안겨주었다. 살라딘은 신비한 인물이 아니다. 많은 유럽인이 지척에서 살라딘을 접할 기회를 가졌다. 그를 만나 이야기를 나누고 행동을 지켜볼 수 있었다. 일부 이슬람 세력의 난폭과 잔인성을 들어서 알고 있는 유럽인은 처음에는 살라딘도 이러한 부류의 인물일 것으로 지레 짐작했다. 그러나 유럽인이 그렸던 살라딘의 이미지는 점차 그에 대한 찬사로 바뀌게 된다. 십자군 전쟁이 지속될수록 유럽은 궁지에 몰렸고 냉소적인 일부 기독교도는 이를 당연한 것으로 받아들였다. 무슬림은 프랑크족이 그들의 사악함과 타락으로 인해 신으로부터 징벌을 받아 패할 것으로 생각했으며 이런 생각에 동의하는 유럽인도 많았다.

가톨릭 수도사들은 프랑스 남부에서 설교할 때 군중들이 거지에게 먹을 것을 나누어주면서 "무함마드의 이름으로 이를 받아라. 그는 그리스도보다 더 강하다"라고 말한 것으로 증언하고 있다. 십자군은 유럽의 제후를 견제하고 기독교도를 결집시켜야 할 필요성을 느낀 교황 우르바누스 2세(Urbanus II)의 작품이었다. 교황은 1095년 11월 프랑스 남서부 클레르몽에 모인 300여 명의 주교, 기사 및 일반 백성들 앞에서 매우 인상적이고 선동적인 연설을 한다. 같은 기독교인을 상대로 싸우는 관행을 즉각 중단하고 이교도와 싸워 예루살렘을 회복하라는 것이다. 그의 핵심적인 메시지는 신이 '그것을 원한다(Deus vult)'였다. 어떤 역사가는 우르바누스 2세의 이 연설을 역사상 가장 효율적인 연설로 평한다. 초점은 예루살렘 회복이다.

450년간 무슬림의 수중에 있는 이 성스러운 도시를 회복해야 한다는 외침이 기독교도의 폐부를 찔렀다. 그러나 이들이 성스러운 목적만 가지고 있지는 않았다. 많은 사람들이 미지의 세계에서 벌어질 약탈에 관심이 있었고 한 몫 잡으려는 생각을 가졌다. 제1차 십자군 원정에 참가한 대부분의 사람은 프랑스인이었다. 이 때문에 무슬림은 십자군을 아랍식 발음으로 프란지(Franj)라고 부르게 된다.

사실 1차 십자군이 성공한 것만 해도 기적에 가까운 일이다. 십자군 중에는 오합지졸이 많았다. 이들 중 종교적인 열정에 사로잡혀 원정에 참여한 사람은 극소수에 불과했다. 새로운 땅, 새로운 곳이라는 호기심과 모험심에서 참여한 사람이 있는가 하면, 가난과 역경에 시

제 1차 십자군 원정이 태동하는 순간. 은수자 베드로Peter the Hermit가 십자군 원정에 대한 당위성을 설명하고 있다 (작자미상).

달린 나머지 도피처로 삼은 사람들도 있었다. 이슬람은 물론이고 같은 기독교도라고 하더라도 약탈이 가능하다면 언제든 싸울 준비가 되어 있는 사람들이었다. 고향에서 빚에 시달리거나 영주의 과도한 노역으로 인해 도피한 자들이 있었고 감옥을 피해 도주한 범죄자들도 있었다. 이렇게 잡다한 병사를 거느리고 먼 이국땅에 가서 승리를 거두었다는 것은 실로 대단한 일이었다. 더군다나 상대는 용맹하기 짝이 없는 투르크, 아랍, 쿠르드 병사들이 아닌가! 신앙심이 깊은 영주와 기사들의 초인적인 희생이 빛을 발휘한 현장이었다고 볼 수 있다.

당시 프란지, 즉 프랑크족은 무슬림에 비하면 야만인에 불과했다. 11세기 말 유럽의 문명은 세상에 내놓을만한 수준이 아니었다.

예술, 학문, 과학, 기술 모두 압바스 왕조의 세련되고 성숙한 문명과 비교가 되지 않았다. 프랑크 병사들은 대부분 무식하고 수준이 낮았다. 예루살렘을 점령할 때 이들이 벌인 광란의 폭력을 보면 얼마나 야수와 같았는지 짐작할 수 있다. 사흘 동안 프랑크 군인들은 미친 듯이 날뛰며 보이는 대로 죽이고 파괴했다. 거리는 시체로 가득 찼으며 걷는 사람의 발목까지 피가 넘쳤다. 아랍이 서양인을 야만인이라고 부른 것은 결코 과한 일이 아니다. 투르크나 아랍인은 처음에 십자군을 동물처럼 여겼다. 십자군은 종교적인 광신, 인종혐오 및 탐욕에 의해 움직이는 피에 굶주린 자들이었다. 이슬람 세계는 야만적인 십자군에 대해 지하드를 외쳤다. 그러나 이들은 사분오열되어 있었다. 수니와 시아, 카이로와 바그다드, 아랍과 투르크 등으로 갈라져 있었다. 이것이 프랑크에게 기회를 제공했고 결국 프랑크가 승리를 움켜쥐게 된다.

프랑크족이 팔레스타인에 정착하여 새로운 환경에 적응하자 아랍-서양인 간의 관계도 점차 변했다. 정치적, 종교적인 관계 일변도로부터 보다 실용적인 관계로 변화하게 된 것이다. 십자군도 야심과 이해관계에 따라 두 진영으로 나뉜다. 예루살렘을 정복하기 전까지는 성지 회복에 총력을 기울였기 때문에 하나의 집단으로서 결속력이 강했으나 정복 후에는 본격적으로 이해관계가 충돌하게 된 것이다.

기독교 세력은 4개의 국가로 나뉘었다. 소아시아의 동북쪽에는 에데사 왕국이 유프라테스 강을 따라 건립되었다. 그 밑 소아시아의 남서쪽에는 안티오크 공국이 현재 터키의 안타키야(Antakya)를 수도로 세워졌다. 안티오크 공국 바로 옆에는 무슬림이 지배하는 알레포가 있었다. 남쪽 지중해 연안을 따라 세 번째 국가인 트리폴리 백작령이 있었다. 현재 시리아의 라타키아 지방과 레바논의 북부를 합쳐놓은 땅이다. 트리폴리 주변에는 샤이자르(Shaizar), 하마(Hamah) 그리고 홈스(Homs) 등 무슬림 소국들이 있었다. 무슬림 세력의 침범을 막기 위해 병원기사단이 쿠르드 성을 개조하여 철옹성을 만들었으니 이것이 바로 그 유명한 크라크 데 슈발리에이다. 트리폴리와 연하여 남쪽으로는 예루살렘 왕국이 있었다. 예루살렘 왕국은 시나이 반도를 거쳐 이집트와 국경을 맞대었고, 현재의 이스라엘 땅 외에도 동쪽으로 사해를 넘어 페트라와 카락(Karak) 등 요르단 땅 및 베이루트를 포함한 레바논의 남부지역을 차지하고 있었으며, 다마스쿠스를 수도로 한 이슬람 왕국과 대치했다.

그러나 4개의 기독교 왕국은 오래가지 못했다. 건립된 지 50년이 채 못 되어 1144년 에데사가 먼저 무너졌다. 에데사 함락으로 유럽에서는 제2차 십자군 원정이 시작된다. 시리아-팔레스타인 지역에서는 알레포, 샤이자르, 하마, 홈스 및 다마스쿠스가 연합하여 기독교 세력을 공격했고, 남쪽에서는 파티미드 이집트가 예루살렘을 침공했으며, 요르단 사막에서는 베두인이 간헐적으로 기독교 세력을 공격하는 일도 빈번했다. 불안한 세력 균형이 지속되는 가운데 유럽의 침입자들은 시간이 지나면서 점차 동방문명에 익숙해졌다. 이들은 아랍어를 말하고 아랍 식 옷을 입고 청결한 환경에서 좋은 음식을 즐겼다. 유럽으로부터 온 방문자들은 19세기 제국주의 시절 런던에서 온 시찰단이 식민지 관료들의 토착화된 모습을 보고 눈살을 찌푸렸듯이, 현지 유럽인의 일탈한 모습에 못마땅해 했다. 중동의 기독교도는 유럽으로부터 인력 충원을 계속 필요로 했다. 견디기 힘든 기후와 질병 그리고 전쟁으로 인해 인구가 계속 감소했기 때문이다.

대표적으로 신앙심이 충만한 사람들 중 신전기사단과 병원기사단이 있었다. 처음에는 여행자가 기독교 왕국을 내왕할 때 산적이나 무슬림 분견대의 공격으로부터 보호하는 것을 임무로 했던 이들은 점차 강력한 군사집단으로 발전했다. 수도사적인 생활과 근신, 내핍 및 엄격한 규율을 바탕으로 하는 기사단은 예루살렘 왕국의 주요 군사집단으로 성장했다. 기사단은 또한 유럽으로부터의 막대한 지원에 힘입어 팔레스타인의 프랑크 왕국들 중에서 가장 부유한 집단이 되었다. 기사들 대부분은 프랑스 왕 직속으로 되어 있었다. 이들은 왕이라는 존재가 이론적으로는 엄청난 힘을 가지고 있으나 실제로는 그렇지 않다는 사실을 잘 알고 있었다. 플랑드르(Flanders) 백작과 부르군디(Burgundy) 및 아키텐(Aquitaine) 공작은 모두 프랑스 왕에게 충성을 맹세했으나 실제로는 독립적으로 움직였다. 신전기사단과 병원기사단이 보유하고 있는 광범위한 영토는 왕의 통제 밖에 있었고 종교기관

십자군 제복(작자미상)

의 관장 하에 있었다. 기사들은 독립적으로 활동했고 총사령관은 왕
의 명령을 받지 않았다. 유럽의 기사들이 중동에 와서 보니 이곳 사
정도 유럽과 별반 다를 것이 없다는 사실을 알게 되었다. 이곳에도 칼
리프와 술탄이 있으나 실제적인 권력은 영주들이 행사하고 있었다.
　무슬림 세계는 크게 보아 바그다드의 압바스 칼리프와 카이로의 파티미드 칼리프로 나뉘어 있었으며 이들은 각각 수니와 시아를 대표하고 있었다. 이러한 대립 구도는 거의 2백년 간 지속되었다. 바그다드의 입장에서는 살라딘과 그의 전임자들인 장기 및 누르 알 딘을 내세워 파티미드를 분쇄하는 것이 목표였다. 반대로 카이로는 우선 시리아 지역의 지배권을 손에 넣은 후 바그다드를 점령하는 것이 최종 목표였다. 무슬림의 특징이라고 할 수 있는 종파적 대립이 십자군 시대에도 여전히 지속되고 있었다.

압바스 칼리프의 몰락

살라딘이 태어나 자라던 세상은 아르메니아인, 쿠르드인, 투르크인, 시리아인, 아랍인, 그리스인, 기독교도, 무슬림 등 다양한 사람들이 무역과 상업, 학문, 행정, 문화 등에서 서로 경쟁하는 그러한 세상이었다. 이때는 출신과 국적에 관계없이 능력 있는 사람들의 출세가 용이했다. 그러나 19세기 유럽의 오스트리아-헝가리 제국처럼 당시 세상에는 지배적인 종족이 있었다. 7세기에 아랍이 시작한 이슬람은 12세기가 되면 주인이 바뀌어 투르크 가문이 주도권을 잡고 있었고 그중 가장 세력 있는 가문은 모술의 아타베그(atabeg) 출신인 장기와 그의 아들 누르 알 딘이었다. 훗날 일이지만 장기 가문과 주변 세력들은 살라딘을 찬탈자로 비난했다. 장기 가문의 신하이던 그가 권력을 차지했기 때문이다. 그러나 보다 큰 이유는 살라딘이 쿠르드 출신인데다 1세기 동안 지속되어 온 투르크 지배에 도전하여 이를 전복시켰기 때문이다.

이 지역의 중심도시들인 알레포, 다마스쿠스, 모술, 바그다드는 4
각형을 이루고 있다. 이중 가장 중요한 도시가 바그다드이다. 바그다
드는 서기 1천 년까지 콘스탄티노플과 맞먹는 세계에서 가장 큰 도시
중 하나로 성장했다. 120만 명의 시민이 거주했으며 이는 1800년 런
던 인구와 같았다. 압바스 왕조의 전성시대 당시 어떤 칼리프는 비잔
틴 황제의 바그다드 방문 시 16만 명의 기마병과 100마리의 사자를
동원하는 퍼레이드로서 그를 맞이했다고 한다. 기가 질릴 만큼 웅장
한 행사였음에 틀림없다. 부두는 세계 각지로부터 들어오는 무역선으
로 붐볐다. 중국으로부터는 도자기, 비단 및 사향이 들어왔고 아프리
카로부터는 상아, 말레이로부터는 향신료와 진주, 러시아로부터는 노
예, 왁스 그리고 모피가 들어왔다.

동쪽에는 페르시아계의 사만조(Samanids)가 큰 세력을 형성했다.
사마르칸트와 부하라가 중심 도시이다. 당시 수도 부하라는 인구가
30만이나 되는 대도시였다. 학자와 시인들을 중심으로 문화가 융성
했으며 많은 문헌을 남겼다. 궁정 도서관에는 장서가 45만 권이나 되
었다. 사만조의 카라반은 한번 뜨면 5천 명의 상인과 3천 마리의 낙타
및 말이 함께 움직였다고 하니 대군의 이동을 방불케 했다.

바그다드는 압바스 조의 수도였고 살라딘이 태어나기 훨씬 전 이
미 투르크 술탄에게 주도권을 뺏겼지만 정통 이슬람의 수호자로서 시
아파인 카이로의 파티미드와 적대 관계에 있었다. 8세기 이슬람군대

가 세상을 휩쓸었을 때 기독교 세력의 보루인 콘스탄티노플도 큰 위협에 처했다. 그러나 기독교 측은 이슬람의 진격을 잘 막아냈고 이후 양측은 수세기 동안 평화적으로 공존할 수 있었다. 양측은 서로 다른 종교를 유지하면서 정치적, 사회적으로 상이한 시스템을 만들고 이를 지켜나갔다. 압바스 칼리프는 6백년 이상이나 지속되었으나 실제적으로 칼리프가 전권을 장악한 기간은 3분의 1 정도에 불과하다. 소아시아, 시리아, 팔레스타인, 이집트, 아프리카 북부, 스페인, 호라산, 중앙아시아까지 지배했던 이 거대한 왕조는 지역의 통치를 지방 영주들에게 맡겨야 했는데 곧 이들은 사실상 독립적인 세력으로 변모했다. 칼리프는 원래 출발부터 행정적 권한보다는 종교적인 권위를 바탕으로 했다. 따라서 칼리프는 행정권을 지방 호족에게 위임하는 대신 절대 충성을 바치도록 했는데 세월이 지나면서 호족들이 주군을 능가하는 세력으로 커진 것이다. 9세기에 이르면 벌써 제국의 실질적인 권한은 지방 영주가 차지했으며 10세기 중엽에 이르면 칼리프의 권한은 그의 성 밖으로 미치지 못할 정도가 되었다. 이러한 성향은 칼리프들이 귀족을 견제하기 위해 노예병(맘룩)을 데려옴으로써 훨씬 심각해지기 시작했다.

바그다드 칼리프는 카이로를 콘스탄티노플보다 훨씬 더 다루기 어려운 곳으로 보았다. 시아파 파티마 왕조가 카이로를 수도로 정했기 때문이다. 아랍의 많은 부족들은 오래 전부터 메소포타미아의 기름진 계곡에 자리 잡고 살았다. 베두인들은 아라비아 반도로부터 유프라테

이집트 카이로에 있는 압바스 칼리프Abbasid Caliphate의 묘역 (사진 A. D. White, 1860~1880년 추정 코넬대학 도서관 소장)

스 강 유역의 목초지대로 끊임없이 옮겨 다녔다. 이들은 지금도 이러한 생활을 하고 있다. 이중 많은 부족들이 지금의 시리아 땅에 정착했다. 압바스 칼리프가 쇠약해지자 이 지역에 많은 아랍계 왕조들이 생겨났다. 10~11세기에 시리아와 메소포타미아는 이런 아랍계 소 왕조들의 전성기였다. 그러나 11~12세기가 되면서 아랍 왕조들은 중앙아시아에서 이주해 온 셀주크 투르크에게 통치권을 넘겨야 했다.

이 지역의 모든 투르크 왕조는 10세기에 이슬람으로 개종했던 투르코만(투르크멘) 부족으로부터 연유한다. 아무다리야(옥수스) 강 너머

스텝 초원의 유목민은 이슬람교를 받아들인 후 갑자기 성장했던 것이다. 강성했던 압바시드와 다른 아랍 왕조들이 쇠퇴하면서 아랍은 투르크 용병을 고용하기 시작한다. 처음에 고용된 투르크인은 주로 왕궁의 경비병으로 쓰기 위해 노예시장에서 데려왔다. 용병들은 점점 세력이 커지자 자신의 힘을 최대한 활용했다. 마치 로마시대 말기, 황제들이 야만인을 고용하자 그들이 점차 제국의 권력을 집어삼켰던 것과 흡사하다. 투르크 족 중에서 세력이 큰 셀주크 가문이 주도권을 잡았다. 그들은 '동쪽과 서쪽의 왕'이라는 거대한 명칭을 가지고 아랍 칼리프가 통치하던 모든 지역을 지배했다.

그중 가장 이름을 떨친 장수가 알프 아르슬란(Alp Arslan)이다. 그는 기독교 국가인 아르메니아를 정복하여 칼리프의 땅으로 만들었고 1071년 소아시아의 만지커트(Manzikert)에서 비잔틴 군을 대파하여 기독교 세계를 떨게 만들었다. 비잔틴 황제 로마누스 디오게네스(Romanus Diogenes)는 동부 아나톨리아를 침범하는 투르크를 격퇴하기 위해 대군을 소집했다. 이 비옥하고 광활한 땅은 비잔틴 경제에 필수적인 곳이다. 그러나 기대와는 달리 비잔틴 군은 투르크 군에게 궤멸되고 말았다. 아르슬란은 대승을 거두었으나 콘스탄티노플로 진격하지는 않았다. 그의 목표는 기독교 세계를 정복하는 것이 아니라 이슬람 세계의 패자가 되는 것이었다. 시리아와 팔레스타인을 먼저 점령한 후 이집트를 정복하여 이슬람 세계를 통일하려는 것이다. 비잔틴 세력을 패퇴시킨 것은 그의 예비적 전략에 불과했다. 먼 훗날 기독교 세계와 건곤일척의 일전을 벌이는 날이 오겠지만 그 전까지는 이슬람 추종자들을 정통 칼리프의 지배 하에서 일사불란한 단합체로 묶는 것이 목표였다. 살라딘도 마찬가지였다. 그도 먼저 이집트를 정복한 후 다음 단계로 예루살렘 탈환을 모색했다. 물밀듯이 쳐들어온 셀주크 투르크는 아프가니스탄 국경에서 그리스 국경 그리고 이집트 변경에 이르는 넓은 지역을 순식간에 정복했다.

말리크 샤의 통치

1072년 알프 아르슬란이 죽고 그의 아들 말리크 샤(Malik-Shah)가 왕위에 올랐다. 말리크 샤는 셀주크가 낳은 최고의 영주이다. 그의 첫 번째 목표는 정의였다. 그는 국민의 복지를 향상시키기 위해 최선을 다했다. 교량과 운하 그리고 대상들의 숙소(카라반세라이: caravanserais)가 건립되었다. 무역과 교류를 증진하여 경제를 부흥시키기 위한 조치인 것이다. 그 시대 여행자들은 대상로를 따라 안전하게 먼 여행을 다닐 수 있었다. 말리크 샤의 위대한 통치는 그의 재상 니잠 알 물크(Nizam al-Mulk)에게 힘입은 바가 크다. 니잠은 이슬람 역사에서 가장 빼어난 재상 중의 한 사람으로 기록되고 있다. 니잠은 12세 때 코란 전문(全文)을 암송할 정도로 재능이 뛰어났다. 그는 해박한 법률 지식을 가지고 있었으며 학문과 과학의 진흥을 위해 전력을 기울였다. 바그다드에 니자미야 마드라사(현재 바드다드 대학)를 연 것도 바로 그이다. 니자미야 대학은 카이로의 아즈하르 대학과 함께 이슬람 세계에서 쌍벽을 이룬다.

"신은 많은 것을 준 사람에게 그만큼 많은 것을 요구한다"는 것이 그의 철학이다. 통치자는 국민에 대해 끝없는 의무를 지고 있다고 주장했다. 관리들의 부패와 학정을 적발하기 위해 창의적인 제도를 고안했다. 2주에 한 번씩 술탄이 대중 집회를 직접 주관하여 어떤 사람이든 불만을 말할 수 있도록 했다. 술탄은 국민의 의견을 직접 청취한 후 형평에 맞게 일을 처리했다. 대단히 과감한 직접 민주주의 제도인 셈이다. 세무 관리나 여타 공무원에 대해 상시적인 감사가 시행되었으며 잘못을 저지른 자는 처벌을 받았다. 술탄이 파견한 암행어사들이 상인, 성직자 등으로 변장하여 지방을 순회하였으며 공직자가 저지른 비위는 즉각 보고되었다. 또 비리가 고착화되는 것을 막기 위해 2~3년에 한 번씩 세무 관리를 비롯 이권을 관장하는 부서의 관리들은 모두 교체되었다. 지방 수령의 충성을 확보하기 위해 수도로 보낸 인질이 통상 5백 명 이상에 달했다. 셀주크는 기본적으로 군국주의 국가이다. 이들은 강한 군사력을 유지하기 위해 킵차크나 타타르로부터 데려온 맘룩군에게 의존했으며, 술탄의 근위병이 되어 궁성과 수도의 치안을 담당하기도 했다. 훗날, 맘룩은 술탄의 신임을 얻어 성과 영지를 차지했는데 보다 성장하여 마침내 권력을 장악하게 된다.

많은 투르코만 부족들이 제국의 북쪽 국경선을 향해 몰려 들어왔다. 말리크 샤는 경험을 통해 유목민족이 몰려오는 것이 얼마나 위험한 일인지 잘 알고 있었다. 그는 투르코만 부족의 이동을 오히려 역이용하는 전략을 세웠다. 이들의 에너지를 아나톨리아 반도로 집중시키려는 것이다. 말리크 샤는 사촌 술래이만(Sulaiman)에게 아나톨리아 반도를 체계적으로 정복하는데 투르코만을 활용하라는 지시를 내렸다. 술래이만은 비잔틴의 고대도시 니케아를 수도로 삼아 룸(Rum) 셀주크 왕국을 세운 뒤 소아시아 전체를 정복하는 계획을 세웠다. 술래이만은 술탄의 지시에 충실했지만 투르코만은 달랐다. 이들은 먼 곳에서 원격조종하는 셀주크 술탄의 명령에 복종할 마음이 없었다. 조그만 국가라도 자신이 오너가 되기를 원하는 이들은 소아시아의 이곳저곳에 소국을 세워 독자적으로 통치했다. 몇몇 과감한 부족들은 국경을 넘어 시리아를 침범하기도 했다.

당시 이슬람 세계의 두 중심지는 바그다드와 카이로였다. 바그다드에는 압바스 왕조의 칼리프가 있었으나 실제적인 권한은 셀주크 술탄이 행사했다. 이집트의 파티미드 왕조는 시아파 세력을 대표했다. 말리크 샤는 영주답게 강한 행정권을 행사했다. 그의 치하에서 정치와 행정은 안정되고 이슬람 세계는 번영을 누렸다. 바그다드의 술탄을 정점으로 해서 각 지역은 주로 나뉘었고 주지사(영주)들은 대부분 셀주크 가문의 인물들로서 왕의 호칭을 사용했다. 영주가 어릴 경우, 술탄은 강력한 세력을 가진 귀족을 사부로 지명하여 교육을 담당토록 했는데, 그를 아타베그(atabeg)로 칭했다. 셀주크 가문의 일체성을 보전하기 위한 조치였을 것이다. 군사력을 보유하고 있는 제후인 아타베그는 웬만한 영주보다 더 강한 권력을 가지게 되었다.

1092년 말리크 샤가 사망하자 그의 아들들 간에 권력 다툼이 일었다. 영주들은 각자 군대를 끌어 모아 자신이 지지하는 아들이 대권을 이어받을 수 있도록 지원했다. 제국은 크게 셋으로 갈라졌다. 니샤푸르-이스파한-케르만 세력, 다마스쿠스와 알레포 세력 그리고 아나톨리아 세력으로 나뉜 것이다. 이들이 데려온 맘룩은 더 이상 주군에게 복종하지 않고 이해관계에 따라 세력가에게 줄을 대었다. 12세기 되자 셀주크 제국은 셀주크 제후와 맘룩 출신 등 여러 개의 조그만 독립국으로 쪼개졌다. 모술의 아타베그 장기도 원래 말리크 샤가 거느리던 노예의 자손이다. 이들은 노예 출신이라는데 별반 열등감이 없었으며 주변에서도 출신을 개의치 않았다. 오직 힘과 권력에 의해 지위가 결정되었다.

1095년 말리크 샤의 동생 투투쉬(Tutush)가 죽자 기다렸다는 듯이 영지인 시리아에서 두 아들 리드완과 두카크 간에 권력 투쟁이 벌어졌다. 골육상쟁 끝에 영지를 분할, 각각 알레포와 다마스쿠스를 차지한 리드완과 두카크는 서로 원수가 되었다. 주변정세가 급변하자, 중립을 지키려는 안티오크는 알레포와의 동맹을 파기하고 독자적인 노선으로 돌아섰고 예루살렘은 이집트군의 손에 다시 들어갔으며 트리폴리에는 새로운 아랍 왕조가 생겼다.

모술의 아타베그 케르보가(Kerbogha)는 알레포를 정복하기 위해 흉계를 계속 꾸몄는데 그의 야심은 투투쉬가 지배했던 모든 영토를 목표로 했다. 반면 바그다드는 말리크 샤의 아들들로부터 계속 위협을 받고 있었다. 이것이 바로 1097년 십자군이 콘스탄티노플로부터 아나톨리아를 지나 팔레스타인으로 향하고 있을 때의 이슬람권 정세이다. 한 세대가 빨랐으면 말리크 샤와 니잠 알 물크가 있었고 한 세대가 늦었으면 장기와 누르 알 딘이 있었다. 이러한 이슬람의 영웅들을 상대로 십자군이 승리를 거두기는 어려웠을 것이다. 우르바누스 2세는 마치 치밀하게 계산이라도 한 것처럼 정확하게 이슬람 진영이 가장 분열되었을 때 중동을 습격했다.

1차 십자군의 승리와 이슬람의 분열

십자군은 먼저 킬리지 아르슬란과 맞닥뜨렸다. 니케아의 지배자 술래이만의 아들인 킬리지는 술탄 칭호를 찬탈하고 바그다드에 복종하는 것을 거부했으므로 아무런 지원을 기대할 수 없었다. 그는 야심으로 인해 동족으로부터 고립되었다. 니케아는 두터운 성벽과 튼튼한 성문을 가진 철옹성이다. 성의 길이는 5킬로미터, 성벽의 높이는 10미터 그리고 100개의 경비 탑이 있었다. 허약한 십자군이 이를 함락시킬 수 있을 것처럼 보이지 않았는데 비잔틴 황제 알렉시우스 콤네누스(Alexius Comnenus)가 이 어려운 일을 도왔다.

당시 43세의 알렉시우스는 뛰어난 군 지휘관으로 특히 군사장비에 대해 해박한 지식을 가지고 있었다. 그는 니케아성을 점령하기 위해서는 새로운 장비를 제작해야 한다는 사실을 알고 있었다. 그는 직접 신무기를 디자인하여 제작했다. 100킬로그램이 넘는 돌을 200미터까지 나를 수 있는 새로운 투석기를 제작한 것이다. 이 투석기로 십자군은 니케아성을 함락시킬 수 있었다.

니케아를 점령한 십자군은 도릴레움 전투에서 킬리지를 물리쳤다. 이제 예루살렘으로 가는 길이 넓게 열렸다. 시리아의 영주들 중 킬리지의 몰락을 아쉬워하는 사람은 없었다. 모두 자신의 안위와 이익만을 생각했다. 이들은 기독교 군대 덕분으로 자신에게 새로운 기회가 온 것으로 생각했다. 기독교군의 다음 목표는 안티오크였다. 이 도시는 불과 10년 전 이슬람의 손에 떨어졌으므로 이를 되찾는 것은 자연스러운 목표가 되었다. 십자군은 다마스쿠스의 두카크를 붙들어두기 위해 편지를 보냈다. 자신의 목표는 과거 그리스에게 속했던 영토를 되찾는 것이며 다른 영토에는 일체 손대지 않겠다고 약속했다. 이때까지는 어느 누구도 십자군의 최종 목표가 예루살렘이라는 사실을 알지 못했다. 예루살렘은 이미 450년 전 그리스의 손을 떠난 도시였기 때문이다.

1098년 가을 프랑크 군이 성을 향해 다가오자 안티오크 성주 야기 시얀은 지원군을 절실히 필요로 했다. 안티오크의 주민 중 많은 사람들이 시리아, 아르메니아 또는 그리스 계 기독교도이다. 배신을 우려한 야기 시얀은 우선 이들을 성 밖으로 쫓아냈다. 야기 시얀은 그전 해 다마스쿠스의 두카크와 동맹을 맺었으므로 사위인 알레포의 리드완과는 사이가 좋지 않았다. 먼저 두카크의 동맹군에게 기대를 걸었으나 싸워보지도 않고 도망쳤고, 어렵사리 끌어들인 리드완의 지원군

십자군의 예루살렘 점령, 1099년 7월 15일 (에밀 시뇰Emile Signol作_1847년, 베르사이유 궁전 소장)

도 참패하자 야기 시얀은 마지막으로 모술의 케르보가에게 손을 내밀었다. 아무도 믿을 만한 사람은 없었으나 발등에 불이 떨어진 그로서는 불가피한 선택이었다. 케르보가는 안티오크에서 십자군을 저지하는 것에 큰 관심을 보였다. 구세주로서 안티오크에 입성할 경우 성은 자연스럽게 자신의 손아귀에 들어올 것이며 이로써 다음 목표인 알레포는 호두까기 속에 든 호두처럼 될 것으로 생각했다.

케르보가는 페르시아와 이라크의 용병들까지 포함한 대군을 이끌고 기세등등하게 출전했다. 그의 첫 번째 목적지는 최근 십자군이 점령한 에데사이다. 그러나 3주 동안의 포위 공격은 무위로 돌아갔다. 세 불리를 느낀 십자군이 성 밖으로 나오지 않았기 때문이다. 그제야 비로소 케르보가는 군대를 안티오크로 향했으나 이미 늦어버렸다. 십자군의 장군 보에몬드가 꾀를 써 첩자를 돈으로 매수한 후 이미 성을 점령했기 때문이다. 케르보가가 안티오크로 진군한다는 소식을 듣고 두카크와 리드완도 군대를 끌고 동참했다. 이들의 목적은 십자군 저지보다 케르보가의 야심을 견제하는 것이었다. 막상 전투가 시작되자 이들은 모두 도망가고 케르보가 혼자 열심히 싸웠으나 패하고 말았다.

안티오크 점령 후 십자군이 지중해를 따라 내려가기 시작하자 이슬람 영주들은 산발적으로만 저항했다. 사분오열된 그들은 서로 연합해서 싸울 생각도 하지 않았다. 예루살렘이 함락되면 십자군이 팔레스타인 땅에서 항구적으로 거주할 것이라는 사실이 명백해졌으나 분열된 아랍은 여전히 개별적, 산발적으로만 저항했다. 성이 하나씩 둘씩 십자군의 수중에 떨어지는 것은 당연했다.

알레포의 리드완은 안티오크와 에데사에서 혼쭐이 난 후 아예 십자군에게 저항할 생각을 접었다. 자신의 성만 지킬 생각인 그는 십자군에게 협력할 의사를 표명했다. 모술의 새로운 아타베그 마우두드(Mawdud ibn Altuntash)가 술탄의 명에 따라 군대를 이끌고 알레포 성에 나타나자 리드완은 그의 입성을 거절했을 뿐 아니라 모술에 동조하는 시민을 잡아 가두었다. 마우두드가 성에 들어올 경우 시민의 지원을 얻어 성을 전복시킬까 두려워했기 때문이다. 마우두드는 바그다드 술탄에게 충성을 다한 공으로 모술 성주가 된 인물이다. 마우두드는 술탄의 권위를 존중했다. 술탄의 힘은 말리크샤 사후 다소 약화되었다가 다시 상승했기 때문이다.

2년 후 마우두드는 두카크의 뒤를 이은 다마스쿠스 성주 투그티긴 (Tughtigin)의 도움을 얻어 예루살렘 왕 보두앵의 군대를 물리쳤다. 모술은 당시 이슬람 세계의 중심 세력 중 하나였고 마우두드는 핵심 인물이었다. 그러나 그가 승리를 거두었던 바로 그해인 1113년 9월 마우두드는 승리를 축하하기 위해 다마스쿠스 성으로 들어갔다가 아사신(암살단)에 의해 살해되고 만다. 투그티긴은 암살자를 바로 처형했으나 소문은 그가 살해를 사주했다는 것이었다. 투그티긴도 내심 마우두드가 다마스쿠스를 탐내지 않을까 두려워했기 때문에 이런 소문이 돈 것이다. 사실 오래 전부터 다마스쿠스는 모술의 목표가 되어 있었으며 이 도시는 바그다드의 술탄에게도 전략적으로 중요한 도시였다.

마우두드가 살해된 해에 리드완도 죽었다. 그 후 5년 동안 리드완의 후계 자리를 놓고 다툼이 벌어지다가 알레포에서 북동쪽으로 약 300킬로미터 떨어진 마르딘(Mardin) 성주 일가지(Ilghazi)가 알레포를 차지하게 되었다. 일가지도 가능하면 프랑크 측과 평화를 원했으나 상황이 그로 하여금 전선에 나서게 했다. 1119년 6월 기독교군과 이슬람군은 사르마다(Sarmada) 평원에서 맞붙었다. 이 전투는 기독교 측에게는 치욕 그리고 이슬람 측에게는 감격으로 남았다. 십자군 원정 이후 이슬람 측이 최초로 거둔 대승이었기 때문이다. 전투 초반 1백여 기의 기마병이 적진을 뚫고 전진하는 기백을 보였던 십자군은 거의 전멸하고 말았다. 용케 살아남은 자들은 숲을 헤치고 도망치려다 살해되었고 잡힌 자들은 쇠사슬에 묶여 알레포 성으로 끌려간 후 거리에서 살해되었다. 특히 안티오크 성주 로제르가 전사한 것은 무슬림에게는 특별한 의미가 있었다. 그가 보석으로 장식된 큰 십자가 밑에서 죽었기 때문이다. 무슬림은 이를 두고 이슬람교가 기독교에 승리한 것으로 해석했다.

성주가 죽은 안티오크는 거의 무방비 상태였으나 일가지는 안티오크로 진군하지는 않았고 대신 승리를 자축했다. 그는 술을 너무 마셔 며칠 동안 일어나지 못했다고 한다. 술 때문인지 일가지는 이후로는 큰 승리를 거두지 못한 채 3년 후 죽고 말았다. 그러나 일가지 이후 무슬림 세력은 알레포와 모술을 중심으로 에데사와 안티오크를 압박하게 되었다. 리드완은 18년 간 알레포에 틀어박혀 그를 위협하는 동족과 프랑크족으로부터 생존을 지키려는 투쟁에만 몰두했으나, 일가지 이후 알레포를 중심으로 활동하는 세력 또는 알레포를 넘어 보다 원대한 꿈을 꾸는 세력이 지배하는 시대로 바뀐 것이다.

일가지의 뒤를 이어 나타난 용장은 바그다드에 충성하는 모술의 아타베그 알 보르소키(Al-Borsoki)이다. 알 보르소키는 북부 시리아를 장악하여 십자군에게 큰 위협이 되었다. 그러나 1126년 11월 암살됨으로써 셀주크 세력을 부흥하려는 노력은 수포로 돌아갔고 십자군은 안도의 한숨을 쉬었다. 하지만 2년 후 보다 강력한 제후가 나타난다. 바로 이마드 앗 딘 장기(Imad-ad-Din Zengi: 믿음의 기둥)이다.

제18장
이슬람의 반격

장기 시대

장기는 뛰어난 군인일 뿐 아니라 신앙적으로 경건하며 외교적 협상에도 능한 복합적인 인물이었다. 야심만만하고 잔혹한 그는 과음하며 변덕스러운 장군이었으나, 한편 국가와 국민을 중시하고 법과 명령을 엄격하게 지키는 절도 있는 사람이기도 했다. 그는 병사들로부터 폭넓은 존경을 받았다. 사치를 경멸하여 도시에 들어가면 궁궐에서 거주하지 않고 성 밖에 친 천막에서 지냈다. 이것이 그가 많은 결점에도 불구하고 '무슬림에게 준 신의 선물'로 불린 이유이다.

장기의 아버지는 말리크 샤 시절 알레포의 총독이었으나 장기가 열 살 때인 1094년 반역죄로 참수되었다.

아버지의 이름은 아크 순쿠르(큰 매)이다. 아크 순쿠르는 원래 말리크 샤의 노예였으나 몸을 사리지 않는 충성스러운 봉사로 그의 눈에 들어 관직에 진출한 사람이다. 나중에 왕궁의 의전장으로 말리크 샤의 절대적인 신임을 받았고 모든 공식 접견과 국가회의에서 주군의 오른편에 서는 특권을 누렸다. 장기는 아버지의 막역지우였던 모술 성주 케르보가의 피후견인이 되어 모술에서 성장했다.

"그 소년을 데려오라. 옛 전우였던 그의 아들은 내가 거두는 것이 도리이다."

케르보가는 죽은 친구 '큰 매'를 잊지 않았다.

장기는 케르보가의 그늘 아래 모술에서 거의 30년을 살았다. 군에서 뛰어난 용맹과 지략을 인정받은 그는 이내 바그다드의 주목을 받게 된다. 언젠가 전투가 아슬아슬한 고비를 맞고 있을 때였다. 케르보가는 병사들 앞에 장기를 내세워 말했다.

"너희들 옛 주군의 아들이다. 그를 위해 싸워라."

그러자 병사들은 장기를 빙 둘러싸고 맹수와도 같이 격렬한 전투를 벌여 마침내 승리를 거두었다. 이것이 장기가 전쟁에서 거둔 첫 번째 승리로 그의 나이 불과 15세였다. 장기가 용맹을 널리 떨친 것은 티베리아스 공방전에서이다. 장기는 선봉에 서서 프랑크 수비대의 반격을 격퇴하고 성문까지 그들을 추격해 들어갔다. 그러고 나서 뒤를 돌아보니 자기 혼자였다. 아군은 뒤에 멈춰 선 채 그를 따라오지 않던 것이다. 마치 삼국지에 나오는 조자룡처럼 그는 기죽지 않고 프랑크 병사들과 맞서 싸운 후 부상 없이 기수를 돌려 본진으로 돌아왔다. 이후 그의 명성이 널리 퍼져 그는 '그 시리아 인(앗 사미)'이라는 애칭으로 불리게 되었다.

1122년 장기가 38세가 되었을 때 바그다드는 그를 와시트(Wasit)와 바스라를 관할하는 총독에 임명했다. 이듬해 바그다드의 양대 세력인 칼리프 알 무스타르쉬드와 술탄 마흐무드 모두에게 저항하는 반란이 유프라테스 강 하류의 습지에서 일어났을 때 장기는 이를 진압하는데 결정적인 공을 세웠다. 그러나 운명의 장난이라고나 할까. 칼리프의 신임을 얻자마자 장기는 술탄으로부터 칼리프의 군대를 제압하라는 명령을 받는다. 전임 칼리프보다 강한 성격을 가진 무스타르쉬드가 마흐무드를 물리치고 칼리프의 권위를 부활시키려고 했기 때문이다. 고심하던 장기는 결국 술탄 편에 서서 칼리프의 음모를 분쇄하는데 공을 세우게 된다.

장기의 선택은 투르크인이라는 민족적인 배경에 정치적 계산이 합쳐진 결과였을 것이다. 술탄의 신임을 얻은 장기는 이라크 전체에 대한 보호권과 함께 오래전부터 갈망해온 바그다드 총독 자리를 얻게 된다. 뿐만 아니라 1127년 알 보르소키가 죽자 모술의 아타베그 자리를 차지하여 술탄 아들들의 사부가 되었고 그해 가을에는 모술과 알 자지라(Al-Jazirah: 상(上)메소포타미아)의 통치자로도 임명되었다. 그리고 1128년 마침내 알레포 성주로 임명되어 입성했을 때 그는 어린 시절을 회상하며 남다른 감회를 가졌을 것이다.

알레포에 둥지를 튼 후 장기는 남쪽으로 홈스(Homs)까지 시리아의 대부분을 장악했다. 그러나 다마스쿠스는 예외로 남았다. 장기의 모술 정부는 사실상 독립국가나 마찬가지였고 그는 누구의 간섭도 허락하지 않았다. 말리크 샤에게 니잠 알 물크가 있었던 것처럼 큰 세력을 가지게 된 장기에게도 유능한 측근이 있었다. 그의 이름은 자말 알 딘 (Jamal al-Din: El-Jawad)이다. 자말의 조부는 말리크 샤의 표범을 관리하는 사육사였다고 하니 금수저 출신은 아니다. 자말의 충성심과 능력에 반한 장기는 그를 친구로 삼고 제국의 감사원장 겸 국가평의회 의장으로 임명했다. 자말의 봉급이 무려 국가 세금의 10분의 1에 달했는데 그는 대부분을 공익 또는 자선 사업에 썼다. 메카와 메디나로 가는 순례 지원, 수로 건설, 모스크 재건, 빈민 구제 등이 주요 용처였다. 자말이 죽었을 때 고아와 과부, 빈자들의 비통한 울음소리가 도시를 진동시켰다고 하니 대단한 인물이었던 것 같다.

야심만만한 장기는 모든 제후국의 수도는 물론 바그다드의 왕궁에까지 첩자를 두어 술탄의 일거수일투족을 모두 파악하고 있었다. 장기는 결코 자비로운 통치자는 아니었다. 불침번을 서야할 병사가 졸고 있다가 도깨비처럼 나타난 장기에게 들키자 겁에 질려 그 자리에서 쓰러져 죽었다고 한다. 장기가 하인에게 빵 하나를 들고 있으라고 지시한 적이 있는데 시간이 지나도 찾지 않았으나 하인은 감히 버리지 못하고 보관해두었다. 1년이 지난 뒤 장기가 갑자기 빵을 찾자 하인은 수건에 소중히 싸놓았던 빵을 가져왔고 이로 인해 큰 상을 받았다고 한다. 장기의 시종들은 주군이 말한 명령이 잘 이해가 안 되더라도 감히 다시 묻지 못할 정도로 그를 두려워했다. 장기는 사람 보는 눈이 뛰어났다. 한 번 유능한 사람으로 인정되면 지위 고하를 막론하고 전적인 신뢰와 지원이 따랐다. 자신이 혹독했던 만큼 백성에게 피해를 끼치는 행위는 결코 용납하지 않았다.

"이 나라에는 오직 한 명의 폭군만이 있다."

병사들은 농작물을 밟지 않도록 두 줄로 쳐놓은 밧줄 사이로 조심스럽게 행군해야 했다. 폭력행위 특히 여성에 대한 폭행은 십자가형과 같은 엄한 형벌로 다스렸다. 부인을 특별히 보호했으므로 병사들은 마음 놓고 전쟁터에 나갈 수 있었다. 빈곤한 사람에게는 세금을 경감해주었고 알레포와 같이 부자가 많은 도시에게는 전비 마련을 위해 높은 세금을 부과했다.

칼리프와 술탄 간의 권력 싸움은 복잡하게 전개되었다. 1131년 술탄 마흐무드가 죽자 그의 형제들인 마수드와 투그룰 간에 권력 쟁탈전이 벌어졌으며 이에 편승하여 칼리프 무스타르쉬드까지 판에 끼어들었다. 투그룰을 지지한 칼리프의 군대는 마수드를 지지한 장기의 군대를 물리쳐 모술로 후퇴하게 만든 후 1133년 수개월 간 도시를 포위하기도 했다. 그러던 중 1135년 초 다마스쿠스에 들어선 햇병아리 이스마일 정권은 장기의 지지를 조건으로 그에게 조공을 바치겠다는 제안을 한다. 장기로서는 마다할 이유가 없는 제안이었다. 부리의 아들 이스마일이 성주 자리를 이어받았으나 반대 세력이 위협하자 성을 내줄 각오를 하고 실력자인 장기에게 의존한 것이다.

하지만 이를 용납하지 않은 그의 어머니 주무르드(Zumurrud)가 반대파와 손을 잡고 이스마일을 살해한 뒤 작은 아들 쉬합 앗 딘 마흐무드를 성주 자리에 앉혔으나 그도 곧 암살되고 만다. 그러자 작은 아들의 원수를 갚기 위해 힘이 필요한 주무르드는 장기와 결혼을 제의했다. 이를 받아들인 장기는 바그다드의 칼리프가 모술을 위협하고 있음에도 불구하고 성을 부하에게 맡겨놓고 650킬로미터에 이르는 장정에 나선다. 다마스쿠스를 중시하는 장기의 면모가 여실히 드러난 행동이다. 장기가 다마스쿠스를 포위하고 있을 때 칼리프는 서한을 보내 철수를 요청했는데 장기는 이를 순순히 받아들였다. 장기가 칼리프의 요구를 들어준 것을 보면 칼리프 무스타르쉬드의 힘이 엄청 큰 것처럼 보였으나 상황이 그렇게 만만치는 않았다. 병력을 재정비한 술탄 마수드가 칼리프의 군대를 물리치고 무스타르쉬드를 생포한 후 그를 살해한 것이다.

이제 바그다드의 권력을 장악한 술탄 마수드에게 남은 과제는 장기의 지지를 확보하는 것이었는데, 이모저모로 상황을 주시하던 장기는 결국 마수드의 손을 들어주었다. 이로써 장기는 셀주크 술탄의 가장 막강한 장군이 되어 그의 야심을 무제한으로 펼칠 수 있게 되었다. 장기는 주무르드와 결혼한 뒤 홈스를 무력으로 점령했다. 그러나 그렇게 염원하던 다마스쿠스는 끝내 수중에 넣지 못했다. 대신 인근 발벡을 점령한 후 살라딘의 아버지 아유브를 태수로 지명하고 모술로 철수했다. 발벡은 살라딘이 8세가 될 때까지 머물렀던 곳이다. 장기의 역사적 중요성은 모술 및 여타 도시에서의 선정(善政)에 있다기보다 십자군과 싸워 이김으로써 땅에 떨어진 이슬람의 자존심을 회복시켰다는 데 있다.

장기의 가장 큰 업적은 십자군 수중에 들어가 있던 에데사(오늘날 터키의 우르파Urfa)를 수복한 것이다. 이 도시는 로마의 콘스탄티누스 대제가 기독교를 공인하기 훨씬 전부터 이미 기독교가 성행했던 유서 깊은 도시로서 세계 최고(最古)의 기독교 도시 중 하나이다. 1144년 장기는 에데사에서 동북쪽으로 130킬로미터 떨어진 디야르 바크르(Diyar-Bakr)를 전략적으로 공격했다. 디야르 바크르는 에데사와 동맹을 맺은 도시인데 장기가 꾀하는 것은 이곳을 공격함으로써 에데사 성주 조슬랭 드 쿠르트네(Joscelin de Courtenay: 조슬랭 2세)를 성 밖으로 유인하는 것이었다.

조슬랭 2세는 '이교도 중에서도 가장 지독한 악마'로 불릴 정도로 무슬림에게 혐오의 대상이었던 조슬랭 1세의 아들이다. 작은 키, 큰 코에 눈이 튀어나온 조슬랭 2세는 부친을 닮아 용맹스럽기는 했으나 보통 때는 게으른 쾌락주의자였다. 그는 고단한 산지에 머무르는 것보다 편히 쉴 수 있는 평원의 봉토에서 지내는 것을 선호했다.

그를 성 밖으로 끌어내는 계략은 계획대로 맞아 떨어졌다. 조슬랭이 알레포와 모술을 연결하는 장기의 통신 루트를 차단하기 위해 정예병을 이끌고 성 밖으로 출병한 것이다. 이틈을 타 장기의 군대는 에데사로 진군하여 성을 포위했다. 에데사로 돌아갈 길이 막힌 조슬랭은 다른 성에 머물면서 철옹성으로 유명한 에데사가 어떻게든 적의 공격을 막아내기만을 고대해야 했다. 포위된 에데사는 방어진을 구축

고대 에데사(지금의 우르파Urfa, 터키)의 유적. 중앙 통로길을 따라 양쪽으로 상점들이 들어서 있다. (사진. Carole Raddato 프랑크푸르트, 독일)

하고 장기군과 대치하면서 500킬로미터 떨어진 예루살렘에서 구원병이 오기를 기다렸다. 가톨릭과 아르메니아 정교 신자들로 구성된 방위병이 4주 동안 무슬림군의 파상적인 공격을 막아냈으나 중과부적으로 결국 성은 함락되고 말았다. 1144년 12월 23일의 일이다.

1099년 예루살렘이 십자군에게 점령당했을 때와 같은 운명을 맞게 된 에데사는 무차별 파괴, 약탈 및 살육을 경험해야 했다. 부녀자와 아이들을 포함 5천 명이 넘는 주민이 살해되었다. 그러나 도시 전체가 파괴되지는 않았다. 성안으로 들어온 장기가 풍요롭고 아름다운 성내 풍경에 반해 파괴를 중단시켰기 때문이다. 에데사 함락은 12세기 서양의 역사에서 한 페이지를 장식한 큰 사건이다. 이 사건으로, 본토 유럽인도 시리아 내 프랑크 인이 받은 것에 못지않은 큰 충격을 받았다. 유럽은 지난 수십 년 동안 계속해서 중동에 지원군을 보내지 않으면 예루살렘을 다시 잃게 될 것이라는 경고를 받아왔다. 이제 이러한 경고가 현실로 다가온 것이다. 반면 바그다드에서 북아프리카에 이르는 전 이슬람 세계는 이 소식에 감격했다. 장기는 이 업적 하나만으로도 이미 천국행이 보장되었다고 칭송했다. 이 사건을 계기로 지하드에 동참하겠다는 사람들의 숫자가 급증하면서 장기는 이슬람 세계 최고의 영웅으로 떠올랐다.

이렇게 높은 사기가 지속될 경우 곧 십자군 아성이 모두 무너질 것 같은 분위기였다. 그러나 2년 후 장기는 시종들에게 암살되어 허무하게 세상을 뜨고 만다. 어느 날 밤 술에 취해 잠들어 있던 막사 안으로 종자 몇 명이 몰래 들어와서 그가 마시다 남은 술을 마셨는데, 잠에서 깨어난 장기는 이들에게 한바탕 욕설을 퍼붓고는 다시 잠이 들었다. 장기의 포악한 성격을 익히 아는 종자들은 다음날 아침에 벌어질 일을 두려워하여 장기를 살해했다. 허망한 죽음이었다. '이슬람의 기둥' 장기는 1146년 9월, 62세에 그렇게 생을 마감했다. 장기의 시신은 657년 알리와 무아위야(아부 수피얀의 아들로 우마이야 왕조 초대 칼리프) 간에 이슬람 공동체 지도자 문제를 둘러싸고 최초로 무슬림끼리 전투

를 벌였던 유프라테스 강 상류의 시핀(Siffin) 평원에 묻혔다. 당시 수
많은 믿음의 인물들이 죽었던 바로 그 장소이다.

누르 알 딘 시대

장기의 대업을 이어받은 사람은 그의 둘째 아들 누르 알 딘(Nur al-
Din: 종교의 빛)이다. 누르도 타고난 지도자였다. 그는 절제, 용기, 위엄
등과 같은 좋은 자질을 아버지로부터 물려받았으나 잔인함과 비양심
적인 태도 등과 같은 부정적인 요소는 물려받지 않았다. 장기가 공포
로 통치했다면 누르는 지성과 인품 그리고 인내로써 통치했다. 한마
디로 소프트파워가 뛰어난 지도자였다. 훌륭한 사람 밑에서 인재가
나는 법. 누르는 살라딘의 롤 모델이 되었다.

발벡에서 유년시절을 보낸 살라딘은 8세 때 아버지를 따라 다마스
쿠스로 옮긴다. 장기 때부터 인연을 맺은 아버지 아유브가 누르에게
도 충성심을 인정받았기 때문이다. 그러나 정작 누르의 측근이 된 것
은 그의 동생 쉬르쿠(Shirkuh)였다.

다마스쿠스는 유서 깊은 중동의 도시이다. 지리적인 중요성과 역
사적인 무게를 함께 갖추고 있으며 전략적 요충지이기도 하다. 북쪽
인근에는 1,100미터 정도의 카시윤(Qasiyoun) 산이 있다. 이 산에 있
는 한 동굴에서 믿음의 조상 아브라함이 태어난 것으로 알려져 있다.
또한 이 산에서 인류 최초의 살인자 카인이 동생 아벨을 살해한 것으
로도 알려져 있다. 남서쪽으로는 눈에 덮여 있는 헤르몬(Hermon)산이

이슬람 4대 성소 중 하나인 우마이야 사원Umayyad Mosque의 정경 시리아 다마스쿠스에 위치하고 있다.(사진. 베르나르 가뇽 Bernard Gagnon, 2010년)

있다. 2,814미터에 이르는 이 산은 고대 시절 세상에서 가장 높은 곳에 위치한 신전이 있었던 곳이다. 시내 중심에는 웅장한 우마이야 모스크(Umayyad Mosque)가 있다. 1천 년 동안 우상 숭배의 중심지였다가 로마의 사원이 되었으며 이후에는 기독교 교회가 서있던 이곳에 8

세기 칼리프 알 왈리드(Al-Walid)가 이슬람 사원을 지었다. 그리고 이슬람이 모든 종교를 석권했음을 선포했다. 우마이야 모스크는 메카, 메디나, 예루살렘에 이어 이슬람 4대 성소 중 하나이다.

장기가 죽은 후 그의 영지는 아들들 간에 분배되었다. 장남 사이프 앗 딘(Saif-ad-Din)이 모술과 이라크 영토를 차지했고 차남 누르 알 딘은 알레포와 시리아를 차지했다. 누르는 유프라테스 강과 티그리스 강 사이에 있는 메소포타미아의 중심지역 알 자지라(Al-Jazirah)에서 멀어졌지만 이것이 오히려 그에게는 득이 되었다. 복잡한 바그다드 권력 싸움으로부터 벗어났기 때문이다. 더 나아가, 아버지 시절 에데사 함락으로 북쪽의 라이벌이 제거됨으로써 누르는 서두르지 않고 팽창정책을 펼칠 수 있게 되었다. 그의 목표는 서쪽으로는 안티오크 그리고 남쪽으로는 다마스쿠스를 점령하는 것이다. 누르는 아버지 때부터 염원인 다마스쿠스 점령은 달성했으나 모든 꿈을 다 이루지는 못하고 죽었다. 그가 사망했을 때 안티오크와 트리폴리는 아직 기독교 세력의 수중에 있었고 크락 데 슈발리에, 알 카락, 아쉬 샤우박 등 십자군의 성채도 여전히 무슬림에게 위협적인 존재로 남았다. 물론 예루살렘도 기독교인의 수중에 있었다.

누르는 훌륭한 군인으로서 십자군을 상대로 많은 승리를 거두었다. 그러나 그에게는 장기의 에데사 점령이나 살라딘의 예루살렘 탈환과 비교할 수 있을 만큼 결정적인 업적은 없었다. 에데사를 재탈환하려는 기독교 세력을 물리친 후 누르는 조직적으로 이 지역의 정치적 중요성을 약화시키는 조치를 취했다. 그런 후 누르는 안티오크를 파상적으로 공격했다. 그의 공격으로 안티오크 주변의 십자군 보루들이 무너지자 기독교 세력은 오론테스 강을 기점으로 서쪽의 조그만 영토만을 지키는 세력으로 축소되었다.

1149년 벌어진 이납(Inab) 전투에서 안티오크 성주 레몽이 죽자 그의 두개골은 은으로 장식되어 바그다드의 칼리프에게 보내졌다. 1년 후에는 명목상으로만 에데사 성주인 조슬랭 2세가 체포된 후 눈을 잃었고, 결국 포로의 몸으로 죽었다. 이러한 것들이 누르의 대표적인 업적이다.

1164년 아르타(Artah) 전투에서 누르는 인상적인 승리를 거두었다. 안티오크가 거의 함락 직전에 이르렀으며 성주 보에몬드, 트리폴리 백작 레몽, 루시냥의 휴즈 등이 쇠사슬에 묶여 알레포로 끌려갔다. 이때 안티오크를 점령했더라면 에데사 회복에 맞먹는 대단한 승리가 되었을 것이다. 그러나 안티오크의 운명이 그렇게 간단히 결정되지는 않았다. 비잔틴 때문이다. 당시 막강한 세력이었던 비잔틴은 안티오크를 매우 중시했다.

누르는 안티오크를 점령할 경우 끊임없이 비잔틴의 역공에 시달리게 될 것을 우려했다. 이렇게 되면 보다 공을 들이고 있는 남쪽 지방 정벌이 물거품이 될 가능성이 컸다. 현저히 약화된 안티오크는 이제 위협적인 존재도 아니었다. 이렇게 판단한 누르는 안티오크를 놔둔 채 기수를 남으로 돌렸던 것이다. 이번에는 이단인 시아파가 통치하고 있는 이집트가 목표였다. 누르는 전 이슬람 세계에 지하드를 외쳤다. 지하드를 통해 시리아와 이라크 그리고 이집트의 무슬림을 단합시키려는 의도였으나 자신을 선전하기 위한 방편으로도 지하드를 활용했다. 물론 누르의 지하드에 모두가 호응한 것은 아니다. 일부 영주들은 지하드가 누르의 위상만을 높이고 자신의 권위는 침해할 것으로 우려했다.

누르의 강점은 투철한 신앙심이다. 그의 숙적인 코냐(Konya)의 킬리지 아르슬란은 누르를 위선자라고 비난했으나 킬리지도 누르의 신앙심에 대해서는 어떤 결점도 발견할 수 없었다. 누르는 청빈했고 술을 마시지 않았으며 부하들의 음주와 방종도 엄격히 단속했다. 이슬람 학교를 많이 세웠고 백성에게 과중한 부담을 주는 세금을 철폐했다. 누르는 당시 강성했던 시아파를 이단으로 간주하고 수니 정통파를 복구하기 위해 집요한 노력을 기울였다. 이 때문에 누르는 '시아파 정복자'로 불린다. 누르는 거의 30년이나 집권했고 무슬림 사가들이 그를 '이슬람의 보호자이자 나팔'이라고 찬양했음에도 불구하고 사실 십자군과 싸워 얻은 전과는 별로 많지 않다. 이것이 정치적으로 그의 약점이 되었다.

누르는 십자군과의 싸움에 그렇게 적극적이지 않았다. 1159년 비잔틴 황제 마누엘과 휴전협정을 체결했으며 1162년 예루살렘 왕 보두앵 3세가 사망했을 때 주변의 충고에도 불구하고 예루살렘을 공격하지 않았다. 앞에서 언급한대로 누르는 아르타 전투 승리로 결정적인 기회를 잡았음에도 불구하고 안티오크를 공격하지 않았다. 한편, 그가 눈의 가시처럼 여기던 파티미드를 전복시켜 수니 이슬람의 영화를 되찾은 사람은 누르 자신이 아닌 그의 부하 살라딘이었다. 살라딘이 파티미드를 무너뜨렸을 때 누르는 바그다드에 사신을 파견하여 이 소식을 이라크 전역에 알리도록 지시했다. 살라딘의 업적을 가지고 자신을 홍보한 셈이다. 이로써 누르가 선전에 능하다는 사실이 드러났다.

제19장
살라딘의 성장

젊은 시절의 살라딘

살라딘의 어린 시절에 대해서는 알려진 바가 거의 없다. 그의 출생연도도 1137년인지 1138년인지 확실치 않다. 그가 누르 알 딘의 군대에서 지휘관이 된 것이 28세 때이니 당시로서는 상당히 늦깎이인 셈이다. 살라딘은 쿠르드의 라와디야(Rawadiya)족 출신이다. 조상들은 대대로 아르메니아의 다윈(Dawin) 근처에서 살았으며 살라딘 집안은 이지역에서 꽤 명문이었다. 쿠르드는 페르시아와 소아시아 사이에 있는 산악지역에서 떠돌아다니며 살던 유목민족으로 오랜 전통에도 불구하고 독립 국가를 가져본 적이 없다. 쿠르드는 부족에 대한 충성심이 유별나며 명예와 용기를 중시하고 손님을 융숭하게 대접하는 것으로 유명하다. 전쟁을 즐기는 호전적인 민족인 이들은 한 곳에 정주하여 문화적인 생활을 하는 것에는 무관심했다.

살라딘의 조부 샤디(Shadhi)는 비흐루즈(Bihruz)라는 그리스 친구

덕분에 운이 트이기 시작했다. 비흐루즈는 노예 출신이나 권력의 사다리를 잘 타서 바그다드 총독 자리에까지 오른 인물이다. 비흐루즈가 어떤 연고로 샤디와 그의 가족을 특별히 보살펴주었는지는 알 수 없으나 그는 샤디의 장남 아유브(Aiyub ibn-Shadhi Naim ad-Din)를 발탁하여 티그리스 강 연변의 티크리트 태수 자리에 앉혔다.

아유브는 판단력이 뛰어나고 처세술이 좋은 사람이었던 것 같다. 아유브가 티크리트 태수로 있던 1132년 어느 날 운명의 수레바퀴가 그의 앞으로 굴러왔다. 성에서 망을 보는 병사의 눈에 평원을 가로질러 강 쪽으로 향하는 일단의 기마병이 들어온 것이다. 장기의 군대였다. 야심만만한 장기는 술탄과 칼리프 간의 싸움에서 술탄 편을 들다가 칼리프의 군대에 쫓기는 상황에 처한 것이다. 부상당한 장기는 강을 건너기 위한 배를 원했고 그의 청을 아유브가 들어주었다. 상처를 치료해주고 티그리스 강을 건너 알레포로 무사히 귀환토록 도와줌으로써 생명의 은인이 된 것이다.

칼리프 편에 속한 비흐루즈와 술탄 편인 장기는 이미 오래 전부터 원수지간이었으므로 아유브의 이러한 행동은 명백히 자신의 은인에 대한 배신이었다. 아유브가 장기라는 젊은 장수를 거저 구해준 것 같지는 않다. 이 사건 직후 아유브는 자신의 관내에 있는 중요한 정치범을 처형하라는 비흐루즈의 명령도 이행하지 않았다. 아마 그는 당시 정치 상황을 놓고 저울질을 하고 있었던 같다. 아유브는 비흐루즈가 오래 가지 못할 것이라는 계산을 했거나 아니면 바그다드의 정치

권에 비흐루즈보다 더 유력한 인물에게 줄을 대고 있었을 수도 있다. 마침 이때 동생 쉬르쿠(Asad al-Din Shirkuh)가 싸움 끝에 비흐루즈의 측근을 살해한 사건이 발생했다. 쉬르쿠는 정의심이 있었으나 성급하고 경솔했다. 이 사건이 결정적이었다. 그렇지 않아도 아유브의 태도를 못마땅하게 여기고 있던 비흐루즈는 아유브를 태수 직에서 해임시켰다. 곧 위험이 닥칠 것으로 예상한 아유브와 쉬르쿠 그리고 그들의 가족은 밤을 틈타 야반도주를 해야 하는 신세가 되었다. 전승에 의하면 이들이 도망가던 밤 아유브의 셋째 아들 살라딘이 태어났다고 한다. 그러나 역사가들 중에는 이를 부인하는 사람이 많다. 아유브 일행은 모술의 장기 밑으로 들어갔다. 떠오르는 장군이었던 장기는 6년 전 아유브가 자신을 구해주었던 일을 잊지 않았다.

장기는 1138년 다마스쿠스를 공격하면서 아유브를 동반했다. 다마스쿠스는 함락되지 않았으나 요충지인 발벡(Baalbek)이 장기의 손에 들어갔으며 그는 아유브를 태수로 임명했다. 발벡과 같이 중요한 곳을 맡긴 것을 보면 아유브의 능력이 범상치 않았음을 알 수 있다. 신앙심이 깊은 아유브는 발벡에 수피 교단을 설립하기도 했다. 아유브는 7년간 발벡을 통치하게 된다.

1146년 장기가 갑자기 살해되자 아유브는 다시 정세를 면밀히 분석한다. 처음에는 저항할 것처럼 보이던 아유브는 발벡을 새로운 군주에게 반납하고 장기의 둘째 아들 누르 밑으로 들어갔다. 계산에 밝은 인물인 것이다. 아유브도 누르 밑에서 보다 높은 지위에 오르기는 했으나 정작 누르의 신임을 얻은 것은 '산 사자(Mountain Lion)''라는 별명을 가진 동생 쉬르쿠였다.

쉬르쿠는 형과는 매우 다른 사람이었다. 아유브는 민첩하고 계산이 빠르며 상황에 잘 적응하는 타입이었다. 정치적 감각이 있었고 행동에 과단성이 있었다. 쉬르쿠는 시끄럽고 다혈질이었으나 형과 마찬가지로 정치적인 감각이 있었으며 무엇보다도 일관성이 있었다. 이 일관성으로 인해 누르의 신임을 얻어 그의 오른팔이 되었다. 쉬르쿠는 키가 작고 뚱뚱한데다 애꾸눈이었으므로 한 눈에 봐도 신분이 천한 사람의 모습이었다. 대식가가 흔한 당시 풍습을 감안하더라도 쉬르쿠는 지나칠 정도로 대식가이자 호주가였으며 결국 이로 인해 죽게 된다. 그러나 이 배불뚝이에다 비호감인 쉬르쿠는 전쟁터에만 나서면 놀라운 활약을 보였다. 겁이 없고 용맹하며 부하에게 격식이 없었다. 그는 병사들에게 가장 인기 있는 장군이었다.

1149년 기념비적인 이납 전투에서 안티오크 성주 레몽을 죽인 장수가 바로 쉬르쿠이다. 시끄럽고 잔인하며 끈질기고 과감한 쉬르쿠는 전쟁터에서는 늘 이기는 장수였다. 싸움뿐 아니라 군수 분야에 전문가적인 식견을 가졌으며 전투 장소를 고르는데도 남다른 안목을 가졌다. 쉬르쿠와 아유브는 1154년 다마스쿠스 점령 시 결정적인 공을 세우게 된다.

다마스쿠스 점령은 두 형제의 합작품이라고 해도 과언이 아니다. 주력부대는 뒤에 남기고 소수의 병력만 거느리고 다마스쿠스 성 앞에 나타난 쉬르쿠는 협상을 요청했다. 다마스쿠스 성주는 물론 그를 성안으로 들여놓지 않았고 자신이 밖으로 나오지도 않았다. 쉬르쿠가 성 밖에서 소요를 일으키고 있는 동안 다마스쿠스 사령관으로 성안에 있던 아유브는 조용히 시민을 선동했다. 8년 전 발벡을 함락시킬 때 썼던 전술과 흡사했다. 시민들은 거의 폭동을 일으킬 지경에 이르렀고 알레포의 대군은 곧 무력으로 다마스쿠스를 점령할 기세였다. 아유브는 그의 전매특허인 침착성을 십분 발휘하여 배신자의 역할을 충실히 수행했다. 성이 무혈로 함락된 후 아유브는 일등공신으로 인정을 받았다. 이 공로로 아유브는 누르와 독대하는 특전을 누렸으며 누르가 알레포로 돌아간 뒤에는 다마스쿠스 총독으로 임명되었다. 37세의 누르는 마침내 시리아의 양대 도시인 알레포와 다마스쿠스를 함께 통치하는 술탄이 되었는데 아유브 형제의 공이 컸다.

살라딘은 16세 때 아버지를 따라 다마스쿠스로 옮겨와 이곳에서 10년 간 거주하게 된다. 살라딘은 당시 아랍 귀족들에게 행해졌던 전통적인 교육을 받았다. 종교, 철학, 과학은 불가분의 일체였으며 아랍어 문법, 수사 및 시문학은 귀족으로서의 품위와 세련미를 다듬는데 필수 과목이었다. 아버지가 수피즘 후원자였으므로 수피의 신비주의에 관한 교육도 받았을 것이다. 무슨 특별한 재능은 없었던 것 같고 조용하고 신중한 성격이었으므로 사람들 눈에 잘 띄지 않았다. 그러나 그가 세상과 동떨어진 삶을 산 것은 물론 아니다. 아랍 명문가의 역사와 장군들의 승전, 전통 아랍 시조 등에 해박했고 아랍 명마(名馬)

의 혈통에 대해서도 익숙했다.

살라딘은 14세인 1152년부터 알레포에 주둔하던 삼촌 쉬르쿠의 군문에 들어가 군사훈련을 받기 시작했다. 18세 때 다마스쿠스의 행정관리에 임명되었으며 얼마 있다가 누르의 연락장교가 되었다. 이 시기의 살라딘이 종교적으로 독실했다는 기록은 없다. 아마 그 반대였을 가능성도 있다. 왜냐하면 1157~1161년간 아유브와 쉬르쿠는 세 차례에 걸쳐 메카 순례단을 이끌었고 마지막 순례에는 누르도 참가했는데 살라딘이 참가했다는 기록은 없기 때문이다. 살라딘이 40세에 이집트 총리가 되었을 때 서기관 바하 앗 딘(Baha ad-Din)에게 "신의 은총을 입었으므로 이제부터는 술과 세상의 열락을 끊겠다"라고 말한 기록이 있는 것으로 보아 그때까지는 상당히 세상의 쾌락에 젖어있었을 가능성이 높다. 살라딘은 사냥을 즐겼고 폴로 게임에서 솜씨 좋은 선수로 이름을 날렸다. 당시 격렬한 폴로 경기에서 충돌로 인해 사상자가 많이 발생했다는 점을 감안할 때 살라딘은 강인한 체력을 가졌던 것 같다.

카이로의 정세 변화

1163년 가을 이집트에서의 정세 변화가 살라딘에게 기회를 가져다준다. 이집트는 당시 시아파인 파티마 왕조 밑에 있었다. '파티마'는 예언자의 딸 이름으로부터 온 것이다. 알리와 그의 아들 후세인으로 인해 창설된 시아파는 알리와 파티마 부부의 자손들이 대를 이어 이맘

직을 승계했으므로 '파티마'는 원조 할머니 격이다. 대를 이어 내려
가던 시아파는 8세기 이스마일에 이르러 파가 갈라지게 된다. 이맘에
올라야 할 이스마일이 일찍 죽었기 때문이다. 이스마일을 따르는 사
람들은 다른 이맘은 인정하지 않고 이스마일의 아들 무함마드가 그들
의 마흐디(메시아)로 다시 나타날 것을 믿었다. 이것이 이스마일 파이
며 이를 배경으로 등장한 것이 파티마 왕조이다. 그리고 나중에 다시
정세가 복잡해지면서 이스마일파로부터 변종인 아사신이 갈라져 나
왔다. 하여튼 이들 모두 시아파이다.

909년 지금의 알제리에서 시작된 파티마 조는 튀니지에서 성장한
후 973년 수도를 카이로로 옮겼으며 1171년까지 거의 270년간 존속
했다. 당시 카이로는 예술, 건축, 학문의 중심지로 명성을 떨쳤다. 카
이로 시대의 최초 칼리프 자와르 알 시킬리(Jawhar al-Siqilli)는 알 아
즈하르 대학을 설립했다. 이것이 이슬람 세계 최고(最古)의 대학이다.

12세기 전반 파티마 왕조에게 가장 위협적인 존재는 예루살렘 왕
국이었다. 프랑크 족은 시리아 해안지역과 수많은 내륙의 요새들을
손에 넣고 있었을 뿐 아니라 약탈을 좋아하는 탐욕스러운 전사들이기
도 했다. 사실 이는 이집트에게 다행스러운 일이었다. 십자군은 명예
못지않게 황금에 눈이 멀어있었기 때문에 이를 눈치 챈 파티마 왕조
는 돈으로 달래면서 그들의 침공을 막고 있었기 때문이다. 그러다가
장기와 누르의 시리아 세력이 강해지면서 시리아와 프랑크는 일종의
세력 균형을 이루게 되는데 이집트는 이를 이용하려 했다. 이집트의

이슬람 최고(最古)의 대학인 알 아즈하르 대학Al-Azhar University(필리프 로베르Philippe Robert 作, 1924년)

와지르(재상 또는 총리)들은 양측을 서로 이간질하거나 또는 한번은 이쪽에 붙었다 다음에는 저쪽에 붙는 식으로 게임을 하고 있었다. 그러나 게임도 도를 넘으면 해를 입게 되는 법이니 이집트는 스스로 화를 자초하고 말았다.

살라딘이 장성했을 때 파티마는 이미 쇠퇴기에 접어들고 있었다. 그들은 동부의 전초기지인 아스칼론을 프랑크에게 뺏겼으며 15명의 재상 중 14명이 살해되었다. 재상이 되려는 자는 전임자를 죽이는 방식이었다. 후술하는 샤와르(Shawar)도 죽을 뻔하다 겨우 살아난 사람이다. 당시 양대 세력인 시리아의 누르와 예루살렘 왕은 대등한 라이벌이었다. 그들은 상대방이 이집트를 차지함으로써 세력 균형이 깨지는 것을 원치 않았다. 따라서 그들에게 이집트의 향배는 가장 큰 관심사항이었는데 바로 이때 샤와르가 등장했다. 아랍 부족장 출신의 샤와르는 상 이집트(Upper Egypt)의 총독으로 있다가 1163년 재상으로 임명된 인물이다.

샤와르는 8개월간 재임 후 경비대장 디르감(Dirgham)이 일으킨 정변으로 축출되자 다마스쿠스에 와서 누르에게 파격적인 제안을 한다. 자신을 복귀시켜주는 대가로 이집트 연간 수입의 3분의 1과 군대 파병에 필요한 모든 비용을 부담하겠다는 것이다. 쉬르쿠 등은 누르에게 이 제안을 받아들이도록 충고했으나 누르는 좀처럼 움직이지 않았다. 그러자 디르감과 손을 잡은 예루살렘 왕 아말릭(Amalric)이 이집트를 공격하여 조공과 함께 무기한 휴전 약속을 받아냈다. 허를 찔린 누르는 그때서야 쉬르쿠에게 출병 명령을 내린다. 쉬르쿠는 디르감을 물리치고 샤와르를 복귀시킴으로써 임무를 완수했으나 샤와르는 약속을 지키지 않았다. 국가 수입의 3분의 1이나 되는 거금을 매년 조공으로 바친다는 것이 말처럼 쉽지 않았을 뿐 아니라, 시리아가 궁극적으로는 파티미드 왕조의 전복을 노리고 있다는 사실을 알아챘기 때문이다. 쉬르쿠가 약속을 어긴 샤와르를 공격하자 궁지에 몰린 샤와르는 이번에는 아말릭에게 도움을 요청한다. 이렇게 해서 쉬르쿠-샤와르-아말릭 간에 밀고 밀리는 진흙탕 싸움이 벌어지게 되었다.

아말릭은 아랍에는 모리(Morri)로 알려져 있다. 아말릭은 흐느적거릴 정도로 키가 컸으며 신경질적으로 말을 더듬는 사람이었다. 그는 자신의 약점을 감추기 위해 큰 소리로 오랫동안 웃곤 했다. 그의 열망은 이집트를 정복하는 것이다. 예루살렘과 이집트 간 동맹조약 체결 시 샤와르를 온전히 믿지 못하는 아말릭이 칼리프의 비준을 요청하여 예루살렘은 기사들로 구성된 대표단을 카이로에 파견했다. 칼리프가 대표단장 휴즈(Hugh of Caesarea)를 영접하면서 장갑을 낀 채로 손을 내밀자 직선적인 휴즈는 퉁명스럽게 말했다.

"폐하, 진심에는 덮개가 없습니다. 왕들 간의 신뢰에는 모든 것이 열려 있고 공개되어 있는 법이지요."

이 말을 듣고야 칼리프는 장갑을 벗고 웃는 얼굴로 휴즈와 악수했다고 한다.

제20장
총리 살라딘

운명적으로 찾아온 기회

쉬르쿠는 이집트로 출병할 때 조카 살라딘을 대동했다. 살라딘에게
일생일대의 기회가 오게 되는 것이다. 살라딘은 여러 전투에 참가했
으나 주목받을만한 전과는 없었다. 공격해오는 아말릭 군을 한 차례
막아낸 것이 전부였다. 그러다가 쉬르쿠는 이집트 제2의 도시인 알렉
산드리아를 점령한 뒤 성을 떠나면서 지휘권을 살라딘에게 맡겼다.
이것이 그에게 찾아온 첫 번째 기회였다. 2300년 전 알렉산드로스 대
왕이 그의 이름을 따라 만든 이 도시는 카이로에서 북서쪽으로 130킬
로미터 떨어져 있다. 높이가 130미터에 이르는 등대는 고대의 7대 불
가사의 중 하나로 이 도시의 상징이 되었다. 알렉산드리아는 현재에
도 이집트 제2의 도시이다.

사령관으로서의 처신과 큰 도시의 방어라는 막중한 임무가 처음으
로 그의 어깨 위에 놓였다. 살라딘은 이 기회를 놓치지 않았다. 샤와

르와 아말릭이 합동으로 성을 포위하였으나 동요하지 않고 성을 끝내 지켜낸 것이다. 소수의 병력, 통신 두절, 군수물자 차단이라는 악조건 하에서 버텨낸 것은 대단한 성과이다. 살라딘은 상대적으로 적은 병력에도 불구하고 도시 주민의 조력을 얻어 생존할 수 있었다. 병력 부족, 적의 파상적인 공격과 굶주림 속에서 쉬르쿠의 지원군이 올 때까지 75일을 버텨냈다. 교착상태에 빠진 양측은 1167년 8월 쌍방이 이집트에서 철수한다는 협정에 서명하고 포로 교환에 합의했다. 이때 살라딘은 무슬림 측 대표로 아말릭 진영에서 일주일을 지내게 되었다. 이 일주일은 그에게 유럽식 기사도와 군율을 체험할 수 있는 좋은 기회였다. 짧은 시간이었지만 그는 토롱의 험프리(Humphrey of Toron)와 친분을 쌓았다.

알렉산드리아 공방전으로 살라딘은 시리아군에서 명실상부한 2인자로 떠오르게 된다. 누르는 상으로 알레포 인근의 마을 2개를 영지로 하사했다.

한때 동맹으로까지 발전했던 이집트와 예루살렘 관계는 샤와르가 조공을 지체함으로써 급격히 악화되었다. 이 돈은 예루살렘이 시리아와 전쟁을 수행하는데 꼭 필요한 것인데 돈이 들어오지 않으니 곤경에 처한 것이다. 1168년 10월 아말릭은 군대를 이끌고 이집트로 쳐들어갔다. 샤와르는 급히 사신을 보내 곧 조공을 바칠 것을 약속했으나 한편으로는 아들 타이이(Taiy)가 지휘하는 빌바이스(Bilbais) 수비대에게 적극 저항하라는 명령을 내린다. 시간을 벌면서 적을 유인하는 양동작전을 펼친 것이다. 아말릭군이 빌바이스로 진격해오자 타이이는 "그대는 빌바이스를 치즈 조각으로 생각하는가?"라는 경멸조의 메시지를 보냈고 이에 대해 아말릭은 "그렇다. 빌바이스는 치즈이고 카이로는 버터이다"라는 답신을 보냈다고 한다.

빌바이스 군대의 강력한 저항에 분노한 예루살렘군은 성으로 들어온 후 광범위한 살육을 자행했다. 수천 명을 죽이고 타이이는 생포하여 인질로 삼았다. 이른바 빌바이스의 학살이다. 이후 카이로까지 쳐들어온 예루살렘군을 막을 도리가 없자 샤와르는 막대한 조공을 바침으로써 발등의 불을 끄려했다. 그러나 아들 카밀은 칼리프의 방침에 따라 누르의 군대를 불러 아말릭을 물리칠 것을 강력히 주장했다. 이에 반대하는 목소리도 컸다. 시리아 군대를 끌어들일 경우 파티미드는 끝장이라는 의견이 있었고, 시리아 군대라는 것이 투르크인, 쿠르드인, 아르메니아인 등 잡종으로 이루어진 혼성군이라고 경멸하면서 이들을 불러들이느니 차라리 프랑크족에게 조공을 바치는 것이 낫다는 의견도 있었다. 그러나 빌바이스 학살을 경험한 시민들의 중론은 시리아군의 지원을 요청하는 것이다. 샤와르는 300년 동안 이집트의 수도였던 카이로 교외의 푸스타트에 불을 질러 도시를 전소시키면서 우선 프랑크군의 카이로 진입을 막았다. 이 화재는 거의 두 달 동안 계속되었다.

누르에게 구원을 요청하기 위해 칼리프는 친필로 쓴 편지와 함께 왕비의 머리카락을 담은 함을 보냈다. 이러한 것이 당시로서는 진심을 전달하는 가장 강력한 방식이기 때문이다. 누르는 즉각 쉬르쿠에게 출동 명령을 내렸다. 누르는 그의 근위대에서 2천 명, 그리고 투르크멘인과 쿠르드인으로 구성된 6천 명 등 도합 8천 명의 병사를 동원했으며 금고에서 20만 개의 금화(20만 디나르)를 꺼내 병사 한 명당 20개씩 나누어주었다. 누르는 또한 살라딘에게 삼촌과 동행할 것을 명했다. 살라딘은 이를 거절하려 했으나 삼촌의 간곡한 요청에 따라 수락했다. 살라딘은 나중에 이집트 원정을 '억지로 끌려간 원정'으로 묘사했다. 그만큼 가기 싫었고 무언가 자신이 없었던 원정이었던 것 같다. 하여간 이 원정을 거부했던 것은 아직까지도 미스터리이며 역사가들 사이에도 의견이 분분한 부분이다. 아마도 알렉산드리아에서의 힘들었던 경험이 그를 주저하게 만들었을 수 있고 조용히 다마스쿠스에 머무르고 싶은 생각이었을 수도 있다. 하지만 어떻게든 피하려던 이 원정이 그를 명예의 정점으로 끌어올렸다. 누르가 풍부한 물자를 제공하면서까지 살라딘을 삼촌 쉬르쿠와 함께 출정하도록 지시했던 점도 아이러니가 아닐 수 없다. 그는 훗날 이 결정을 깊이 후회했을 것이 분명하다.

1168년 12월 17일 쉬르쿠의 군대는 아말릭에게 경고를 발했고 아말릭은 수에즈에서 쉬르쿠 군과 한판 붙어보려고 카이로에서 일시 회군까지 했으나 실제적으로는 싸워보지도 못한 채 퇴각하고 말았다. 아말릭의 원래 목표는 이집트를 점령하는 것이 아니라 원래부터 있었던 카이로 내 기독교 영지를 회복하고 그곳에 병영도시를 건설하는 것이었다. 좋은 기회를 맞이한 것처럼 보였던 아말릭의 야심은 시리아의 개입으로 마지막 순간에 무산되고 말았다. 바로 1년 전 이집트와 아말릭 연합군의 공격으로 알렉산드리아로부터 철수해야 했던 쉬르쿠는 이제 칼리프의 귀빈이 되어 1169년 1월 보무당당하게 카이로로 입성했다. 쉬르쿠는 칼리프로부터 영예로운 망토를 하사받아 이를 자랑스럽게 걸치고 다녔다. 이제 끈이 떨어진 샤와르가 목숨을 부지하기 위해서는 다른 방법이 없었다. 그는 매일 쉬르쿠의 진영을 방문하여 인사를 드리고 찬양하는 말을 늘어놓아야 했다.

그러나 샤와르가 누구인가. 한편으로는 연회에서 쉬르쿠를 암살하기 위해 아들 카밀을 음모에 가담시키려고 했다. 샤와르의 논리는 쉬르쿠를 죽이지 않으면 자신이 죽고 파티미드 왕조도 끝난다는 것이었다. 사실 맞는 이야기이다. 그러나 강직한 카밀은 아버지에게 동조하지 않았다. 프랑크 족에게 이집트를 빼앗기느니 차라리 같은 무슬림인 시리아에게 죽는 것이 낫다는 것이다. 아들을 설득하지 못한 샤와르는 마침내 비참한 최후를 맞는다. 1월 18일 카이로 외곽에 있는 모스크를 방문했다가 살라딘이 지휘하는 시리아 경비병에게 붙잡힌 후 칼리프의 명에 의해 참수되고 만 것이다. 샤와르가 죽은 바로 그 날 쉬르쿠는 시리아 원정군 사령관에서 이집트 총리로 급부상했다. 쉬르쿠는 이제 세 명의 상관을 모셔야 할 판이다. 시리아의 누르 알 딘, 카이로의 칼리프 알 아디드 그리고 명목상 누르의 상관인 바그다드의 칼리프 알 무스타디가 그들이다.

알 아디드가 쉬르쿠의 총리 임명 사실을 알리는 편지를 보내자 누르는 대노한다. 누르는 즉각 쉬르쿠에게 다마스쿠스로 돌아오라는 편지를 보내지만 거절되자 시리아에 있는 쉬르쿠의 재산을 압수했다. 명예와 권력에는 모두 약한 것일까? 그토록 신임했던 쉬르쿠가 권력에 어두워 배신한 것으로 판단한 것이었을까? 누르가 쉬르쿠를 의심했던 것은 사실 당연하다. 불과 2년 전만 하더라도 쉬르쿠는 파티미드의 전복을 위해 전면전을 주장했던 사람이다. 그러던 그가 이제 파티미드의 총리로 임명된 후에는 칼리프를 쫓아낼 생각조차 하지 않고 권력에 안주하는 것이 아닌가! 누르의 분노가 영향을 미쳤는지 쉬르쿠는 오래 가지 못했다. 총리로 임명된 지 불과 2개월 후 과식으로 말미암아 갑자기 사망하고 말았다. 1169년 3월이다. 원래 과음 과식하는 습관이 있었던 그였는데 총리가 되었다고 허리끈을 풀고 주야장창 먹고 마셨던 것이 원인이었던 것 같다. 과식 후 따뜻한 물로 목욕을 하다가 갑자기 발작을 일으켜 사망했다고 한다.

쉬르쿠는 단단한 체구에 성 마른 얼굴, 불같은 성격의 소유자였다. 지적 수준은 높지 않았으나 무슬림의 영광을 위해 애썼고 고난에 굴하지 않았으며, 분수에 넘치는 생활도 하지 않았다. 부하들의 사랑을 받았던 담대하고 능력 있는 군인이었다. 그는 자신의 죽음으로 조카 살라딘에게 길을 열어주었다.

총리가 된 살라딘

카이로의 정치적 상황은 단순하지 않았다. 백성들은 쉬르쿠를 기독교 세력의 위협으로부터 해방시킨 영웅으로 숭상하는 분위기였다. 칼리프와 그의 측근은 전횡을 일삼던 샤와르를 제거한 것에 안도했으나 이제 쉬르쿠가 파티미드에 반기를 들 가능성을 우려했다. 이런 와중에 쉬르쿠가 갑자기 죽자 그의 후임이 가장 큰 현안으로 떠올랐다. 쉬르쿠가 이집트 총리이자 시리아 원정군 사령관이기 때문에 두 개의 중요한 자리를 채우는 문제이다. 일각에서는 이번 기회에 두 명의 새로운 인물을 임명하여 권력을 분산시키자는 의견도 있었으나 칼리프는 의견이 달랐다. 그는 총리가 소위 해방군(liberation army)인 시리아 병력을 관장하는 것이 꼭 필요하다는 의견이었다.

　살라딘은 삼촌에 의해 후임자로 이미 지명되었기 때문에 사령관직을 맡는 데는 유리한 위치에 있었으나 쉬운 일은 아니었다. 쿠르드 출신 병사들의 지지를 얻고 있었으나 누르에게 충성하는 누리야(Nuriyah) 장군과 그의 부하들이 거세게 반대했다. 그를 지지하는 세력의 중심은 한때 살라딘과 샤와르 딸의 혼인을 중재했던 이사 알 하카리(Isa al-Hakkari)이다. 유능한 하카리의 노력으로 살라딘은 마침내 사령관직을 차지할 수 있었으나 누리야는 끝까지 반대했다. 누리야는 자신의 병력을 이끌고 다마스쿠스로 돌아가 누르에게 살라딘의 배신과 불충을 보고했다. 이 사이에 칼리프는 살라딘에게 이집트 총리직까지 맡겼다. 아마 파티미드로서는 이렇게 해서 시리아 진영의 분열을 더욱 부추길 심산이었을 것이다. 살라딘이 젊고 경험이 일천하며 강골이 아니었다는 점이 칼리프에게는 오히려 매력적이었다. 쉽게 조종할 수 있을 것으로 생각했기 때문이다. 이 소식이 전해지자 누르는 시리아 내 쉬르쿠와 살라딘의 모든 영지를 몰수하고 살라딘을 격하하기 위해 칼리프가 하사한 총리(와지르)라는 칭호를 무시하고 그를 단순히 '사령관'으로만 호칭했다.

살라딘은 1169년 3월 26일 쉬르쿠가 죽은 지 사흘 만에 와지르의 자리에 올랐다. 살라딘보다 나이가 많고 경험이 풍부한 장수들은 30세의 애송이가 그들의 상관이 된다는 사실을 쉽게 받아들이지 못했다. 시기심 많은 장수들은 하카리의 설득, 돈의 유혹 그리고 살라딘의 기지와 소통 등이 총동원됨으로써 겨우 살라딘 편으로 돌아섰다. 그밖에도 아르메니아인 기독교도와 5만 명에 이르는 누비아족 흑인 병력이 그의 취임에 극력 반대했다. 살라딘에게는 이제 이를 처리하는 것이 큰 숙제로 남았다. 개인적 측면에서 살라딘은 그전까지 다소 안락함과 쾌락을 추구했던 삶의 방식을 버리고 절제와 경건함으로 돌아섰다. 이슬람 신앙을 최고조로 끌어올리며 삶의 목표를 오로지 이교도를 몰아내고 굳건한 이슬람 제국을 수립하는데 두었다.

살라딘은 누르의 감정을 거스르지 않기 위해 극도로 조심했다. 매주 금요일 카이로에서 열리는 예배에서 누르의 이름을 앞에 내세웠으며 다른 종교 행사에서도 항상 누르의 이름을 최우선적으로 거론했다. 한편으로 살라딘은 자신이 직접 모시고 있는 시아 칼리프의 명예를 높이기 위해서도 진력했다. 살라딘은 법정에 정기적으로 출석했으며 칼리프의 모든 의전행사에 빠짐없이 참석했다. 두 사람은 함께 라마단 행사를 집정했으며 매주 금요일 함께 모스크를 순방했다. 살라딘의 전략은 파트너에 따라 달랐다. 누르에 대해서는 그의 의심을 풀어주는데 진력했으나 칼리프에 대해서는 그의 권력을 약화시키는 것이 목표였다. 칼리프가 살라딘을 만만하게 보고 총리로 임명했다면 큰 오산이었다.

살라딘은 빼어난 전략가였고 서두르지 않으면서 자신의 목표를 달성해나가는 능력이 탁월했다. 그는 권력을 장악하기 위해 주변 정비에 나섰다. 그의 방식은 우선 가족을 측근에 배치하는 것이다. 자신에 대해서도 엄격했다. 투철한 신앙심, 절제, 검소가 몸에 밴 그는 모든 쾌락과 즐거움을 멀리 하고 보다 더 신실한 모습을 보였다. 모든 에너지를 기독교 세력을 몰아내고 무슬림 제국을 건설하는데 집중했다.

한편, 살라딘의 입장은 상당히 어색했다. 그는 시아파 칼리프의 총리이자 수니파 시리아 왕의 장군이기 때문이다. 누르와 바그다드의 칼리프는 금요예배 설교(쿠트바: khutba) 때 정통 칼리프의 이름을 언급토록 압력을 가했다. 그러나 그는 이러한 압력은 받아들이지 않았다. 급격한 종교적 변화를 추구할 경우 큰 반란이 일어날 위험이 있었기 때문이다. 설사 누르와의 갈등이 더 커진다고 해도 수니와 시아 양쪽으로부터 지지를 얻고 있는 정치적 구조가 그에게 더 유리할 것으로 판단했다.

1169년 여름이 되면서 살라딘은 자신의 근위병을 창설하고 7월에는 형 투란 샤(Turan Shah)가 카이로에 도착함으로써 세력이 커진다. 쉬르쿠가 죽기 전에도 이미 행정은 살라딘이 맡아서 했었다. 쉬르쿠는 늘 술에 취해 있었고 행정에는 문외한이었기 때문이다. 살라딘은 행정을 공정하게 처리했고 유능한 관리를 등용했기 때문에 신망이 높았다. 더군다나 그의 형까지 오게 되자 살라딘의 힘은 눈에 띌 정도로 커졌다. 성경의 요셉이 이집트 총리가 된 후 자신의 형제들을 이집트로 불러 모았던 것을 연상시킨다. 이에 두려움을 느낀 칼리프는 예루살렘의 기독교 세력을 다시 끌어들일 것을 모색한다. 그러나 이미 요소요소에 정보망을 구축한 살라딘은 칼리프의 계책을 알아챈 다음 음모의 주역을 제거했다. 근위병을 카이로 교외에 있는 흑인 환관 무타민 알 칼리파(Mutamin al-Khalifa)의 별장으로 보내 그를 암살했다. 그 후에는 칼리프에게 충성하는 모든 신하들을 쫓아내고 그 자리에 자신의 측근을 앉혔다. 쫓겨난 신하들은 누비아 족으로 구성된 칼리프 근위대를 부추겨 반란을 일으켰다. 무타민의 죽음에 흥분한 누비아 근위대가 궁정과 거리에 넘치면서 시리아 군이 위협을 받는 상황이 되자 살라딘은 냉정하게 근위병의 가족과 아르메니아인이 주로 거주하는 지역에 불을 지를 것을 명한다. 불이 났다는 소식을 듣고 가족을 구하기 위해 거주지로 돌아온 많은 흑인 병사들이 살해되었으며 아르메니아인들은 불속에서 빠져나오지 못하고 죽었다. 이틀간 지속된 전투에서 한때 반란군이 승리를 거두기도 했으나 살라딘은 침착하게 이들을 무찔렀다. 이집트 곳곳에서 일어난 누비아인의 반란은 6년이나 지속되었다. 5만여 명에 달하는 이들은 칼리프 세력 및 여타 파티마 왕조를 지지하는 도당들의 선동에 의해 움직였다.

카이로에서 반란이 일어났다는 소식은 이내 기독교 진영에 전해졌다. 비잔틴 황제 마누엘은 아말릭에게 지원군을 보내겠다는 약속을 했고 7월 10일 비잔틴 함대는 남쪽으로 출항했다. 그러나 아말릭은 복잡한 국내 사정으로 출병을 못하고 있다가 10월 25일에야 이집트로 향했다. 상황을 지켜보면서 충분히 대비하고 있던 살라딘은 군대를 빌바이스에 집결시켰다. 반면 비잔틴과 예루살렘 연합군은 적의 허를 찌르기 위해 다미에타를 포위했다. 연합군이 신속하게 공격했더라면 다미에타를 점령할 수 있었을 것이다. 그러나 연합군은 살라딘의 위협에 겁을 먹었는지 성을 포위만 했을 뿐 공격하지는 않았다. 연합군이 주춤하는 사이 살라딘은 성의 다른 통로를 통해 병력을 투입시켰다. 시간이 지날수록 병력과 식량을 충분히 공급받은 무슬림 군은 강성해졌고 연합군은 기력을 잃었다. 7월 출병 시 3개월분 식량만 지참했으므로 궁핍했으며 사기를 잃은 군인 중 이탈자가 속출했다.

비잔틴군 사령관은 아말릭에게 총공격을 개시할 것을 제안했으나 예루살렘군은 움직이지 않았다. 비잔틴과 아말릭의 합동 원정은 실패한 것이 분명했다. 12월 중순 연합군은 아무런 소득도 얻지 못한 채 철수하고 말았다. 총리 취임 후 위기의 연속이었던 지난 9개월은 숨 가쁘게 지내온 세월이었으나 유리한 고지를 차지할 수 있는 발판이 되었다. 살라딘은 이제 정계와 군에서 지도력을 인정받았으며 부하들의 신뢰를 이끌어냈다. 누르와 갈등이 있다는 사실을 알면서도 그에게 충성을 바칠 정도로 부하들의 충성심이 높아졌다. 나아가 살라딘을 약화시키려는 칼리프의 계획은 수포로 돌아갔고 반란군은 진압되었다. 또한 중요한 사실은 누르가 살라딘을 의심하면서도 병력 지원 요청은 순순히 들어주고 있다는 점이었다. 누르에게는 기독교 진영을 격파하는 것이 살라딘과의 문제를 해결하는 것보다 더 시급한 과제였기 때문이다.

제21장

살라딘의 시대

살라딘 시대의 도래

살라딘은 복잡한 정치적 문제를 해결하는데 능수능란한 면모를 보여주었다. 당시 이집트 총리는 무슬림 세계에서 가장 힘든 자리였으나 살라딘은 능력을 십분 발휘하여 정치와 행정을 안정적인 궤도에 올려놓았다. 문제는 누르와의 관계였다. 누르는 파티마 왕조를 속히 해체시키라는 압력을 계속했다. 카이로의 시아 칼리프 알 아디드를 바그다드의 수니 칼리프 알 무스타디로 교체시키라는 것이다. 그러나 이렇게 되면 총리 자리도 위태롭게 된다. 살라딘은 자리를 굳히기 위한 포석으로 군부와 행정부 내 주요 직책에 측근들을 임명했다.

1170년 살라딘은 소중한 원군을 얻게 된다. 아버지 아유브가 누르를 설득하여 카이로로 전근해온 것이다. 아마 살라딘이 누르에게 충성을 다하도록 지도하겠다고 설득했을 것이다. 칼리프 알 아디드가 손수 성문 밖으로 나아가 아유브를 맞이함으로써 살라딘의 위상은 한층 더 높아졌다. 살라딘은 총리 직을 아버지에게 양도하겠다고 제안했으나 아유브는 단호히 거절했다. 살라딘이 자격이 없었다면 신이 아들에게 이렇게 높은 직책을 허락했을 리 없다는 것이다. 대신 아유브에게는 알렉산드리아와 다미에타가 영지로 하사되었으며 형 투란샤에게는 상(上)이집트(Upper Egypt)가 주어졌다. 좌장인 아버지와 함께 형제들을 주요 직책에 포진시킨 살라딘에게 남아 있는 걸림돌은 이제 없었다.

6월에는 장남 알리 알 아프달이 태어났다. 살라딘은 군 개혁에 주력했다. 새로운 배를 건조하여 해군력을 강화한 뒤 아카바 항구(현재 요르단의 유일한 항구)를 차지하고 십자군과의 잦은 전투를 통해 지상군의 능력을 향상시켰다. 군 개혁에 착수한 지 2년이 채 되지 않아 이집트군은 역내 강군으로 거듭나게 되었다. 사법부 장악도 강화되었다.

1170년 여름 이사 알 하카리(Isa al-Hakkari)가 카이로 대법관으로 임명되었고 1171년 3월에는 쿠르드 출신 까디(재판관)인 알 파딜이 이집트 제국의 대법원장으로 임명되었다. 이런 가운데 파티미드를 속히 종료시키라는 누르의 압력도 더 강해졌다. 누르는 1171년 8월 칼리프를 퇴위시키고 파티미드 정부를 해체하지 않으면 자신이 직접 카이로로 오겠다는 최후통첩을 발했다. 그러나 살라딘은 누르의 명령에 따르지 않았다. 그러다가 칼리프 알 아디드가 중병에 걸렸고 마침내 세상을 뜨고 말았다. 칼리프가 독살되거나 자결했다는 소문이 돌았다. 그러나 소문은 곧 잦아들었다. 21세의 약관에 불과한 파티미드의 마

아카바 성Aqaba Castle, 1170년에 살라딘에 의해 만들어졌다. (요르단에 위치. 사진 Tamerlan 귀속)

지막 칼리프는 11명의 아들과 4명의 부인 등 150여 명의 가솔을 남기고 죽었다. 살라딘은 이들을 처형하지 않고 보호해주었다. 당시의 관행과는 사뭇 다른 것이다. 알 아디드가 남긴 막대한 재물 중 살라딘이 챙긴 것은 하나도 없다. 일부는 심복에게 나눠주거나 누르에게 보내고 12만 권에 이르는 방대한 필사 장서는 박식한 법관 알 파딜에게 하사했으며 나머지 재물은 팔아서 국고에 귀속시켰다. 칼리프의 호화스런 궁전에서 거처하는 것도 그의 체질에 맞지 않았다. 궁궐에는 부관들과 동생 알 아딜이 거주하게 한 후 자신은 와지르 관저에 그대로 머물렀다.

1171년 9월 10일 카이로의 푸스타트 모스크에서 열린 금요 예배 시 200년 만에 처음으로 파티미드 칼리프의 이름이 호명되지 않았다. 알 아디드가 죽기 이틀 전이었다. 살라딘은 혹시 있을지도 모르는 반란을 막기 위해 그가 거느리는 군사의 90퍼센트나 되는 많은 병력을 카이로 시내에 배치했다. 죽기 직전 알 아디드는 살라딘을 보기 원했으나 그는 응하지 않았다. 어떤 음모가 있지 있을까 의심했던 것이다. 그가 죽은 후 순수한 마음으로 그랬다는 사실을 알고 살라딘은 후회했다. 그리고 마지막 칼리프가 평소에 보여주었던 미덕을 높이 칭송했다.

일주일 후 카이로의 주요 모스크에서 행한 쿠트바에서 이맘이 바그다드의 칼리프 알 무스타디의 이름을 호명하면서 축복했다. 카이로의 종파가 시아에서 수니로 바뀌었음을 공식적으로 선언한 셈이다. 이와 함께 살라딘의 근위병이 왕궁을 장악했고 칼리프의 가족과 신하는 모두 체포되어 가택에 연금되었다. 바야흐로 파티미드가 끝나고 새 시대가 도래한 것이다.

살라딘은 바그다드 칼리프의 얼굴을 전면(前面)에 새기고 자신의 얼굴을 뒷면에 새긴 동전을 발행하여 새 시대를 알렸다. 누르의 얼굴을 새긴 동전도 발행되었다. 물론 쿠트바에서도 누르의 이름이 언급되었다. 경제가 살아나자 살라딘은 6만 디나르를 거둬 누르에게 보냈다. 그의 의심을 피하고 충성심을 나타내기 위한 것이다. 그러나 누르는 이에 만족하지 않았다. 한꺼번에 많은 돈을 보내주는 것보다는 정기적으로 상납하는 것을 원했다. 이를 바탕으로 지하드 계획을 수립하기 위한 것이다. 누르는 살라딘이 이집트 왕이 되려고 하는 것을 알았다. 그러나 상황이 어쩔 수 없었다. 프랑크와의 대립, 소아시아의 셀주크 술탄과의 대립 그리고 메소포타미아 내 많은 통치자들과의 대립 등으로 인해 이집트로 대군을 파병할 여력이 없었다.

9월 12일 살라딘은 다시 원정에 나선다. 이번에는 기독교 진영의 보루인 아쉬 샤우박(Ash-Shaubak: Mont Real)에 대한 공격이다. 사해에서 남쪽으로 40킬로미터 떨어진 아쉬 샤우박은 시리아로부터 아카바 만에 이르는 통로를 한 눈에 내려다볼 수 있는 전략적 요충지이다. 이슬람군의 공격 소식을 들은 아말릭은 당장 구원병을 보낼 수 있는 입장이 아니었으므로 기독교측은 10일 간 휴전을 요청했는데 살라딘은 이를 받아들였다. 누르는 다마스쿠스에서 대군을 끌고 아쉬 샤우박으로 향했으므로 이 요새의 운명은 풍전등화 격이었다. 그러나 휴전이 만료되기 수일 전 갑자기 살라딘 군대가 철수했다. 왜 그랬을까? 그 이유는 자명하다. 누르와의 만남을 껄끄럽게 여긴 살라딘이 자진 철군한 것이다. 누르에게 더 큰 의심을 사게 된 살라딘이 철수의 이유로 내놓은 변명은 궁색한 것이었다. 상(上)이집트 지역의 반란을 진압하기 위한 것이라고 하는데 이 반란은 투란 샤가 잘 제압하고 있었으므로 살라딘의 도움을 필요로 하지 않았다.

곧 누르가 살라딘을 징계하기 위해 원정을 계획 중이라는 소문이 돌았다. 살라딘은 급히 가족 및 측근 회의를 소집했다. 회의 분위기는 심상치 않았다. 가신 중 과격파는 누르와의 일전 불사를 외쳤다.

"시리아 왕이 공격해 온다면 우리는 싸워서 그를 물리칠 것이다."

이때 아버지 아유브가 나섰다. 그는 강경 분위기가 다마스쿠스에 전해질 경우 미칠 파장을 크게 우려했다.

"누르 알 딘이 나타난다면 우리가 할 수 있는 일은 아무 것도 없다. 우리는 말에서 내린 후 그의 발밑에 엎드려 땅에 입을 맞춰야 한다. 누르가 생명을 내어놓으라고 하면 그렇게 해야 한다. 이곳은 누르의 땅이며 누르가 살라딘을 해임할 경우 우리는 명에 따라야 한다."

누르의 명령에 전적으로 복종해야 한다는 아유브의 진언에 분위기는 숙연해졌다. 어느 누구도 더 이상 입을 여는 사람이 없었다. 회의가 끝난 후 아유브는 살라딘에게 경고했다.

"절대 야심을 드러내지 말라. 네 주변에는 밀정이 있어 일거수일투족이 모두 다마스쿠스에 보고된다. 시간은 네 편이니 서두를 필요가 없다. 누르를 안심시키는 것이 그의 원정을 막는 유일한 방법이다."

그러나 아유브는 만일 누르가 이집트로 쳐들어온다면 죽을 때까지 맞서 싸우겠다고 맹세했다. 살라딘은 이로부터 3년 간 아버지의 충고를 충실히 따랐다. 금은보화와 의복 등 조공품을 끊임없이 보냈으며 카이로 모스크에서의 예배 시 누르의 이름을 빠뜨리지 않았다. 그러나 그의 의심을 완전히 불식시킬 수는 없었다.

1173년 여름 살라딘은 누르로부터 모압에 있는 카락(Karak) 요새를 포위하라는 명을 받고 이를 수행했다. 그러나 1171년과 마찬가지로 누르가 온다는 소식을 듣고 철수했다. 이때 살라딘이 카이로에 돌아오기도 전에 그가 가장 믿고 따랐던 아버지 아유브가 낙마 사고로 죽고 말았다. 살라딘은 아버지의 죽음을 깊이 애도하면서 그가 평소에 충고했던 말들을 가슴에 깊이 새겼다. 살라딘은 북아프리카에 원정, 1174년까지 과거 파티마 왕조가 지배했던 영토의 대부분을 회복했다. 형 투란 샤는 1174년 2월 홍해를 거쳐 히자즈에 상륙한 뒤 예멘 남부를 침공하여 아덴과 여타 주요 도시들을 점령했다. 이로써 살라딘은 메카로 향하는 순례단을 보호할 수 있는 위치를 확보했다. 이집트 국민은 이제 살라딘에게 절대적인 충성심을 보였다. 이는 그가 지난 5년간의 치적을 통해 과거 이집트가 누렸던 영광을 완전히 회복한 때문이었다. 음모와 전횡이 난무했던 샤와르 시절과 비교하면 하늘과 땅 차이였다. 물론 전 정권의 실세들은 살라딘의 개혁에 분노하면서 계속 음모를 획책했다. 투란 샤는 전통적으로 반란이 자주 일어났던 상(上)이집트 지역을 잘 관리했다. 투란 샤는 1172년 누비아 반란군을 제압했다. 이때 반란의 중심지는 아스완이었는데 이곳 총독이 살라딘에게 충성하는 사람이었다. 그러나 1174년, 그는 입장을 바꿔 살라딘을 전복시키려는 전 정권 실세들과 손을 잡았다.

반란군은 기독교 측과 은밀히 접촉하여 카이로에서 소요를 일으킴과 동시에 시칠리아의 노르만 군이 알렉산드리아를 공격키로 약조했다. 이들이 계획한 시점은 추수 때였다. 왜냐하면 추수 때에는 수확을 돕기 위해 지휘관과 병사들이 모두 들판에 나가 있기 때문이다. 살라딘의 병력 상황은 별로 좋지 않았다. 지난해 북아프리카 원정에서 얻은 영토에 분견대를 세워 병력을 파견했고, 2월의 예멘 원정 시에도 많은 병력을 파견했기 때문이다. 하지만 성공할 것처럼 보였던 이 반란은 실패로 돌아갔다. 반란 세력이 살라딘 쪽의 고위 인사를 포섭하여 가담시켰는데 거사 직전 그가 밀고했기 때문이다. 자인 앗 딘(Zain ad-Din)이라는 이 인물은 아마 살라딘 측이 심어놓은 이중 첩자였던 것 같다. 살라딘은 즉각 병력을 동원하여 반란 세력을 일망타진했다.

3월 12일 남은 왕족들은 모두 가택에 연금되었으며 4월초 음모에 가담한 자들이 모두 체포되었다. 특별법정이 이들에게 십자가형을 선고했고 모반자들은 4월 6일 모두 공개적으로 처형되었다. 흑인 노예 등 남은 반란군은 상 이집트로 망명했다.

누르와 아말릭의 죽음

반란은 진압되었으나 위험 요소는 아직 남아있었다. 가장 큰 위협이었던 아말릭이 7월초 사망했으나 시칠리아 왕 윌리엄 2세는 용맹한 해군을 앞세워 7월말 알렉산드리아를 공격했다. 200척의 갤리선에 승선한 3만 병력과 80척의 화물선에 말, 장비, 무기 등을 잔뜩 실은 대규모 군대였다. 그러나 기독교 측은 결정적으로 형세 판단에 착오를 일으켰다. 이집트 내 반란은 수개월 전 이미 진압되어 정치적으로 안정을 되찾았을 뿐 아니라 알렉산드리아의 수비 능력은 전보다 훨씬 향상되어 있었다. 바다로부터 진입하는 항구의 입구에는 배들을 가라앉혀 해군의 침입을 막았으며 멀리 떨어지지 않은 곳에 살라딘이 대군을 거느리고 만일의 사태에 대비하고 있었다. 노르만 군은 며칠 간 전력을 다해 공격했으나 여의치 않자 철수하고 말았다.

1174년은 살라딘에게 실로 중요한 해였다. 5월에 누르가 사망했기 때문이다. 이제 살라딘에게 남은 걸림돌은 모두 순차적으로 제거되었으며 시리아가 그에게 손짓을 하고 있었다. 그러나 그는 바로 움직이지 않았다. 이집트에서 모든 불안정한 요소들이 완전히 사라진 10월에야 비로소 다마스쿠스로 출병했다. 한번 길을 떠난 살라딘은 동생 알 아딜에게 전적으로 이집트를 맡겨 놓은 채, 2년 후 잠시 귀국한 것을 제외하고는 7년 동안이나 돌아오지 않았다. 꼭 필요할 때에는 잔인한 행동도 하지만 일반적으로 자비심이 많고 단호하며 용감한 살라딘은 이집트를 완벽하게 장악해 놓았다. 늘 음모와 쿠데타 그리고 학정과 부패에 시달려왔던 이집트 국민은 이제 평화와 번영을 누릴 수 있게 되었다. 1169~1176년 동안 수도였던 카이로는 살라딘에게 많은 은혜를 입었으며 반대로 살라딘도 카이로를 근거로 이슬람 세계의 패자가 될 수 있었다.

살라딘은 많은 돈을 들여 카이로 성곽의 방어벽을 강화시켜 철옹성으로 만들었다. 파티미드가 종식되자 카이로는 다시 수니파로 돌아왔다. 살라딘은 신도들이 메카로 순례를 떠날 때 부과하는 세금을 폐지했으며 이집트는 다시 이슬람 세계에서 과거에 누렸던 명성을 되찾을 수 있었다. 살라딘은 나중에 '알 말릭 알 나시르 살라 알 딘 아부 알 무자페르 유수프 이븐 아유브 이븐 샤디(al-Malik al-Nasir Salah al-Din Abu 'l-Muzaffer Yusuf ibn Aiyub ibn Shadhi)'라는 긴 이름을 쓰게 되는데 '알 말릭'은 왕 그리고 '알 나시르'는 믿음의 수호자라는 뜻이다. 살라딘은 개인적으로 왕이라는 칭호를 선호한 적이 없다. 왕의 칭호는 모두 그를 흠모했던 동시대인들이 붙여준 것이다. 카이로에서 살라딘의 공식 명칭은 술탄이었다.

1174년 5월부터 1176년 9월에 이르는 시기는 살라딘에게 가장 중요한 시기였다. 1174년 초만 하더라도 살라딘의 장래는 암울했다. 국내 반란은 진압되었으나 누르의 이집트 공격은 거의 기정사실로 보였다. 누르의 의심에다가 촌뜨기 쿠르드인의 비상(飛上)을 시기하는 주변 인물들로 인해 누르는 이집트 공격을 거의 결심하고 있었다.

누르의 조카인 모술 성주는 출동 명령을 받고 4월쯤에는 이미 병력 이동을 시작했다. 5월 6일 누르는 이집트 원정 계획을 최종적으로 협의하기 위해 수도 알레포로부터 다마스쿠스로 갔다. 60대였지만 아직 정력적인 누르는 반드시 이집트를 자신이 직접 통치코자 했다. 어느 날 아침 누르는 시종들과 함께 말을 타고 다마스쿠스 인근의 과수원을 지나가다가 어디선가 인생의 불확실성과 인간의 야망에 관해 토론하는 듯한 목소리를 들었다고 한다. 돈독한 신앙심을 가진 누르에게 이는 일종의 계시였을까? 이로부터 며칠 후 누르는 목에 염증이 생겨 병석에 누웠다. 화농성 궤양으로 인해 호흡이 곤란해졌으며 고열에 시달리던 누르는 5월 15일 사망하고 말았다. 그가 폴로 게임 중

평소와는 달리 크게 화를 낸 후 발작을 일으켰으며 이것이 병석에 눕게 된 원인이라는 설도 있다.

누구도 예측할 수 없는 일이 잠깐 사이에 벌어진 것이다. 누르는 보기 드문 영주였다. 그의 신앙심과 정의로운 통치 그리고 검소함으로 인해 누르는 신하들뿐만 아니라 백성으로부터 진정한 존경을 얻고 있었다. 누르는 선을 행하는 데는 열정적이었고 쾌락을 탐하지 않았으며 사치나 낭비를 절대로 하지 않았다. 음식, 취미, 일상생활에서 그의 취향은 매우 단순했다. 부인이 생활비가 부족하다고 불평하자 이렇게 나무랐다고 한다.

"내가 가진 것이라고는 백성의 신뢰뿐이다."

그는 수많은 학교, 수도원, 병원 및 여행자 숙박 시설 등을 세웠다. 깊은 신앙심을 가졌으며 학식이 깊고 신실한 사람들과의 대화를 즐겼다. 그는 동방의 현자다운 품위와 고요함을 지니고 있었다. 누르는 또한 뛰어난 통치력을 지니고 있었다. 단호하면서도 지혜로운 행정과 용인술로 인해 수세기 동안 분열되었던 시리아는 안정을 되찾고 강력한 중앙정부를 가진 지역으로서 번영을 누리고 있었다.

그는 뛰어난 장군이기도 했다. 용맹하고 두려움이 없었으며 뛰어난 마술(馬術)을 지니고 있었다. 전투에서는 늘 앞에 서서 군대를 독려했다. 누르는 바그다드의 절대적인 신임을 받고 있었다. 자신은 알레포와 다마스쿠스를 직접 통치하고 모술은 조카에게 맡기는 방식으로 사실상 이슬람 세계의 패자로 군림했다. 누르로 인해 다시 단합과 안정을 되찾은 무슬림 진영은 이제 기독교 세력을 패퇴시킬 기회가 온 것으로 믿었다. 그러던 누르의 갑작스런 사망은 이슬람 세계에 큰 충격을 안겨주었다. 누르는 말리크 샤 이후 이슬람 세계에서 폭넓은 존경을 받은 유일한 지도자였다. 그의 신사적인 태도는 기독교 진영 으로부터도 존경심을 이끌어냈다.

1171년 아유브는 살라딘에게 절대로 누르에게 저항하는 모습을 보이지 말라고 충고했다. 만일 그때 누르가 이집트로 진군했더라면 살라딘은 끝나고 말았을 것이다. 살라딘의 장군들은 누르 편에 붙을 가능성이 높았고 파티미드 잔당은 틈만 있으면 살라딘을 전복시키기 위해 호시탐탐 노리고 있었다. 하지만 누르는 이집트로 가지 않았고 3 년이 지나자 살라딘은 이집트를 완전히 장악하여 반석 위에 올려놓았 다. 이제는 설사 누르가 군대를 이끌고 이집트로 쳐들어온다고 해도 반드시 승리한다는 보장도 없었다. 누르는 아마 잃어버린 3년을 크게 후회했을 것이다. 그러나 누르는 이제라도 더 늦기 전에 이집트를 공 략해야 한다고 생각했고 준비까지 마쳤으나 진군 직전 사망하고 말았 다. 하늘은 살라딘 편이었다. 누르가 죽었을 때 그의 장남 앗 살리(As-Salih Ismail al-Malik)는 11세밖에 안된 소년이었다. 누르는 죽기 6일 전 아들의 할례식을 가진 후 전통적인 방식에 따라 깃발을 앞에 세우 고 다마스쿠스 거리를 행진하며 아들을 후계자로 공식화했다.

누르가 갑자기 죽자 졸지에 왕이 된 소년은 군 사령관 이븐 알 무 카담(Ibn al-Muqaddam)을 섭정으로 임명했다. 누르의 사망은 전서구

누르 알 딘 사원Nur al-Din Mosque(사진. 에피 슈바이처Effi Schweizer)

를 통해 수도 알레포로 전해졌고 그곳 총독 카말 앗 딘(Kamal ad-Din)은 즉시 새로운 군주에게 충성을 맹세했다. 그러나 알레포의 권력은 곧 누르 측근이던 이븐 앗 다야(Ibn ad-Dayah)가문에게 넘어갔다. 다야 가문의 장남 샴스 앗 딘이 새 총독이 되고 동생 바드르 앗 딘은 경찰 수장이 되었으며 재무 관리였던 쉬합 앗 딘 이븐 알 아자미(Shihab ad-Din ibn-al-Ajami)가 재무장관으로 임명되었다. 누르는 시리아가 살라딘의 손에 넘어갈 것을 우려하면서 죽었다. 그러나 그의 사후 막상 반란을 일으킨 자는 그의 조카이자 모술 성주인 사이프 앗 딘(Saif ad-Din)이었다. 사이프 앗 딘이 이집트 원정을 위해 출병 중이었을 때 누르의 사망 소식이 전해졌다. 사이프는 즉시 병력을 둘로 나누어 그의 부관인 환관 출신 귀뮈쉬티긴(Gümüshtigin)으로 하여금 알레포로 향하도록 하고 자신은 이제 주인을 잃은 북부 시리아 정벌에 나서 니시빈, 에데사, 아르 라카 등을 점령했다. 알레포로 파견된 귀뮈쉬티긴은 재빠르게 다야 가문의 신임을 얻어 6월에는 앗 살리를 알레포로 귀환시키기 위해 다마스쿠스에 파견한 대표단장이 되었다.

다야 가문은 알레포를 장악한 순간부터 어린 왕 앗 살리를 알레포로 데려오는 일에 주력했다. 샴스 앗 딘은 앗 살리에게 편지를 보내 알 자지라에 있는 그의 사촌을 견제하기 위해서는 반드시 알레포로 돌아와야 한다고 권고했다. 앗 살리는 이 권고에 마음이 움직였던 것 같다. 그는 샴스 앗 딘을 섭정으로 임명한 후 귀뮈쉬티긴을 호위대장으로 해서 알레포로 돌아왔다. 이제 앗 살리를 손아귀에 넣은 귀뮈쉬티긴은 실권을 장악한 뒤 음모를 꾸며 다야 가문의 형제들을 감옥에 보냈다. 이 소식을 듣고 위기가 닥쳤다고 느낀 다마스쿠스는 살라딘에게 의존하지 않을 수 없었다. 다마스쿠스는 카이로에 사신을 보내 앗 살리를 시리아와 이집트의 새로운 통치자로 인정할 것을 요구했다. 장기 가문의 사촌 형 사이프 앗 딘이 누르의 아들, 앗 살리를 통치자로 인정하지 않은 것과는 반대로 살라딘은 앗 살리에게 충성을 맹세했다. 그는 이집트와 북아프리카의 모든 모스크에서 예배 시 앗 살리의 이름을 거명토록 하고 그의 이름을 새긴 주화를 제조했다.

한편 살라딘이 자신의 충성 메시지를 전달할 사신 파견을 준비하고 있는 동안 다마스쿠스는 전통적인 방식대로 프랑크 측과 접촉하고 있었다. 예루살렘 왕 아말릭은 누르의 사망 소식을 듣자 즉각 군을 이끌고 시리아 국경으로 향했다. 이 소식을 들은 섭정 이븐 알 무카담은 황급히 아말릭의 진영으로 달려가 많은 액수의 보상금과 함께 다마스쿠스 감옥에 있는 모든 프랑크 인의 석방을 제안했다. 무카담은 또한 이집트 군이 쳐들어올 가능성에 대해 언급하면서 다마스쿠스와 예루살렘 간의 동맹을 제의했다. 아말릭은 이러한 제의를 만족스럽게 생각했으나 자신의 죽음이 다가오고 있는 것은 몰랐다. 아말릭은 7월 11일 이질로 급사했는데, 이때 그의 나이 38세였다.

누르와 아말릭의 죽음에서 볼 수 있듯이 살라딘은 정말 천운을 가진 사람이다. 그의 앞길에 장애가 되는 사람들은 마치 약속이라도 한 듯 때에 맞추어 모두 사망하고 말았으니 하늘이 그를 도왔다고 생각할 수밖에 없다. 샤와르, 쉬르쿠, 알 아디드에 이어 가장 큰 걸림돌이었던 누르가 사망했고 이어서 아말릭까지 죽었으니 이게 어디 보통 일이겠는가! 살라딘의 절묘한 행운은 이후에도 계속된다. 18세밖에 되지 않은 누르의 장남 앗 살리가 갑자기 죽는가 하면, 1190년 3차 십자군의 선봉이 되어 의기양양하게 대군을 이끌던 신성로마제국 황제 프레데릭 바르바로사(Frederick Barbarossa)가 소아시아를 횡단하던 중 물에 빠져 익사했으니 말이다.

제22장
시리아 점령

시리아 원정

누르가 죽은 지 불과 2개월 밖에 되지 않아 그의 제국은 이미 해체되는 수순을 밟고 있었다. 모술은 알레포의 영토를 갉아먹고 있었고 알레포는 다마스쿠스에 압력을 가했으며 다마스쿠스는 프랑크와 동맹을 맺었다. 이로써 살라딘이 시리아 원정을 떠나야 할 조건이 갖추어졌다. 하나의 장애는 그가 카이로를 떠날 경우 우려되는 예루살렘의 기습공격이었는데 아말릭이 절묘한 타이밍으로 죽는 바람에 이것도 해소되었다. 모술, 알레포, 다마스쿠스는 분열되었으나 한 가지 목표에 대해서는 의견을 일치했다. 그것은 장기와 누르가 대를 이어 이룩한 제국이 변방 민족인 쿠르드 출신의 애송이에게 돌아가서는 안 된다는 것이다. 그러나 대승적인 목표를 위해 단합하기에는 이들의 분열이 너무 심각한 상태였다.

살라딘은 이를 이용했다. 사이프 앗 딘이 알레포 북부 지방을 공격한다는 소식을 듣자 살라딘은 다마스쿠스에 편지를 보냈다. 왜 이러한 사실을 공식적으로 알려주지 않았으며, 왜 도움을 요청하지 않았는지 따져 물은 것이다. 살라딘은 사이프 앗 딘의 동생이며 신자르(Sinjar)의 총독인 이마드 앗 딘 장기에게도 편지를 보냈다. 사이프의 영토 확장에 대한 이마드의 질투를 부추겨 형제간에 갈등을 일으키기 위함이다. 살라딘은 또한 시리아의 다른 도시들에 편지를 보내 다마스쿠스와 프랑크 간의 동맹을 개탄하고 성전에 대한 그의 결의를 다졌다. 지하드를 강조하는 그의 선전공세는 사실 누르로부터 배운 것이다. 다마스쿠스에 보낸 편지에서 그는 자신의 섭정권을 주장했다.

"왕(누르)께서 돌아가시지 않았더라면 틀림없이 내게 후계자의 섭정을 맡기셨을 것이다."

이 주장에 대해 다마스쿠스는 반박할 여지가 없었다. 살라딘이 지난 5년간의 업적으로 전쟁과 정치에서 뛰어난 역량을 보여주었고 이슬람 세계의 지도자로 급부상했기 때문이다.

다마스쿠스도 여름이 끝날 때 즈음 살라딘이 시리아로 올 것이라고 예측하고 있었다.

"살라딘은 그의 충성을 다짐하면서 누르의 제국 전체를 관장하려 할 것이다."

이븐 알 무카담은 사이프 앗 딘에게 이러한 사실을 지적하며 조속히 군대를 파견해 줄 것을 요청했다. 그러나 사이프는 새로 얻은 영토를 주물럭거리는 재미에 빠져 무카담의 읍소 따위에는 귀도 기울이지

알레포Aleppo 성 안의 원형 극장(사진. Preacher lad)

않았다. 살라딘이 오는 것을 막을 수 없게 된 무카담은 할 수 없이 그의 방문을 초청하는 공식편지를 보냈다.

　1174년 10월말 살라딘은 동생 알 아딜에게 카이로를 맡긴 채 동생 투그티긴과 재무장관 알 파딜을 포함 7백여 명의 기마병만 대동하고 시리아로 떠났다. 프랑크 측이 살라딘 일행의 여정을 방해하지 않는 가운데 살라딘의 병력은 사막 부족과 지방 토후들의 가담으로 점점 불어났다. 그의 여정은 순조로웠으며 자신을 환영하는 백성들의 우호적인 감정을 느낄 수 있었다. 10월 28일 살라딘은 시민들의 열렬한 환영 속에 다마스쿠스에 입성했다. 그는 첫날 저녁을 아버지의 옛

집에서 잤다. 감회가 깊었을 것이다. 다음날 무카담은 성채의 모든 문을 열어 살라딘이 점검토록 했다. 다마스쿠스의 새로운 총독에 동생 투그티긴이 임명되었다. 살라딘은 적극 협조한 무카담에 대해서는 다른 적절한 자리를 약속했다.

살라딘은 우선 불필요한 세금을 폐지하여 백성의 환심을 샀다. 탐욕이나 개인적 야심으로 다마스쿠스를 접수한 것이 아니라는 사실을 보여주는 것이 민심을 얻는데 가장 긴요했다. 다마스쿠스는 시리아의 일부에 불과했다. 이제부터 에데사, 알레포, 하마, 발벡, 홈스 등을 접수해야 할 과제가 남아있었다. 처음에 7백 명으로 시작했던 군대는 이제 7천 명으로 늘어났다.

살라딘은 그의 충성을 의심하는 것에 대한 반박 편지를 알레포의 앗 살리에게 보냈다.

"제가 카이로로부터 이곳으로 온 것은 전하를 모시기 위한 것이고 돌아가신 제 군주에 대한 의무를 다하기 위한 것입니다. 전하 주위에 있는 간신들의 간교한 말에 귀를 기울이지 마십시오. 그들은 전하께 충성을 바치는 자들이 아니며 자신의 이익을 위해 전하를 이용하려는 자들입니다."

그러나 알레포에서 온 사신은 왕이 살라딘의 섭정을 거절했다는 메시지를 전달했다. 그러면서 사신은 살라딘에게 모욕과 욕설을 퍼부었다. 이 사신은 수년 전 살라딘이 이집트에서 총리로 임명되었을 때 항의의 표시로 이집트를 떠난 몇몇 장군 중 하나였다.

"당신의 야심을 알고 있다. 야심을 버리지 않으면 우리의 칼과 창이 용서하지 않을 것이다. 누르가 거느리던 사내들 중의 하나에 불과하던 당신의 오만이 하늘을 찌르고 있다. 보잘 것 없는 당신이 누르의 후계자인 왕의 섭정이 되겠다니 소가 웃을 일이다."

이 사신의 목이 잘리지 않고 무사히 성을 떠난 것을 봐도 살라딘의 관대함을 짐작할 수 있다.

사신이 다녀간 지 며칠 후 살라딘은 병력을 이끌고 알레포로 향했다. 도중에 홈스(Homs)와 하마(Hamah)를 수중에 넣은 살라딘은 12월 30일 알레포 성 밖에 도착하여 성을 포위했다. 안달이 난 귀뮈쉬티긴은 프랑크뿐만 아니라 마시아프(Masyaf) 요새에 위치한 악명 높은 암살단의 리더 시난(Sinan)에게도 구원을 요청했다. 살라딘 암살을 의뢰한 것이다. 위험에 처했다고 해서 이쪽저쪽 아무 곳과도 동맹을 맺는 것은 원칙도 신의도 없는 행동이겠으나 어쨌든 이로 인해 살라딘은 위기를 겪게 된다.

암살단의 공격

1175년 1월 첫째 주 암살단 요원이 알레포 성 밖에 있는 그의 막사에 침입했다. 교묘하게 변장한 이들을 경비가 막지 못해 한 명은 살라딘의 숙소에 들어가기 직전에야 발각되어 살해되었다. 암살단의 준동이 계속 이어졌다. 5월 22일 아자즈(Azaz) 포위 공격 시 두 번째 습격이 있었다. 살라딘은 부하의 숙소에서 쉬고 있었는데 암살단원이 침입했다. 괴한의 비수가 머리를 공격하자 투구가 벗겨졌다. 괴한은 이어서 목을 찔렀으나 안에 입고 있던 갑옷을 뚫지 못했다. 이후에도 두 번의 공격이 가미카제 식으로 행해졌다. 이들이 어떻게 해서 살라딘의 숙소에 침입할 수 있었을까? 조사 결과 세 명의 괴한은 모두 별 의심 없이 왕의 근위병으로 채용된 것으로 밝혀졌다. 채용 때 인터뷰에서 까다로운 질문을 받지 않았다고 하니 누군가 내부에 조력자가 있었을 것이다. 세 차례나 공격을 당한 살라딘은 그의 숙소 안에 목재로 특별히 제작한 벙커 안에서 잠을 잤다. 암살단 수령 시난은 신출귀몰한 사람으로 알려져 있다. 살라딘 숙소 주변에 침입자의 발자국을 인식하기 위해 회분가루를 뿌려놓았다. 어느 날 저녁 살라딘이 낌새가 이상하여 일어나보니 검은 그림자가 숙소를 빠져나가는 것을 발견했다. 베개 위에는 암살단을 상징하는 무늬가 그려진 빵이 있었고 그 옆에는 독이 묻은 단검이 놓여있었다고 한다. 회분가루를 뿌려놓았음에도 불구하고 밖에는 발자국이 나 있지 않았다. 살라딘은 그날 밤 강력한 경고를 하기 위해 시난이 직접 방문한 것으로 믿었다.

살라딘은 한때 마시아프에 있는 암살단의 제2 본거지를 초토화하려 한 적도 있다. 마시아프 요새는 뾰족한 바위산의 꼭대기에 지어진 성이다. 높이가 170미터에 달하는 성벽과 탑 및 망루가 성을 보호하고 있다. 성안에는 많은 방들이 있고 미로와 같은 구조로 되어 있어 침입자를 물리치도록 되어 있다. 성안에 큰 우물이 있어 1천 명이 6개월간 사용할 수 있는 40만 리터의 물을 저장하고 있다. 살라딘은 주변

마을의 도움을 얻어 일주일 동안 성채를 포위했으나 갑자기 양측 간에 휴전 협정이 체결되었다고 한다. 살라딘이 무슨 이유로 포위를 풀고 암살단과 협상을 했는지는 정확히 알 수 없다. 살라딘이 두목 시난을 죽이거나 생포하기 위해 특공대를 보냈는데 시난이 무슨 마술을 부려 병력을 무력화시킨 후 협상이 시작되었다는 설도 있다. 여하튼 살라딘은 요새에 대한 포위를 풀었고 이후로는 암살단의 공격이 없었다. 이로 봐서 살라딘과 시난 사이에 무슨 약속이 이루어진 것으로 미루어 짐작할 뿐이다.

암살단의 시조는 11세기 후반 이 조직을 만든 하산 이 사바(Hassan i-Sabbah)이다. 하산은 이스마일파로 개종한 후 투르크 지역에서 이스마일파와 숨은 이맘을 위해 매진키로 결심한다. 그는 카스피해 남쪽 엘부르즈 산맥의 깊은 구석에 있는 알라무트에 요새를 구축했다. 이곳에서 하산은 독자적인 이스마일 교를 창건했다. 파티마조의 왕위 계승자였으나 1097년 살해된 니자르를 추모하기 위해 그를 시조로 하는 새 종파를 만든 것이다. 하산은 니자르가 기적적으로 마흐디(구세주)로 다시 나타나 이슬람을 세속주의와 투르크의 지배로부터 구출할 것이라고 선전했다. 하산은 또 자신은 니자르의 부관으로 그의 명에 따라 움직이는 일꾼이라고 강조했다. 하산은 주로 연고가 없고 가난하며 장래가 없는 사람을 충원하여 암살요원으로 양성했다. 이들은 청부살인을 원칙으로 했으며, 수니파와 시아파를 가리지 않고 아랍인, 투르크인, 기독교도, 술탄, 에미르(영주), 성직자, 총리, 장군, 고위 관료 등 없어져야 한다고 생각하는 사람은 누구든지 죽였다. 요원들은 출동 전 마음을 가라앉히기 위해 마약의 일종인 해쉬쉬를 피웠는데 이로 인해 니자르 파는 해쉬쉬야(hashishiyya)로 불렸다. 하산은 35년 간 알라무트에 거주하며 암살 전문가를 양성했다. 지금의 이슬람 자살 테러리스트처럼 이들은 죽으면 천국을 약속받았다.

암살자는 이슬람과 십자군 진영 모두에게 공포의 대상이었다. 니자르 파는 알라무트 외에도 시리아에 제2의 요새를 구축했다. 지중해로부터 45킬로미터 떨어진 마시아프 요새를 본거지로 암살단은 투르크, 십자군, 무슬림 지도자 등 많은 요인을 암살했다. 하산을 승계한 지도자가 '산 노인'으로 알려진 시난(Rashid al-Din Sinan)이다. 수니파와 시아파 모두에게 시난은 하산 이상으로 두려운 존재였다. 살라딘 사후 백년이 지난 1256년 알라무트의 암살단은 몽골의 칸 훌라구에 의해 최후를 맞는다. 이로부터 17년 후인 1273년 시리아 내 조직도 이집트의 술탄 바이바르스에 의해 소탕됨으로써 암살단은 거의 2백년 만에 소멸되었다. 그러나 이슬람 종파의 하나로서 니자르(이스마일) 파의 전통은 계속되어 현재에도 그들의 이맘인 아가 칸을 리더로 활동하고 있다.

시리아 점령

알레포의 앗 살리는 시민의 조력을 얻기 위해 감정에 호소하는 전략을 썼다. 왕은 시민들 앞에서 자신을 보호해줄 것을 요청하는 연설을 했다. 젊은 왕은 눈물을 글썽이며 시내 곳곳을 누비고 다니면서 아버지가 세운 권좌를 찬탈하려는 반도(叛徒)를 물리쳐 줄 것을 요청했다. 누르를 흠모하는 시민은 이에 감동하여 열심히 저항했으므로 성을 포위한 살라딘도 주춤할 수밖에 없었다. 그러나 귀뮈쉬티긴이 암살단과 손을 잡고 시아파에 대해 유화정책을 펴자 분위기가 싸늘해졌다. 귀뮈쉬티긴의 전략은 성 밖에서는 기독교 측과 동맹을 맺고 성안에서는 암살단과 동맹을 맺어 양동작전을 펼치는 것이었다. 아직 알레포는 점령하지 못했으나 살라딘은 4월 하마 이남 지역을 모두 점령함으로써 사실상 시리아의 주인이 되었다. 이렇게 되자 사이프 앗 딘은 초조해졌다. 그가 알레포 인근 지역을 차지하느라 방심했던 사이에 어느새 살라딘이 가장 무서운 적으로 등장했기 때문이다.

사이프는 동생 이즈 앗 딘(Izz ad-Din)에게 주력부대를 내줘 기독교 동맹 측과 합류토록 하고 남은 군대를 이끌고 다른 동생 이마드 앗 딘 (Imad ad-Din)이 성주로 있는 신자르를 공격했다. 이마드가 살라딘 편에 가담했기 때문이다.

알레포와 모술 연합군은 하마에서 살라딘과 맞부딪치게 되는데 살라딘은 병력의 현저한 열세로 인해 전투를 중지한 채 이집트로부터 원병을 기다리고 있는 상황이었다. 그러나 알레포-모술 연합군은 병력의 우세에도 불구하고 전쟁 대신 협상을 택했다. 이유는 이해관계가 달라 내부 알력이 심했기 때문이다. 야심가 귀뮈쉬티긴은 살라딘을 격파하고 모든 권력을 사이프에게 넘겨줄 생각은 전혀 없었다. 그로서는 어떻게든 알레포를 수중에 넣는 것이 목표였다. 귀뮈쉬티긴은 살라딘이 그동안 점령한 다른 시리아 도시들을 사이프에게 넘기도록 설득함으로써 사이프의 배를 불린 뒤 그를 모술로 돌려보낼 생각이었다. 물론 그 후에는 알레포를 자신이 차지할 속셈인 것이다. 협상은 귀뮈쉬티긴에게 유리한 방향으로 흘러갔다. 살라딘은 알레포의 권위를 인정할 뿐 아니라 그동안 점령한 홈스, 하마, 발벡을 모두 내어놓고 다마스쿠스에 대해서는 앗 살리의 총독 자격으로만 체류하겠다고 했기 때문이다. 살라딘은 심지어 자신이 국고로부터 시민들에게 나누어준 위로금까지 배상하겠다고 약속했다.

게임은 귀뮈쉬티긴의 완벽한 승리로 끝날 것처럼 보였다. 그러나 마지막 순간 연합군 측의 과욕이 화를 불렀다. 이들은 살라딘에게 라흐바(Rahba)까지 내어놓으라고 한 것이다. 라흐바는 원래 쉬르쿠의 영지였으나 누르가 나중에 몰수한 곳이다. 살라딘은 라흐바를 회복한 후 이를 쉬르쿠의 아들 나시르 앗 딘에게 넘겨주었다. 만일 라흐바를 다시 내놓는다면 앗 살리의 전권을 완벽하게 인정하고 그의 밑으로 들어가는 신하가 될 뿐 아니라 아유브 왕조 수장으로서의 명예에 먹칠을 하는 셈이었다. 뜻하지 않은 이 조건으로 인해 결국 협상은 결렬되고 말았다. 4월 13일 전투가 시작되었다. 살라딘은 언덕에 군대를 배치하고 있어 지리적으로 유리한 입장이었으나 병력 부족으로 고전하던 중 때마침 지원군이 도착했고 전투는 살라딘의 대승이었다. 적에 대한 살육이 눈앞에 닥쳤으나 살라딘의 관용이 다시 한 번 발휘되었다. 알레포는 어차피 살라딘의 땅이 될 곳이다. 따라서 살라딘은 보복한다는 인상을 주지 않으려 노력했다. 병사들에게 불필요한 살육을 금하고 포로와 부상자를 거두었으며 죄수들을 풀어주었다. 그리고 투항을 원하는 병사들을 자신의 편으로 거두었다.

살라딘은 이제 자신을 시리아 왕으로 선포했으며 앗 살리의 이름은 서서히 퇴색하기 시작했다. 앗 살리는 알레포 왕이라는 명칭은 유지했으나 그의 신하들은 살라딘을 시리아의 실질적인 통치자로 인정해야 했다. 살라딘은 공식적으로 장기 가문에 대한 충성 서약을 폐기했으며 바그다드의 칼리프로부터 시리아의 지배자임을 인정받았다.

5월 어느 날 바그다드로부터 칼리프의 사신이 왔다. 바그다드는 이집트와 시리아에서 살라딘의 권능을 모두 인정했다. 증서와 망토 그리고 압바시드를 상징하는 검은색 깃발을 하사했다. 투르크인이 거부하는 쿠르드인 살라딘의 권능을 아랍인 칼리프가 인정함으로써 칼리프의 권위도 한층 높아졌다. 5월부터 이집트와 시리아의 모든 모스크에서는 살라딘의 이름이 거명되었으며 카이로에서는 그의 이름을 새겨 넣은 주화가 제조되었다. 이것은 살라딘 개인의 승리일 뿐 아니라 이슬람의 승리였다. 살라딘만이 이슬람 세계를 결집시켜 기독교 세력과 대적할 수 있는 유일한 인물이었기 때문이다.

장기 가문은 모든 독한 표현을 총동원하여 살라딘을 배은망덕한 악당이라고 비난했으나 이미 엎지른 물이었다. 백성들은 누르 사후 원칙 없고 신앙에 충실하지 못한 장기 가문에 크게 실망하고 있었다.

다마스쿠스 구(舊) 시가지에 있는 살라딘의 동상, (사진. 그레이엄 판 데 뷔엘렌Graham van der Wielen)

그들은 살라딘이 시리아를 지배함으로써 이집트와 시리아 내 이슬람 세력을 결집시켜 프랑크에게 큰 타격을 줄 수 있을 것으로 믿었다. 살라딘은 인척들을 새로 얻은 도시들의 총독으로 임명했다. 다마스쿠스는 타키 앗 딘, 홈스는 나시르 앗 딘, 하마는 삼촌에게 주어졌으며 발벡은 다마스쿠스에서 공을 세워 자리를 약속한 이븐 알 무카담에게 주어졌다. 무카담에 대한 살라딘의 처우는 눈길을 끈다. 원래 누르의 가신이었던 무카담은 후에 살라딘 편에 가담한 후 죽을 때까지 그의 충직한 신하가 되었다. 살라딘은 그의 약속을 믿고 자진 사퇴한 무카담을 자신의 어릴 적 고향이었던 발벡의 총독으로 임명함으로써 약속을 지킨다. 그로부터 몇 년 후 무카담은 왕의 대리인으로서 다마스쿠스의 대규모 순례단을 이끌고 메카를 방문하는 영예를 누렸다. 친구이든 적이든 살라딘 밑으로 들어온 사람 중 살라딘을 배신한 사람은 거의 없고 끝까지 충성을 지켰다. 용병과 인간관계에 관한 살라딘의 탁월한 능력을 가늠할 수 있는 부분이다.

한편 하마 전투의 패배에 분기탱천한 사이프는 다시 모략을 꾸몄다. 귀뮈쉬티긴과 또 한 차례 연합하여 살라딘을 공격키로 한 것이다. 4월 21일 양측은 하마에서 북동쪽으로 30킬로미터 떨어진 지점에서 조우했는데 이때 살라딘 군대는 말에게 물을 먹이고 있는 중이었다. 이곳저곳에 흩어진 살라딘 병사들은 적이 오는 것을 전혀 모르고 있었다. 사이프로서는 실로 호기를 만났는데 이를 놓치고 만다. 지나치게 스스로를 과신한 사이프가 즉시 공격하자는 측근의 충고를 물리쳤기 때문이다.

"왜 우리가 쓸데없이 애를 써가며 이 촌뜨기를 지금 공격해야 하는가? 내일 공격해도 충분하다."

다음날 전투에서 처음에는 살라딘이 불리했으나 전세를 뒤엎고 승리를 거두었다. 사이프는 겨우 전장을 빠져나갔으나 그의 장수들은 대부분 포로가 되고 말았다.

4일 후 살라딘은 다시 알레포 성 앞에 도달했다. 그는 이번에는 성을 포위하지 않고 대신 인근 성들을 공격했다. 알레포를 고립시키는

시리아 라타키아에 위치하고 있는 살라딘 성. 12세기에 십자군에 의해 완성되었다.
(사진. 파디 할리소Fadi Hallisso)

작전을 전개한 것이다. 알레포 북동쪽 만비지를 점령한 살라딘은 기수를 서쪽으로 돌려 아자즈를 점령했다. 다급해진 귀뮈쉬티긴이 다시 협상을 요청함으로써 7월 29일 맺은 조약에서 알레포 인근 성들에 대한 살라딘의 관할권이 인정되었다. 알레포 인근을 장악하고 8월 말 다마스쿠스로 돌아온 살라딘은 그의 형 투란 샤를 총독으로 임명했다. 또한 살라딘은 누르의 부인 중 하나였던 이스마트 앗 딘(Ismat ad-Din)과 결혼을 하게 된다. 그리고 그의 누이 라비아(Rabia)는 이스마

트의 오빠와 결혼시켰다. 이로써 양 가문은 겹으로 인척이 되었다. 이
결혼은 다분히 정략적인 것으로 살라딘이 누르의 유산을 모두 물려받
았음을 상징하는 것이다. 당시 40대인 이스마트는 살라딘의 다섯 번
째 부인이 되었다. 이스마트는 따뜻한 성품의 여인으로 두 부부는 평
생을 함께 했으나 슬하에 자식은 없었다. 살라딘은 이미 다른 부인들
로부터 일곱 자녀를 거느리고 있었다.

제23장
종교 영웅

카락 성주, 르노의 도발

시리아 원정을 모두 성공적으로 마친 살라딘은 1176년 9월 카이로로
잠시 돌아왔다가 곧바로 출정했다. 이후 수년간 그는 팔레스타인에서
십자군과 끊임없는 공방전을 벌였다. 당시 십자군에는 토롱의 험프리
(Humphrey of Toron), 트리폴리의 레몽(Raymond of Tripoli), 이벨린의 발
리앙(Balian of Ibelin), 라믈라의 보두앵(Baldwin of Ramla), 티베리아의
휴즈(Hugh of Tiberias), 시돈의 르노(Reginald 또는 Renaud of Sidon), 케사
레아의 월터(Walter of Caesarea), 신전기사단장 오도(Odo), 성주 조슬랭
(Joscelin the Seneschal) 등과 같은 맹장들이 있었다.

　살라딘과 친분을 맺었던 험프리는 무슬림군의 기습 중 젊은 왕 보
두앵 4세를 구하려다 1179년 4월 사망했다. 그는 이슬람 진영에서도
용맹한 기사로 유명했다. 문둥이 왕으로 유명한 아말릭의 아들 보두
앵 4세와 일진일퇴의 공방을 벌이던 살라딘은 1180년 그와 2년간 휴

전협정을 맺는다. 1181년 초 카이로로 돌아온 살라딘이 모처럼 국내 정치에 전념할 시간을 갖는 가 했더니 또 사건이 발생했다.

카락 성주인 샤티옹의 르노(Renault de Châtillon: 아랍에서는 'Brins Arnat'라고 부름)가 휴전협정을 어기고 이슬람을 공격한 것이다. 이후 6년 간 르노의 행적으로 인해 살라딘은 일찍이 경험하지 못한 증오심을 갖게 된다. 르노는 신분이 낮은 프랑스 귀족의 아들로 20대 초반인 제2차 십자군 원정 때 루이 7세를 따라 중동에 왔다. 광신적이고 예의가 없으며 탐욕스러운데다 잔인한 르노는 안티오크 공주 콘스탄스(Constance)의 마음에 들어 그녀와 결혼했다. 결혼식은 비밀리에 진행되었다. 안티오크의 귀족들이 결혼에 반대했기 때문이다. 라틴 국가에서 가장 파워풀한 여인이 수상한 배경을 가진 용병 출신의 일개 촌뜨기 기사와 결혼한다는 것이 이들의 성에 차지 않았다. 콘스탄스는 전투 중 쉬르쿠의 칼에 살해된 보에몬드 2세의 딸이며 예루살렘 왕보두앵 3세의 조카이기도 하다. 아버지의 죽음으로 왕위를 물려받을 때 그녀는 두 살짜리 어린아이에 불과했다. 콘스탄스는 아키텐 왕자 레몽(Raymond)과 결혼했으나 남편이 전투 중 사망함으로써 불과 22세에 미망인이 되었다. 르노는 건방지고 무례하며 잔인한 사람이었다. 한 여름에 부자 노인을 때려 부상을 입힌 뒤 상처에 꿀을 발라 모든 곤충이 날아들어 피를 빨도록 고문하여 노인의 전 재산을 갈취했다는 일화가 있다.

돈과 영토 욕심에 이곳저곳에서 좌충우돌 전투를 벌이던 르노는

1160년 가을 누르 알 딘의 영토에 침입했다가 매복에 걸려 포로가 된 후 알레포에서 16년 동안 잡혀 지내는 신세가 되었다. 그가 이렇게 오랫동안 포로 생활을 했던 것은 이미 악명이 널리 퍼져 위험한 인물로 낙인찍혔기 때문이다. 그는 귀뮈쉬티긴이 주선한 협상을 통해 막대한 몸값을 지불하고 1176년 풀려났다. 기독교 측에서 지불한 배상금이 12만 디나르였다고 하니 현재 가치로 2천 6백만 불에 해당하는 거금이다. 르노는 무슬림에 대한 복수를 다짐했다. 그동안 콘스탄스는 사망했고 그는 이제 50대가 되어 있었다. 운이 좋은 르노는 카락 성의 상속자인 과부 스테파티(Stephanie)와 결혼하여 카락 성주가 되었다. 카락 성은 사해에서 동남쪽으로 200킬로미터 정도 떨어져 있는 모압 지역에 위치한 성이다. 황량한 산악 지대에 세워진 카락성은 다마스쿠스와 메카를 잇는 전략적 요충지이다. 원래 조약 따위는 무시해버리는 무법자 르노에게 살라딘과 보두앵 4세가 1180년 맺은 휴전협정은 문제가 되지 않았다.

1181년 여름 카락 성에서 군대를 이끌고 아라비아로 떠난 르노는 메카 순례길에 위치한 오아시스 도시 타이마(Taima)에서 카라반을 공격하여 많은 물품을 약탈하고 포로들을 끌고 갔다. 살라딘은 협정 위반임을 성토하며 보두앵 4세에게 즉각적인 배상을 요구했으나 보두앵의 말이 르노에게 먹힐 리 없었다. 가을에는 다미에타에 체류하던 기독교 순례단이 습격을 받아 포로로 잡혀갔으며 르노는 이들을 노예로 팔아 소득을 챙겼다. 이제 평화롭던 순례길의 안전에 큰 구멍이 뚫

카락 성Karak Castle, 요르단 중부 카락 시에 위치하고 있다 (사진. JoTB 제공)

린 것이 분명했다. 로마가 이 지역을 정복한 후 지난 1천년 동안 어떤 유럽 세력도 홍해에 침입한 적은 없었다. 홍해는 이슬람에게는 신성 불가침이나 마찬가지인데 이곳을 르노가 처음으로 침범한 것이다.

정복자가 아닌 종교 영웅

1181년에는 여러 나라의 권력 구조에 변화가 일어났다. 프랑스에서는 청년 왕 루이 7세가 죽고 존엄왕 필리프 2세가 등극했다. 로마에서는 알렉산데르 3세 후임으로 루키우스 3세가 교황이 되었고 비잔틴 제국에서는 마누엘 콤네누스에 이어 알렉시우스 2세가 황제로 등극했다.

바그다드 칼리프 왕조에도 변화가 일어났다. 알 무스타디가 죽고 후기 압바스 왕조 칼리프 중 가장 정력적이었던 앗 나시르가 그 뒤를 이었다. 모술에서는 그동안 아타베그로 있던 사이프 앗 딘이 죽고 그 자리에 동생 이즈 앗 딘이 앉았다. 또 그해 12월 누르의 후계자 앗 살리 이스마일이 알레포에서 무서운 복통으로 인해 갑자기 사망했다. 누군가가 독살했을 가능성을 배제할 수 없다. 18세 청년에 불과한 앗 살리가 갑자기 죽자 알레포의 승계권을 놓고 모술 성주 이즈 앗 딘과 그의 동생 신자르 성주 이마드 앗 딘 간에 암투가 벌어졌다. 두 형제 사이에 이루어진 협상으로 이마드는 신자르를 내놓는 대신 알레포를 차지했다.

이마드는 형보다 훨씬 야심이 크고 교활한 인물이었다. 앗 살리 사후 권력의 공백을 가장 잘 이용한 측은 물론 살라딘이다. 1182년 5월 살라딘은 카이로를 떠나 팔레스타인으로 향했다. 주요 관리들이 송별행사에 모여 행운을 빌었다. 그가 속히 목표를 이룬 후 다시 돌아올 것을 기원했다. 그러나 살라딘으로서는 이것이 마지막이었다. 그는 다시 카이로로 돌아오지 못했다. 모술을 포위한 살라딘은 성을 함락할 수 있었으나 바그다드 칼리프의 권고에 따라 철수했고 대신 신자르를 점령했다. 살라딘의 세력은 보다 확장되었고 장기 가문의 세력은 보다 약화되었다.

1182년 말 살라딘이 모술과 알레포 공략을 추진하고 있던 중 르노가 다시 한 번 그의 심기를 건드렸다. 르노는 남으로 내려가 알 아카바를 점령한 후 홍해 쪽으로 내려가 아프리카 해안을 침공했고 제다 건너편 항구 아이답을 공략하여 카라반을 약탈했다. 이후에도 르노는 메카와 메디나에 물자를 공급하는 아라비아 연안의 항구들을 공격하고 순례단이 탄 배를 침몰시켰다. 르노가 메디나에 있는 예언자의 무덤을 파헤쳐 유해를 훔쳐가려는 목적에서 이런 모험을 저질렀을 것이라는 설도 있다. 이렇게 되자 이제 메카까지 위협받는 상황에 처한 것처럼 보였다. 그러나 사실은 달랐다. 살라딘의 군 개혁으로 이집트 해군은 막강한 전력을 보유하고 있었으며 동생 알 아딜이 상황을 잘 관리했다. 알 아딜은 아카바를 회복한 후 기독교 측의 배를 나포했다. 상황은 다시 좋아졌지만 르노의 모험은 살라딘의 신경을 자극했다. 성소와 순례 행로의 수호자로서 그의 이미지가 크게 손상되었기 때문이다. 살라딘은 그답지 않게 포로로 잡은 기독교도들을 처형함으로써 단호함을 보여주었으나 한번 손상된 이미지를 복구하기는 어려웠다.

1183년 6월 살라딘은 마침내 그가 '시리아의 눈'이라고 일컬은 알레포를 점령함으로써 시리아 원정을 완성했다. 알레포 점령까지 8년의 긴 세월이 걸렸다. 장기의 후손들은 쿠르드 출신의 찬탈자가 시리아를 차지하지 못하도록 기독교도의 힘을 빌려서라도 막으려 했으나 허사로 돌아갔다. 누르가 살아생전 다마스쿠스를 먼저 점령한 후 예루살렘을 탈환하려고 했던 것과 비슷하게 살라딘은 알레포를 우선 목표로 삼았다. 알레포가 자신에게 비수를 겨누고 있는 한 예루살렘 공략은 허망한 일이라고 생각했기 때문이다. 알레포는 카이로와 함께 살라딘의 양대 날개가 되었고 힘의 근원이 되었다.

이제 살라딘은 북부 아프리카와 이집트로부터 다마스쿠스와 알레포를 거쳐 현재의 남 터키까지 지배하는 대군주로 등장했으며, 아라비아 및 메카와 메디나를 수호하는 신앙의 기둥으로서도 칼리프의 인정을 받았다. 아직 모술이 남았으나 모술은 이미 경쟁 범위 밖이었으며, 살라딘은 아나톨리아의 코냐(Konya)를 근거지로 하는 셀주크 세력과도 우호적인 관계를 유지했다. 그는 지난 200년 동안 누구도 이루지 못한 대제국의 지배자가 되었다. 이슬람 세계에서 살라딘은 정복 영웅(Dar al Harb)이 아닌 종교 영웅(Dar al Islam)으로 불린다. 신앙과 경건함이 언제나 그의 지표였고 신념이었기 때문이다. 살라딘은 영토를 확장하고 세력을 넓히며 부를 축적하는데 목표를 두지 않았다. 그의 목표는 이방인을 중동으로부터 몰아내고 이슬람 이념에 충실한 국가를 건립하는 것이었다.

살라딘은 넓은 제국을 통치하는데 인척들을 잘 활용했다. 조카 타키 앗 딘(Taqi-ad-Din)은 시리아를 관장했고 동생 알 아딜이 이집트를 맡았으며 다른 동생 투그티긴은 아라비아를 관장했다. 예멘의 정복자인 형 투란 샤는 다마스쿠스, 발벡, 알렉산드리아 총독을 거치는 등 크게 활약했으나 지나치게 쾌락을 탐닉한 탓에 1180년에 죽고 말았다. 살라딘에게 큰 손실은 조카 파룩 샤의 사망이었다. 다마스쿠스 사령관으로서 뛰어난 리더십을 보여주었던 파룩 샤는 1182년 젊은 나이에 사망했다. 쉬르쿠의 아들인 사촌 나시르 앗 딘은 홈스 총독을 지냈으나 충성심에 있어서는 다소 의문이 있는 사람이었다. 살라딘이 구축해 놓은 권력 구조는 거미줄과 같이 복잡하게 얽혀 있어 위태롭게 보였으나 그가 살아 있는 동안에는 잘 작동하는 구조였다. 이는 살라딘이 인척들의 성격과 능력을 잘 파악하여 적재적소에 그들을 배치했기 때문이다. 그러나 살라딘 사후 이러한 구조는 급격히 붕괴하게 된다.

살라딘이 전장을 종횡무진으로 헤집고 다니는 동안 그의 아들들도 부쩍 성장했다. 알 아지즈는 14세가 되었고 동생 아즈 자히르는 13세였다. 누르의 아들 앗 살리가 일찍 권좌를 물려받았다가 불과 18세에 사망한 것을 감안하면 살라딘의 아들들도 이제 후계자 훈련을 받을 나이가 되었다. 살라딘은 아들들이 제국의 지도자로 확실히 성장하기 원했다. 신하들의 지속적인 충성을 확보하고 백성을 위한 통치를 한다면 왕조가 지속될 수 있을 것으로 생각했다.

그러나 지나치게 중용할 경우 동생 알 아딜과 조카 타키 앗 딘이 반발할 것을 우려했다. 살라딘의 아들 중 야심이 가장 큰 인물은 장남 알 아프달이었다. 16세가 된 아프달은 용모가 준수했고 아버지의 뒤를 잇겠다는 야심이 있었다. 카이로에 있는 장남의 야심을 우려한 살라딘은 권력이 커지지 않도록 통제했다. 아직 나이가 어려 옆에서 부추기는 세력에게 쉽게 휘말릴 수 있다고 생각했기 때문이다. 살라딘과 모술 간의 싸움이 장기화하면서 카이로에서는 살라딘의 정책을 비판하는 목소리가 높아졌다. 비판자들은 살라딘이 동족인 무슬림을 향해 지하드를 외칠 것이 아니라 기독교도를 몰아내는데 전력을 기울여야 한다고 주장했다. 이러는 가운데 1186년 8월 둘째 아들 아즈 자히르가 알레포의 통치자로 임명되었다. 그리고 친족 간의 단결을 강화하기 위해 두 건의 결혼식이 치러졌다. 알레포에서는 아즈 자히르가 삼촌 알 아딜의 딸과 결혼했으며 다마스쿠스에서는 장남 알 아프달이 나시르 앗 딘의 딸과 결혼식을 올렸다.

살라딘은 모기떼처럼 카라반을 기습하여 물건을 뺏고 포로를 잡아가는 르노 때문에 골머리를 앓았다. 그는 최근에도 낙타 400마리가 이끄는 대규모 카라반을 습격했는데 포로 석방, 약탈한 물품의 반환, 협정 위반에 대한 배상금 지급 등 이슬람 측의 요구에는 콧방귀도 뀌지 않았다. 르노가 포로들을 향해 "무함마드에게 구원을 애원해라"라고 비아냥거렸다는 이야기를 듣고 살라딘의 분노는 머리끝까지 치밀었다. "이 자 만큼은 꼭 내 손으로 처단하겠다"라고 맹세했다고 한다.

1183~1184년 2년 동안 살라딘은 무역로의 안전을 확보하기 위해 여러 차례 출병해야만 했다. 모두 르노가 일으킨 사건과 관련이 있었다. 한편 그동안 그를 계속 괴롭혔던 모술이 마침내 그의 관할 하로 들어왔다. 모술에서도 그의 이름을 새긴 주화가 주조되었으며 금요 예배 때 그의 이름이 언급되었다. 살라딘은 과거 누르가 통치하던 모든 땅의 주인이 되었다. 이제 남은 일은 르노를 응징하는 것과 예루

살렘을 탈환하는 것으로 좁혀졌다. 1187년 봄이 되자 지하드를 외치는 목소리가 카이로에서 모술에 이르기까지 모든 이슬람 지역에 울려 퍼졌다.

제24장
하틴 전투

살라딘의 지하드

살라딘의 지하드에 응답하여 전 이슬람 세계에서는 살라딘을 지원하기 위한 군대가 동원되었다. 살라딘은 이제 결정적인 한 방을 노리고 있었다. 그것은 예루살렘을 탈환하고 지중해 연안의 십자군 기지를 격파하는 일이다. 살라딘의 적은 크게 보아 트리폴리 성주 레몽, 예루살렘 왕 기(Guy de Lusignan), 그리고 카락 성주 르노였다. 그중 레몽은 기독교 진영으로부터 반역자라는 비난을 받고 있었다. 때때로 평화를 위해 이슬람 측과 타협했기 때문이다. 레몽은 살라딘이 그의 왕위를 밀어주는 대가로 트리폴리에 억류 중인 사라센 인을 모두 석방시켰을 뿐 아니라 1185년 기근이 닥치자 다마스쿠스에 식량을 후하게 보내줄 정도로 살라딘과 가깝게 지냈다. 기는 시빌라(Sibylla)와 결혼하여 예루살렘 왕이 된 인물이다.

시빌라는 아말릭 왕의 딸로서 문둥이 왕으로 알려진 보두앵 4세의 동생이다. 그녀는 병든 오빠 대신 후계자를 생산하기 위해 16세 때 결혼하여 아들을 가졌으나 남편이 말라리아로 죽고 말았다. 시빌라는 얼굴은 미남이나 약골인데다 한참 어리석은 기를 만나 결혼했다. 물론 팔레스타인의 귀족들은 모두 이 결혼에 반대했다.

1185년 3월 보두앵 4세가 죽자 조카 보두앵 5세(시빌라의 아들)가 왕위를 계승했는데 1186년 4월 사망함으로써 기가 왕위에 올랐다. 1185년에는 살라딘도 중병에 걸렸다가 겨우 회복했다. 중신들을 모아놓고 아들들에게 충성 맹세를 시킬 정도로 중태였으나 겨우 회복하여 1186년 2월쯤이면 사신을 맞이할 수 있게 되었다. 마침내 살라딘의 진군이 시작되었다. 살라딘은 현재 시리아와 요르단 국경 근처에 있는 부스라(Busra)에 3만 병력을 집결시켰는데 이 중 절반이 기마병이었다. 조카 타키 앗 딘이 우군을 맡고 괴크뷔리(Gökbüri)가 좌군 그리고 살라딘이 중군을 맡았다.

1187년 4월말 살라딘의 장남 알 아프달은 레몽에게 7천 명의 병력이 갈릴리를 통과하여 행군할 계획임을 알리면서 안전을 보장해주도록 요청했다. 사냥을 겸해 레몽의 관할지역을 한번 둘러보려는 것이었으나 적진의 동태를 살피려는 목적도 있었다. 거북한 요청이었으나 1184년 살라딘과 평화조약 체결 후 좋은 관계를 유지해오고 있던 차에 이를 거절할 수는 없었다. 레몽은 살라딘과 기 양측의 입장을 모두 감안하여 타협안을 제시했다. 이슬람군이 어떤 마을이나 농부들도 건드리지 않으며 동이 튼 후에 요르단 강을 건넌 후 밤이 되기 전까지 다시 돌아와야 한다는 조건을 내건 것이다. 레몽은 관할 영토 내에 사신을 보내 사라센군의 행군 사실을 알리고 그들과 충돌하지 말 것을 지시했다. 그러나 마침 이때 기 왕의 명을 받은 130여 명의 기사들이 근처에서 행군 중이었다. 그들은 사푸리야 부근에서 말에게 물을 먹이고 있는 이슬람군을 발견하고 공격했다. 그러나 중과부적인 기사들은 3명만이 살아 돌아갔을 뿐 나머지는 모두 전사하고 말았다. 예기치 않았던 이 사건이 양측 대군을 예상보다 빠르게 집결시키는 기폭제가 되었다. 양측 간의 긴장이 고조되는 가운데 6월말 살라딘은 전군을 티베리아(티베리아스) 호수 남쪽에 집결시켰다. 곳곳에서 모여든 이슬람군은 티베리아 호수를 완전히 포위했다.

한편 티베리아에서 서쪽으로 30킬로미터 떨어진 사푸리야에 집결한 기독교군은 살라딘을 공격할 것인지 여부를 놓고 격론을 벌였다. 자신 때문에 기사들의 희생을 초래한 레몽은 큰 부담을 안고 토론에 참여했다. 레몽 등 공격에 반대하는 쪽은 살라딘이 사푸리야를 공격하지는 않을 것이므로 우선 지켜보자는 의견이었다.

"여름이므로 움직이면 더위와 갈증에 시달려 불리한 위치에 서게 된다. 대군이 패할 경우 기독교 왕국 전체가 위험에 처할 수도 있다. 시간이 지나면 무슬림군은 자동적으로 해체될 것이므로 그때 티베리아를 탈환하면 된다."

이에 반해 르노 등 찬성하는 쪽의 주장도 만만치 않았다. 이들은 3년 전 사건을 환기시켰다. 대군을 거느린 기가 골리앗 샘물(Springs of

Goliath)에서 살라딘을 공격하지 않아 비겁자라는 비난을 받고 섭정에서 물러나야 했다. 당시 기는 레몽의 신중한 입장을 따른 결과 섭정에서 물러나야 했고 레몽이 이 자리를 이어받았던 것이다. 이들은 또한 레몽이 불과 수주 전까지만 하더라도 살라딘 측과 내통했으며 그 결과 100명 이상의 기사를 잃었다고 비난했다. 이번에도 기가 배신자의 충고에 따라 살라딘을 공격하지 않을 경우 '성지 수호자'로서의 권위를 지킬 수 없을 것이라고 주장했다.

찬성파의 종용도 있었지만 결국 기가 티베리아를 공격키로 결정한 데에는 다른 이유가 있었다. 레몽의 논지는 시간이 지나면 여러 곳에서 모인 이슬람군의 해체가 불가피하다는 것인데, 알 자지라에서 온 병력은 고향으로 돌아가겠지만 시간이 지나더라도 알레포와 다마스쿠스에서 온 병력 그리고 이집트 병력의 상당수는 그대로 남아있을 가능성이 높았다. 그렇게 되면 살라딘은 계속 티베리아를 지배하면서 예루살렘에 대한 압박을 가중시킬 것이다. 인근 도시들이 차례로 적의 손에 들어갈 경우 예루살렘의 안전을 보장할 수 없었다. 기는 스스로에게 자문했다.

"예루살렘 왕국의 중심축 중 하나인 티베리아를 지킬 수 없다면 군대가 무슨 소용이 있겠는가?"

기는 이번에는 물러서지 않겠다고 결심함으로써 살라딘의 전략에 말려들었다. 살라딘은 티베리아를 선점하여 적을 이곳으로 유인한 뒤 섬멸할 계획이었다. 기독교 측은 1,200명의 기사를 선두로 2만 명의

하틴 전투Battle of Hatin (귀스타브 도레Gustave Dore 作)

병력을 나자렛 북서쪽 세포리스(Sepphoris)에 집결시켰다.

하틴 전투의 승리

티베리아로 진군키로 한 이상 신속히 행군하는 것이 중요했다. 그러나 살라딘이 이를 그대로 방치할 리 만무했다. 이슬람군은 계속 기습 공격을 감행함으로써 기독교군의 행군을 방해했다. 궁수들은 활을 쏘아 진군을 방해했고 기병은 측면과 후위를 계속 공격했다. 기독교 연대기 기자(記者)는 "이슬람군이 파리 떼와 같이 성가시게 굴었다"라고 기록했다. 기독교군의 행진은 굼벵이 걸음이 될 수밖에 없었다. 기병과 보병이 일으키는 먼지는 병사들의 호흡을 거칠게 했고 사정없이 내리 쬐는 여름 볕은 따갑기 이를 데 없었다. 행군이 지연될수록 기독교군은 심한 갈증에 시달렸다. 무겁게 물을 많이 가져갈 필요가 없다고 한 왕 기의 말에 따라 병사들은 소량의 물만 지참하고 있었다. 견디지 못한 기독교군은 목적지에 이르지 못하고 행군을 멈췄다. '하틴의 뿔'이라고 알려진 동산으로부터 2~3킬로미터 떨어진 곳에 막사를 차렸다. 갈증에 시달리고 지친 병사들은 공포에 떨며 하루 저녁을 지내야 했다. 이슬람 병사들은 계속해서 '알라후 아크바르'를 외치며 기독교 병사들의 심기를 자극했다. 새벽까지 기독교군은 완전히 포위되었다.

"개미 한 마리도 빠져나갈 수 없는 포위망이었다"라고 사가(史家)는 기록하고 있다.

살라딘이 먼저 공격을 개시했다. 비록 갈증으로 인해 지치고 사기가 떨어졌지만 기독교군은 용감하게 저항했다. 기독교군은 적의 포위망을 뚫고 멀리 내려다보이는 티베리아 호수(갈릴리 호수)를 향해 가려고 했다. 빛에 반사된 호수물이 그들을 유혹했다. 호수 건너편으로는 북요르단 계곡 너머 눈 덮인 헤르몬 산이 그 위용을 자랑하고 있었다. 프랑크 보병들은 강한 빛에 노출된 데다 심한 갈증으로 인해 반쯤 정신이 나간 상태였고 무슬림군이 관목 숲에 지른 불로 인한 열기와 연기로 눈까지 침침해진 최악의 상태였다. 이들은 자신의 대형도 잃어버린 채 물이 있는 호수 쪽으로 미친 듯이 달리기 시작했다. 그러나 적의 포위망을 뚫지 못해 대부분이 살해되거나 포로로 잡혔다. 레몽이 포위망을 뚫으려 하자 타키 앗 딘이 일부러 그와 군사들을 놓아주었다. 그동안의 관계를 고려해서이다. 포위를 뚫고 언덕 위에 오른 레몽은 형세를 살펴본 후 도저히 이슬람군의 포위에서 벗어날 수 없다고 판단했다. 그는 기독교군 진영으로 돌아가지 않고 트리폴리로 향했다. 훗날 레몽은 기독교 진영으로부터 배신자 또는 비겁자라는 비난에 휩싸였다. 분노와 수치심으로 인해 큰 스트레스에 빠진 레몽은 얼마 후 죽고 말았다.

기독교군은 용감하게 저항하며 활로를 뚫으려 했으나 시간이 지날수록 포위망은 점점 좁혀졌다. 기와 그의 참모들은 쫓겨서 하틴의 뿔로 올라갔다. 이들은 이곳에 왕의 붉은 천막을 쳤다. 기, 제라드, 르노 등 기사들은 모두 용감히 싸웠지만 이미 대세는 기울었다. 이슬람군

물이 부족하여 고통받고 있는 십자군 진영(프란체스코 하예즈Francesco Hayez作, 1836~1850년 추정)

에게 천막을 뺏긴 후 기와 기사들은 기진맥진하여 땅에 주저앉았다. 기독교 진영은 성스러운 십자가를 이슬람 측에게 뺏긴 후 완전히 사기가 떨어졌다.

아크레의 주교가 전투 시 사기를 올리기 위해 십자가를 가져왔는데 타키 앗 딘의 군대에게 십자가를 뺏긴 후 주교는 살해되었다. 기와 기사들이 살라딘 앞으로 끌려왔다. 살라딘은 기와 르노를 의자에 앉으라고 한 후 르노를 무법자라고 비난했다. 이에 대해 르노는

"제후들은 모두 늘 이렇게 행동했다. 나는 관례를 따랐을 뿐이다" 라고 말했다.

르노는 살라딘이 그를 직접 죽이겠다고 맹세한 사실을 모르고 있

었다. 아마 알았더라면 이렇게 도전적으로 말하지는 않았을 것이다. 기진맥진한 기가 살라딘에게 물을 청하자 살라딘은 얼음물을 가져오게 했다. 덥고 황량한 황무지에서 얼음이 웬 말이냐고 할지 모른다. 그러나 이슬람군은 레바논 고원의 높은 산으로부터 얼음을 가져와 이

살라딘(왼쪽)과 체포된 예루살렘 왕 기 드 뤼지냥 Guy de Lusignan
(얀 리번스Jan Lievens作)

를 통에 넣은 후 낙타로 600킬로미터가 넘는 카이로까지 운반하고 있었다. 기가 한 모금 마신 후 르노에게 잔을 돌리자 르노는 이를 벌컥벌컥 마셨다. 살라딘이 기에게 말했다.

"당신은 내 허락 없이 저 자에게 물을 주었다. 나는 저 자에게 물이나 음식을 준 적이 없으니 저 자는 내 집에서 보호받지 못 한다."

이는 곧 르노를 죽이겠다는 암시였다. 이 말을 한 후 살라딘은 텐트 밖으로 나가버렸다. 저녁에 텐트로 돌아온 살라딘은 르노를 데려오게 했다. 살라딘은 칼을 들어 목으로부터 어깨 쪽으로 내리쳤다. 르노가 쓰러지자 근위병이 그의 머리를 잘랐으며 시체는 언덕 밑으로 버려졌다. 살라딘은 잠시 감정을 추스린 후 말했다.

"나는 이 자를 내 손으로 죽이겠다고 두 번이나 맹세했다. 한 번은 그가 메카와 메디나를 공격하려 했을 때였고 또 한 번은 그가 휴전협정을 어기고 카라반을 공격했을 때였다."

르노의 죽음을 본 기는 이제 본격적으로 살육이 시작되는가 싶어 공포에 떨었다. 그러나 그의 공포는 기우였다. 기와 측근들의 목숨은 보전되었고 얼마 후에 석방되었다. 그러나 보다 계급이 낮은 기사들의 운명은 이들과 달랐다. 용맹한 이들은 십자군 군대의 중심축이었으며 이슬람군에게는 공포의 대상이었다. 살라딘은 평소 그와는 달리 자비심을 보이지 않고 이들의 처형을 명했다. 200여 명의 성전기사단과 병원기사단 소속 기사들이 처형되었다. 1,200명의 기사 중 약 1천명이 죽었다. 3만 명의 프랑크 인이 죽었다고 알려진 피비린내 나는 전투의 흔적은 그 후에도 오랫동안 전장에 남아 있었다. 산더미 같이 쌓인 하얀 뼈 무더기는 1년이 지난 뒤에도 먼 곳에서 보일 정도였고 언덕과 계곡에는 맹수들이 먹다 남겨놓은 유골이 어수선하게 널려 있었다. 하틴 대승리의 소식은 전 이슬람 세계로 퍼졌다. 많은 무슬림 시인들이 승전을 축하하는 시를 지었다.

제25장
난공불락의 요새, 티레

티레에서의 퇴각

하틴 전투 후 근처 도시들이 빠른 속도로 살라딘의 수중에 들어왔다. 조슬랭이 통치하고 있는 아크레가 7월 10일 항복했다. 조건은 성내 시민의 안전 보장이었다. 아크레는 하틴으로부터 40킬로미터 떨어져 있는 예루살렘 왕국에서 두 번째로 큰 도시이다. 이곳은 이집트, 팔레스타인, 시리아를 잇는 이슬람권과 제노바, 베니스, 피사 등 이탈리아 도시국가들 간에 무역 중심지이다. 따라서 유럽과 중동의 각종 물품이 넘치고 상점이 즐비한 부유한 도시였다. 기독교상인 대부분은 재산을 갖고 성을 떠났다. 살라딘은 이곳에서만 4천 명의 무슬림 포로를 석방했다. 이어 갈릴리, 나자렛, 사푸리야, 하이파, 케사레아 등이 전투 없이 이슬람 진영으로 들어왔다. 나블루스는 이틀간의 형식적인 저항 끝에 투항했고 토롱 성채는 2주 동안 저항하다가 7월 26일 항복했다.

한편 살라딘의 동생 알 아딜이 이끄는 이집트군은 이 기회를 이용하여 야파를 점령했다. 뒤를 이어 베이루트, 시돈, 주바일 등 여러 도시들이 속속 살라딘 손안으로 들어왔다. 8월 말이 되면서 기독교 측에는 티레, 아스칼론, 가자, 예루살렘과 몇몇 조그만 성들만 남았다. 그렇게 견고했던 남부의 알 카락과 아쉬 샤우박 성채도 사라센 진영으로 넘어왔다. 모든 점령 과정에서 살라딘은 수비대와 주민의 요구를 경청한 후 가능한 요청은 모두 들어주었다. 이 때문에 기독교 주민은 살라딘을 신뢰하게 되었다. 90년 전 기독교 측이 처음 성지에 발을 들여놓은 이래 이와 같이 큰 재난을 당한 적은 없었다. 이제 기적이 일어나지 않는 한 십자군의 패퇴는 기정사실로 보였다. 그러나 세상만사가 그렇듯 예상치 못한 변수들이 등장했다. 이때는 참패로 끝난 제2차 십자군 원정이 행해진 지 40년이 되던 해이다. 살라딘은 아직 제3차 십자군 원정과 군사 천재 사자심왕 리처드의 출현은 물론 7월 중순 몽페라트의 콘라드(Conrad of Monferrat)가 티레에 상륙했다는 사실도 전혀 모르고 있었다.

살라딘은 티레를 접수하기 위한 교섭을 시작했다. 이 고대도시는 옛날부터 난공불락의 요새로 유명한 곳이다. 기원전 4세기 알렉산드로스 대왕은 이곳을 점령하기 위해 7개월 동안 피나는 노력을 기울여야 했다. 이 도시는 지중해 연안의 섬에 지어져 있고 육지와는 좁은 통로로 연결되어 있다. 지형적 이점으로 인해 소수의 병력만 가지고도 육지로부터의 침입자를 물리칠 수 있었다. 티레는 1124년 제1

차 십자군 원정 때 육지와 바다 양쪽을 봉쇄당한지 6개월 만에 프랑크 손으로 넘어왔다. 살라딘의 목표는 최대한 신속히 티레를 접수하는 것으로 시간을 끌 생각은 전혀 없었다. 일이 잘못 되어 봉쇄작전으로 전환할 경우 소요될 시간과 자원이 엄청난 부담이 될 것이라는 점을 충분히 인식한 것이다. 아크레의 전철을 밟아 티레도 곧 항복할 것으로 믿고 협상을 개시했다. 협상은 잘 진척되어 티레 측은 성을 넘겨주는 행사에 쓸 목적으로 살라딘 군의 노랑 깃발까지 가져갔다.

그러나 며칠 후 살라딘 일행이 성 앞에 도착했을 때 성문은 굳게 닫혀있었다. 그사이 몽페라트의 후작 콘라드가 도착하여 모든 상황이 바뀐 것이다. 콘라드는 일찍이 이탈리아와 비잔틴 전쟁에서 이름을 떨친 바 있는 맹장이다. 북부 이탈리아의 몽페라트 출신으로 신성로마제국 황제 프레데릭 바르바로사, 프랑스의 루이 7세 및 오스트리아의 레오폴드 5세와 사촌지간인 콘라드는 당시 30대 중반으로 한창 나이였는데 잘 생기고, 부유하며, 지적이면서 경험이 많은 거의 완벽한 인물이었다. 혈육 간 분쟁으로 인해 사법당국으로부터 쫓기는 도망자 신세가 된 콘라드는 콘스탄티노플에 체류하던 중 또 분쟁에 휘말려 어려움을 겪다가 티레로 왔다. 콘라드는 7월 14일 아크레에 도착했는데 평소와는 달리 환영해주는 사람들이 없어 의아하게 생각했다. 그는 곧 아크레가 살라딘의 아들 알 아프달의 손에 넘어간 사실을 알게 되었다. 콘라드는 바로 아크레를 벗어나 티레로 향했다. 티레에 도착한 콘라드는 자신이 성주가 된다는 조건으로 성의 수비를 책임지기로

콘라드 예루살렘 왕(프랑수아 에두아르 피코Francois-
Eduard Picot 作)

합의했다. 성안의 기독교계 시민과 난민들이 콘라드가 내건 조건에 동의했고 사령관은 그날 밤 성을 떠났다.

협상이 실패한 것을 알았지만 살라딘은 성급히 성을 공격하거나 포위하지 않았다. 티레가 난공불락이기는 하지만 자신이 거느린 육군과 이집트 해군이 합동으로 공격할 경우 오래 버티지 못할 것으로 생각했다. 우선은 다른 전법을 써보기로 했다. 하틴 전투에서 잡은 포로 중 콘라드의 아버지가 포함되어 있었다. 살라딘은 그를 성문 앞으로 데려간 후 성을 내주지 않을 경우 죽이겠다고 위협했다. 콘라드는 냉정히 거절했다. 아버지는 살만큼 살았으므로 알아서 하라는 식이다. 살라딘은 콘라드 아버지를 죽이지 않았다. 그는 포로를 이용하기는 했어도 죽이는 법은 좀처럼 없었다. 인명을 소중히 여기는 기사도적인 태도가 알려지면서 살라딘의 명성이 유럽에서 높아졌다. 다른 곳에서는 인질을 이용하는 전략이 주효했었다. 여러 곳에서 성주나 기사들이 포로로 잡힌 모습을 보고 주민은 성문을 열어 항복했다. 그러나 이곳 티레에서는 통하지 않았다. 콘라드가 만만치 않은 인물임을 깨달은 살라딘은 일단 철수키로 했다. 우선 아스칼론을 점령하고 나중에 기회를 보아 티레를 공격하려는 전략이다.

아스칼론이 쉽게 들어오자 이제 남은 도시는 티레와 예루살렘 그리고 이곳저곳에 흩어져 있는 몇몇 작은 성들뿐이었다. 자, 어느 곳부터 손에 넣을 것인가, 티레인가 아니면 예루살렘인가? 살라딘은 먼저 예루살렘을 탈환한 뒤 11월쯤 군대를 보내 티레를 공격키로 최종 결정했다. 그 후 10월 2일 예루살렘을 수복하기까지 3개월이 걸렸다. 그 사이에 티레는 난민으로 북적거렸다. 살라딘이 인근 도시와 성채들을 점령하면서 풀어준 사람들이 모두 티레로 모여들었기 때문이다. 살라딘은 난민이 비좁은 티레에서 견디지 못하고 유럽으로 돌아갈 것으로 예상했으나 빗나갔다.

콘라드는 위기를 극복하는데 탁월한 능력과 용기를 가진 사람이었다. 살라딘이 예루살렘을 정복하느라 소비한 3개월 동안 콘라드는 티레의 방어체제를 현저히 강화시키고 무기력한 난민을 병사로 훈련시켰다. 유럽으로부터 지원이 없으면 결국 무너지고 만다는 사실을 잘 알고 있었으나 자신이 할 수 있는 모든 수단을 다하여 성의 방어체제를 견고히 했다. 콘라드는 유럽의 지원이 반드시 있을 것으로 생각했다. 티레 대주교가 교황에게 유럽의 개입을 끈질기게 요청하고 있었으므로 지원군이 올 때까지만 버티면 되는 것으로 믿었다.

11월 중순 다시 티레에 도착한 살라딘은 가슴이 무너져 내리는 것 같았다. 판단 착오 때문이다. 예루살렘을 탈환하기 전에 티레를 먼저 공격하지 못한 것이 뼈저리게 아팠다. 3개월 만에 상황은 크게 변해있었다. 병력의 압도적인 우세는 이곳에서는 아무 소용이 없다. 바다로부터 뻗어있는 방어벽과 새로 판 해자들은 극복할 수 있지만 성으로 이르는 좁은 길을 지나기 위해서는 많은 희생을 각오해야 했다. 해협의 양쪽에는 갤리선들이 포진하고 있었고 석궁과 노궁으로 무장한 병사들이 성 쪽으로 들어오는 무슬림군에게 무자비하게 화살을 퍼부어댔다. 살라딘은 모든 병력을 총동원했다. 아들 알 아프달과 아즈 자히르, 이집트 군을 이끄는 동생 알 아딜 그리고 용맹한 조카 타키 앗 딘도 함께 했다. 그러나 관건은 병력수가 아니라 아크레에서 데려온 10척의 이집트 갤리선의 활약 여부였다. 12월 말 프랑크 군이 기습 공격으로 갤리선을 침몰시키자 모든 작전은 중단되었다. 이제 겨울의 악천후 속에서 포위를 계속해야 할지 아니면 다른 작전을 구사해야 할지 기로에 서게 되었다.

살라딘은 작전회의를 소집했다. 다수 의견은 포위를 계속할수록 희생자만 더 늘어난다는 것이다. 에미르(황족 및 귀족)들은 내심으로 포위를 계속할 경우 군자금이 부족한 살라딘이 자신에게 군비를 부담토록 종용할 것을 두려워했다.

"병사들은 지쳤고 오랜 작전과 보급 부족으로 불만이 팽배해 있다.

티레 공방(장 콜롬브Jean Colombe 作, 1474년)

지금은 철수하고 봄에 다시 작전을 개시하자."

이것이 중론이었다. 살라딘은 여기서 작전을 중단하는 것은 잘못된 결정이라고 생각했으나 지휘관들은 대부분 전쟁 계속에 반대했다. 살라딘이 쉽게 결정을 내리지 못하자 에미르들은 일부러 그의 명령에 거부하거나 지연시킴으로써 결심을 유도했다. 정말로 내리기 싫은 결정이지만 부하들이 자신의 뜻에 따라주지 않는데 어떻게 하겠는가.

1188년 새해 첫 날 살라딘은 이집트, 시리아, 메소포타미아 병사들을 원래의 부대로 복귀시키고 자신도 휘하 병사들과 함께 아크레로 철수했다. 7월 티레를 공격하지 않았던 것이 깊이 후회되는 순간이었다. 티레 퇴각은 승승장구하던 살라딘에게 치명적인 타격을 입혔다. 장기 포위전은 가능한 한 피한다는 것이 그의 전략이었고 이 원칙을 지켰지만 누가 보더라도 이번에는 살라딘의 패배였다.

살라딘의 군대는 규율이 문란한 봉건적 민병대로 구성되어 있었다. 그들은 여러 곳에서 모인 사람들이다. 인종과 언어가 제각각인 그들을 묶어두고 있는 것은 술탄이나 성전에 대한 열정이라기보다 전리품과 약탈에 대한 기대였다. 오랜 세월 가주에 길들여진 이들에게는 전쟁에서 한 몫 잡는 것이 불문율로 되어 있었다. 따라서 단기전은 신나는 일이었으나 오랜 공방전은 불편한 전쟁이었다. 지구전은 이들을 쉽게 낙심시켰고 구성 성분이 복잡하다 보니 시기(猜忌)와 불평 또한 쉽게 생겨났다. 십자군 요새의 방어력이 뛰어날 경우 승률은 포위군에게 결정적으로 불리했다. 살라딘의 관대함으로 인해 잡은 기독교 포로들을 풀어준 것도 악재로 작용했다. 방면된 병사 하나하나가 적군의 수를 늘려주었다. 살라딘이 좀 더 용의주도한 지휘관이었다면 전쟁이 끝나고 평화가 올 때까지 전쟁포로들을 다마스쿠스나 다른 멀리 떨어진 도시에 억류시켜 놓는 것이 올바른 수순이었다. 티레군은 잡혔다가 풀려난 병사들 일색이었고 이들을 보며 살라딘은 자신의 실책을 후회해야 했다. 결국 티레는 십자군 부활의 발판이 되었다. 티레를 기반으로 해서 십자군은 잃었던 힘과 위신의 일부를 되찾았다. 만일 티레가 함락되었더라면 나중에 큰 전투가 벌어지는 아크레에서 십자군이 위용을 뽐내기는 어려웠을 것이다.

제26장
아크레 패전

제3차 십자군 원정

유럽에서는 교황이 십자군 결성을 종용하고 있었다. 영국 왕 헨리 2
세는 '살라딘 십일조'라는 새로운 법을 제정하면서까지 십자군 원정
에 필요한 돈을 거둬드렸다. 이렇게 해서 거둔 세금은 당시 영국 역사
상 최대 규모였다. 살라딘은 곧 프랑스와 영국 왕들이 십자가에 참전
을 맹세했다는 불길한 소식을 듣게 된다. 3월에는 신성로마제국 황제
프레데릭 바르바로사(붉은 수염)가 참전을 결정하고 코니아의 킬리지
아르슬란과 살라딘에게 편지를 보내왔다.

　프레데릭 1세는 70세가 가까웠음에도 불구하고 큰 키가 약간 구
부정한 모습으로 변했을 뿐 압도적인 카리스마와 권위는 그대로였다.
그는 살라딘에게 팔레스타인 전체를 기독교 진영에게 돌려줄 것을 요
구하면서 자신이 중동에 도착할 것으로 예상되는 1189년 11월에 결
전을 벌이자고 제안했다. 유럽의 최강국인 영국, 프랑스, 독일이 합작

으로 3차 십자군을 결성한다면 이는 결코 보통문제가 아니다. 살라딘에게는 이제 티레 점령이 문제가 아니라 북으로부터 몰려올 유럽의 전사들에게 대비하는 것이 시급한 일이 되었다.

그러나 훗날 드러나지만 영국과 프랑스군의 일부는 배편으로 티레에 도착했다. 바로 이 때문에 후세 학자들은 살라딘을 비판한다. 독일의 협박에 귀를 기울이는 대신 영·불 연합군의 상륙을 막기 위해 어떻게든 티레를 먼저 탈환했어야 한다고 주장하는 것이다. 그러나 제1~2차 십자군 원정 시 어떤 군대도 바다를 건너온 적은 없었다. 육지를 거쳐 중동에 입성하는 것이 십자군 이동의 정석이었다. 살라딘은 경험에 입각해 티레 공격을 미루기로 했으므로 그의 판단에 큰 잘못은 없었으나 유럽에게 의표를 찔린 것은 분명했다. 나중 일이지만 사실 프랑스의 필리프와 영국 왕 리처드의 본대는 지중해를 건너온 후티레에 가지 않고 예루살렘 왕 기가 있는 아크레로 향했다. 이들은 중동에서 기독교 진영을 대표하는 인물로 콘라드를 염두에 두지 않았다. 이들이 생각하는 인물은 기였고 그는 아크레에서 전투를 벌이고 있었기 때문이다. 콘라드는 티레를 방문하겠다거나 지원군을 보내겠다는 기의 제의를 계속 거부했다. 뿐만 아니라 기를 경멸했으며 왕으로 인정하지도 않았다. 그의 전략은 유럽에서 십자군이 올 때까지 단독으로 티레를 지키는 것이었다.

1188년 7월 기와 기사들은 다시는 이슬람군에게 대적하지 않겠다는 맹세를 한 후 살라딘으로부터 풀려났다. 그러나 트리폴리에 도착한 기는 맹세를 헌신짝처럼 내던졌다. 이들이 이방인과의 맹세를 지키리라는 것은 살라딘도 기대하지 않았다. 살라딘이 이들을 풀어준 것은 그의 습관과도 같은 자비심 때문이었을 것이다. 그러나 기를 풀어줌으로써 기독교 진영에서 내분이 일어날 것을 기대하는 측면도 있었다. 사실 이 계산은 맞아 떨어졌다. 기와 콘라드 간의 불화 때문이다. 기는 콘라드에게 티레를 내어줄 것을 요청했으나 콘라드는 이를 거절했다. 예루살렘 왕은 하틴 전투에서 대패해 신뢰를 잃은 몸이었고 콘라드는 마지막 남은 기독교 세력의 보루로서 떠오르는 태양이었다. 트리폴리에서 겨울을 지낸 기는 다시 티레를 요구했다. 이제 기와 콘라드 사이에 전쟁이라도 벌어질 판이었다. 집요하게 성을 내줄 것을 요구하면서 티레를 포위했던 기는 도저히 목적을 이룰 수 없자 1189년 8월 피사의 함대들과 함께 아크레로 향했다. 이렇게 해서 영국과 프랑스군이 도착했을 때 기는 아크레에 있게 된 것이다.

1188년 봄 살라딘의 주 관심사는 소아시아를 횡단, 안티오크를 거쳐 북으로부터 침입할 것으로 예상하는 프레데릭 바르바로사에 대비하는 것이었다. 그해 여름 살라딘은 안티오크에서 대규모 작전을 전개하여 인근에 있는 많은 성을 점령하는 한편 비잔틴 측과 평화 교섭을 계속했다. 안티오크 성주 보에몬드가 8개월간의 휴전을 제의하자 살라딘은 이를 받아들인 후 다마스쿠스로 돌아왔다. 마침 알 자지라 군대가 고향으로 돌아가기를 간절히 원하고 있었기 때문이다.

살라딘은 비잔틴 황제 이삭을 통해 바르바로사의 근황을 알아보면서 독일 군대가 통과할 것으로 예상되는 안티오크 북쪽에 척후병을 보내는 등 긴장 속에서 지냈다. 독일 군대는 위용을 자랑하며 1190년 3월 비잔틴이 제공한 배를 타고 다다넬스 해협을 지나 소아시아에 상륙했으며 5월에는 키르지 아르슬란의 수도 코냐를 지나 중동으로 향했다. 6월초 타우루스 산맥을 통과하여 실리시아 평원에 들어선 바르바로사는 다리를 지나다가 죽음을 맞이했다. 물이 허리에도 차지 못하는 곳에서 익사한 것으로 전해진다. 말이 발을 잘못 디뎌 말에서 떨어졌는데 그의 무거운 갑옷 때문에 운신을 못하고 익사했던 것 같다. 살라딘의 억세게 좋은 운이 이번에도 그에게 선물을 안겨주는 순간이었다. 졸지에 지휘관을 잃은 군대는 오합지졸이 되어 사방으로 흩어졌다. 이들은 독일 군대의 위용을 보여줄 수 없었다. 바르바로사의 시체는 식초에 담가 놓았는데 썩기 시작하자 서둘러 매장했다. 그의 뼈는 그가 탈환하려고 했던 예루살렘에 묻기 위해 별도로 보관했다.

아크레 공방

아크레의 현재 지명은 아카(Akka)이다. 하이파만의 남쪽에 있는 절벽에 위치한 아크레는 천연의 요새인데다 동쪽으로는 방파제가 둘러싸고 있고 이 방파제는 요새화한 탑에 의해 지켜지고 있었다. 아크레는 기독교 제국의 가장 부유한 도시였으며 왕들이 거주지로 가장 선호하는 곳이었다. 살라딘은 이제 이 아크레를 기독교군의 침입으로부터 방어해야 하는 입장에 섰다. 무슬림이 장악하고 있는 아크레를 기가 이끄는 기독교군이 포위하고 이 기독교군을 다시 살라딘이 포위하고 있는 형국이었다.

이제 50대 초반에 접어든 살라딘은 끊임없는 일과 전쟁에 지쳐 노쇠 기미를 보이기 시작했다. 늘 무거운 갑옷을 걸치고 있어야 했으며 전장에서 먹는 음식도 신통치 않았다. 건강이 나빠지면서 통증이 발생했는데 특히 때때로 위통을 호소했다. 이로 인해 중요한 순간 자리에 없는 경우가 많아졌다. 군의 사기도 저하되었다. 한때 기독교군이 차지했던 도시의 대부분은 이제 무슬림 손에 있었고 싸워봤자 더 이상 약탈할 재물도 많지 않았다. 원래 유목민인 투르크족은 스피드와 기동성이 뛰어났다. 성을 둘러싸고 시간에 의존해서 싸우는 정적(靜的)인 전쟁은 이들의 주특기가 아니었다. 양측은 오랫동안 싸워왔기 때문에 서로의 얼굴을 알고 있을 정도로 친숙했다. 이들은 싸우다가 한 두 시간 정도 휴식시간이 되면 서로 정보와 의견을 교환했다. 가끔 악사를 불러와 함께 연주를 즐기기도 했다. 연주가 끝나면 상호 합의로 전투를 재개했다. 어떻게 보면 장난과도 비슷한 전쟁이었다. 프랑크는 30년 이상 시리아에 거주하면서 이 지역 주민들의 성격과 습관에 동화되었다. 이들은 상호 혼인을 통해 레반트 인이라는 새로운 인종집단을 만들어냈다. 혼혈인은 풀라니(Pullani) 또는 크레올(Creoles)로 불렸다.

1189년 9월 중순 성의 북쪽을 지키던 타키 앗 딘이 기독교 포위망을 뚫고 나가는데 성공했다. 살라딘이 전투에 동참하여 사흘 동안 음식을 먹지 않고 진두에서 지휘했다. 아크레를 지키는 살라딘의 군대는 사실 그렇게 강한 군대는 아니었다. 이곳에 동원된 병력의 대부분은 제대로 훈련받지 못한 디야르 바크르 출신 민병대였다. 살라딘군은 디야르 바크르 외에 나블루스, 모술, 신자르, 하란, 에데사 출신 등으로 구성된 혼성군이었다. 이외에 쿠르드 병사들이 좀 있었고 가장 믿을만한 병력은 과거 쉬르쿠 시절 그의 밑에 있던 전투로 단련된 군사들이었다. 믿을만한 장수로는 타키 앗 딘, 알 아프달, 아즈 자히르 등이 있었다. 살라딘은 이집트로부터 지원군을 기대하고 있었다. 북쪽에 있는 주력부대는 안티오크, 트리폴리 및 티레를 포위하고 있었으므로 병력이 부족했다.

타키 앗 딘의 국지전 승리 후 프랑크군은 오히려 강화되었다. 콘라드가 티레로부터 지원군을 파견해주었기 때문이다. 이밖에도 투린기아 백작 부대, 독일군 및 성전기사단 등이 합류했다. 이는 기독교 측이 구성할 수 있는 최대, 최강의 부대였다. 10월 4일 기독교군의 반격이 시작되었다. 성전기사단이 주축이 된 공격군은 타키 앗 딘이 이끄는 디야르 바크르 출신의 병사들을 무참히 짓밟았다. 혼쭐이 난 무슬림 병사들은 후퇴를 계속하여 티베리아 호수까지 물러났으며 일부는 다마스쿠스까지 도망쳤다. 기사들은 추격에서 돌아와 갈릴리 언덕 위에 있는 살라딘의 막사를 공격해 이슬람 병사 몇 명을 살해했다. 십자군이 소수의 기사들을 중심으로 적의 중앙을 돌파하여 이렇게 큰 전과를 올린 것은 놀라운 일이었다. 반면 살라딘으로서는 중군이 뚫려

아크레 공방(지 엘르(Ji-Elle 作)

아크레 성채(사진. 위키피디어 제공)

참담한 패배를 당했으므로 수치스럽기 짝이 없는 일이다.

10월이 되자 이집트에서 50척의 갤리선과 함께 지원군이 도착했으나 계속되는 비로 주변이 진흙탕이 되어 십자군 진영에 대한 공격이 불가능했다. 그 사이에 기독교측은 참호를 파고 성벽을 세워 수비를 강화했다. 11월에 아크레는 육로 쪽으로부터 완전히 봉쇄되었다. 겨울이 되자 유럽으로부터 온 군사들이 아크레로 몰려들었다. 반면 이슬람 측으로서는 1190년 봄 하란, 알레포 및 여타 동부지역으로부터 지원군이 도착했으나 이들은 모두 북쪽에 배치되었다. 독일군의 습격에 대비하기 위해서이다.

4월 말이 되자 기독교군은 대규모 공세에 나섰다. 콘라드가 티레에서 보내온 목재로 세 개의 공성탑을 만들었다. 잘 건조된 공성탑은 무슬림 측의 나프타를 사용한 불화살 공격에도 끄떡없이 버틸 수 있었다. 전투는 8일 동안 계속되었다. 기독교군의 성에 대한 공격이 조금 완만해진 듯 했으나 중단은 없었다. 그러다가 무슬림 측에서 폭약을 사용한 신무기를 등장시켜 공성탑 중 하나를 불태웠다. 이 사이에 살라딘은 계속 압박을 가했으나 육로 쪽으로 돌파구를 뚫는 데는 실패했다. 살라딘의 엄호로 이집트 해군은 간신히 성에 보급품을 공급할 수 있었다. 바다 쪽 상황은 보다 어려웠다. 기독교 측 함대가 보강되면서 이집트 해군이 방어선을 뚫고 보급품을 실어 나르는 일이 훨씬 어려워졌다. 아크레는 티레에 이어 살라딘에게 제2의 패전지가 될 가능성이 높아졌다. 티레 때와 마찬가지로 살라딘은 큰 실수를 저질렀다. 프랑크에게 시간을 주어 이들이 참호를 파고 자신을 방어할 기회를 만들어주고 만 것이다. 이제 프랑크는 지원군이 올 때까지 충분히 버틸 수 있게 되었다. 이 전쟁은 2년이나 질질 끌 것이 아니라 1189년 10월 기독교군의 공세가 시작되었을 때 전력을 다해 승부를 내야 옳았다. 살라딘이 그러지 못한 것은 중대한 실책이었다. 상황은 계속 살라딘에게 불리한 방향으로 흘러갔다.

유럽으로부터 지원군이 속속 도착했다. 1190년 7월 1만 명의 병력을 이끌고 샹파뉴의 앙리 백작이 도착했고 10월에는 소문만 무성하던 독일군이 드디어 도착했다. 바르바로사의 아들 스바비아 공작(Frederick of Swabia)이 수천 명의 병력을 이끌고 온 것이다. 며칠 후에는 캔터베리 대주교 볼드윈이 중무장한 영국군을 이끌고 도착했다. 볼드윈은 기독교군과 이슬람군 사이에 형성된 공생공존의 분위기에 경악했다. 서로 적이면서도 싸우지 않을 때에는 친구와 같이 지내는 분위기는 그에게 매우 낯설었던 것이다. 몇 개월 후 또 볼드윈을 놀라게 할 일이 발생했다. 300명의 젊고 아름다운 프랑크 여인들이 바다를 건너 도착한 것이다. 이들은 기독교군에게 성적 향응을 제공할 목적으로 온 것이다. 이들은 자신이 신을 섬기는 사람으로서 신을 위해 싸우는 군인들에게 향응을 베푸는 것은 아름다운 희생이라고 말했다. 그러나 성직자 입장에서는 용납할 수 없는 일이었다. 이들이 자발적인 여인이었는지 창녀들이었는지는 확실치 않다. 한편 바하 앗 딘은 여성 기사들도 많이 있었다고 기술하고 있다. 죽은 기사의 갑옷을 벗기고 보니 여성이었다는 것이다.

전쟁은 교착 상태에 빠졌다. 어느 쪽도 결정적인 승리를 잡을 수 없었다. 1190년과 91년 겨울은 십자군에게 혹독한 시련을 안겨주었다. 주변의 기근으로 인해 식량이 절대적으로 부족했다. 티레의 콘라드는 지원 요청을 외면한 채 물자를 공급하지 않았다. 기독교군은 콘라드를 저주했으나 소용없는 일이었다. 옥수수 한 부대가 금화 20개에 팔렸고 달걀 한 개가 6 디나르에 달했다. 타는 말을 잡아먹었으며 죽은 동물의 창자까지도 귀한 음식이었다. 굶주린 사람들은 개가 먹다 버린 뼈다귀까지 뜯어먹었다. 반면 이집트의 보급선이 식량을 지속적으로 공급한 살라딘군의 상황은 양호한 편이었다. 기독교 진영의 고민은 역병이었다. 의술이 발달하지 않고 위생에 무감각한 중세 유럽 군대가 늘 경험하는 일이다. 역병으로 인해 10월 기의 부인 시빌라 여왕이 사망했다. 시빌라 덕분에 예루살렘 왕이 된 기의 입지가 난처해졌다. 반면 콘라드는 11월 시빌라의 이복동생 이사벨라와 결혼식을 올렸다. 이제 기와 콘라드 간에 왕좌를 놓고 험한 싸움이 벌어질 것이 분명했다.

사자심왕 리처드 1세의 등장

긴 겨울이 지나고 1191년 봄이 오자 상황이 달라지기 시작했다. 4월에는 프랑스의 필리프 2세가 6척의 배를 이끌고 도착했다. 그는 부활절 날 '마치 신의 천사라도 되는 것처럼 성가와 노래와 눈물이 홍수를 이루는' 대환영 속에 도착했다. 필리프 2세는 도착 즉시 공성 장비를 설치했으며 5월이 되자 프랑크는 전혀 새로운 모습으로 도시를 공격했다. 이어 6월에 사자왕 리처드가 25척의 배를 이끌고 도착했다. 리처드는 자금을 모으기 위해 아버지가 했던 대로 '살라딘 십일조'라는 세금을 만들어 돈을 거뒀다. 원정 자금이 필요한 그는 "필요하면 런던이라도 팔 것"이라고 말했다고 한다.

리처드는 인류 역사상 보기 드물게 복잡다단(複雜多端)한 집안에서 자랐다. 형제들이 '악마의 자식들'이라고 불릴 정도였다. 아버지 헨리 2세는 아들들과 싸웠고 나중에는 아들들끼리 서로 싸웠다. 헨리 2세는 아키텐에 머물고 있던 아내 엘레오노르를 감옥에 가둔 후 반기를 든 리처드와 싸웠다. 그러나 전투에서 패하자 리처드를 왕위 계승자로 정할 수밖에 없었다. 헨리는 리처드가 왕으로 즉위할 때 귓속말로 이렇게 말했다고 한다. "너에게 복수할 때까지는 신이 나를 살려두실 것이다." 이런 집안 내력 때문인지 리처드는 전쟁에서 잔인했고 어디에 가든지 적을 많이 만들었다.

리처드가 도착하자 아크레 전역은 기쁨에 넘친 기독교도들로 온통 광란의 도가니에 빠졌다. 리처드는 도중에 사이프러스를 정복한 후 이곳에 도착했다. 유럽의 두 거두가 아크레에 오자 전황은 급격히 바뀌게 된다. 당시 아크레 성은 많은 기독교 국가에서 몰려든 수많은 사람들로 사방이 둘러싸여 있었다. 그 너머에는 셀 수 없이 많은 투르크 병사들이 넓게 포진되어 있었다. 그들은 산, 계곡, 언덕, 평원을 뒤덮은 채 사방 천지에 울긋불긋한 천막들을 세워놓았다. 리처드가 온 후 한 달이 채 되지 않아 아크레는 결국 기독교 측의 손으로 넘어갔다. 바다로부터의 보급로를 차단한 후 오늘날의 미사일과 비슷한 돌을 성 안으로 쏴대는 적극적인 전법이 주효했던 것이다.

필리프와 리처드는 모두 유럽으로부터 성능이 우수한 투석기를 가지고 왔다. 무시무시한 돌을 날려 보내는 유럽식 투석기는 공포의 대상이었다. 투르크 군은 '그리스의 불'이라는 화염무기로 맞섰으나 승리는 이들의 편이 아니었다. 투석기로 인해 무너진 성벽의 일부를 타고 십자군이 성안으로 침입했다. 이내 백병전이 벌어지자 양측의 많은 군인들이 희생되었다. 성안에는 6천 명 정도의 투르크인이 있었다. 성의 수비를 책임지고 있는 성주와 사령관은 살라딘에게 전갈을 보내 절박한 사정을 알리는 한편 기독교 측에 휴전을 제안했다. 살라딘은 항복하지 말고 저항할 것을 요구하면서 곧 충분한 지원군을 보낼 것이라고 말했다.

살라딘은 하루 종일 아무 것도 먹지 않고 지하드를 외치며 열심히 싸웠으나 결국 성은 적의 손으로 넘어가고 말았다. 살라딘이 말한 대로 이슬람 세계 곳곳에서 지원군이 속속 도착했으나 이미 때는 늦었다. 아크레 방어군의 사기는 완전히 떨어졌고 승리에 대한 자신감을 잃었다. 2년 동안 버텨온 아크레는 살라딘과 이슬람 지원 병력이 먼 발치에서 지켜보는 가운데 항복하여 기독교 측에게 성을 내주었다. 성을 내주기 전에 마지막 협상이 벌어졌다. 최종 합의한 결과는 아크

십자군의 투석기(귀스타브 도레Gystave Dore 作)

레 성과 도시 안에 있는 모든 자산을 인도하고, 항구에 있는 모든 선박과 1500명의 기독교인 포로(이중 100명은 귀족임)를 인도하며, 성스러운 십자가를 내놓는 것이다. 이밖에 이슬람 측은 20만 디나르를 배상금으로 지급해야 했다. 이러한 조건 하에서 성안의 무슬림은 가족을 데리고 성을 빠져나갈 수 있었다. 이슬람 측의 항복은 당연한 결과였다. 영국과 프랑스 왕이 가져온 정교한 신무기와 대군의 압박을 아크레가 견디는 것은 무리였다. 오직 외부 세력만이 아크레를 구할 수 있었다. 하지만 수적으로만 우세한 살라딘 군의 돌파력은 매우 허약했다. 이들은 한 번도 적군의 참호 형 막사를 점령하지 못했다. 공격 명령에 거부하는 군인들이 있었고 심지어 살라딘에게 반기를 드는 병사들까지 있었다.

마침내 모든 투르크인이 아크레를 떠나자 기독교도들은 기쁨과 환희에 차서 도시로 들어왔다. 이들은 우렁차게 신을 찬양하며 신이 자비를 베풀어준 것과 믿음의 백성을 구출해준 것에 감사를 드렸다. 아크레의 항복은 살라딘에게 큰 충격을 안겨주었다. 성이 버티기 어렵다는 사실은 인정했으나 자신도 모르게 항복 협상이 진행된 것에 분노를 표출했다. 아크레 수비대가 항복 조건으로 내세운 내용은 수치스러운 것이었다. 아크레 공방전은 14년 전 라믈라 패전 후 처음 당하는 참패였다. 아크레가 기독교 손에 들어가자 그에 대한 비난이 쏟아졌다.

"살라딘은 한 번도 강경한 행동을 보인 적이 없다. 도시를 포위하면서도 성 주민이 완강히 저항하면 포위를 풀고 철수하는 사람이다. 그가 보인 싸구려 자비심으로 인해 적군은 무사히 아크레, 아스칼론, 예루살렘 등을 빠져나갈 수 있었고 이들이 티레에 모여들어 유럽군의 교두보가 된 것이다."

사실 이 비난들은 옳았다. 그러나 그의 자비심은 천성이었으므로 자신도 어떻게 할 수 없었다. 성을 접수한 리처드는 군사적 우위를 앞세워 소탕작전을 벌였다. 성의 주민들은 그들의 기술과 용기로 인해 기독교 진영의 존경을 받고 있었으나 리처드에게는 위험한 존재였다. 이들은 숫자도 많고 기술을 가진 프로들이므로 무사히 돌려보낼 경우 적을 이롭게 할 존재였다.

8월 20일 리처드는 성 밖으로 이들을 끌어낸 뒤 살라딘 측이 보는 앞에서 무자비하게 살해했다. 이들은 포승줄에 묶인 채 성 밖의 넓은 공터로 끌려나와 동료 무슬림군이 지켜보는 가운데 처형되었다. 300여 명의 부인과 아이들도 포함되었다. 3천여 명이나 되는 많은 사람이 처형되었다. 표면적인 이유는 살라딘 측이 협정에 명기된 약속을 지키지 않고 배상금 지급이나 성스러운 십자가 반환 등을 지연시켰다는 것이다. 그러나 이는 냉철한 계산과 전략을 바탕으로 한 사자심왕의 정치적 결단이었다. 이 사건으로 사자심왕이라는 이름이 무슬림 진영에서 공포의 대명사로 떠올랐다. 또한 이 사건으로 리처드와 살라딘의 성품 차이가 극명하게 드러났는데 어떤 부분은 양 진영의 문화 차이이기도 했다. 지금까지 살라딘은 기독교 포로를 거의 살해하지 않왔다. 시간이 지나면 풀어주거나 노예시장에서 매매하는 것이 고작이었다. 리처드와는 극과 극인 셈이다. 그러나 아크레 사건 후 살라딘도 가끔 기독교 포로들을 죽였다. 리처드에게서 배운 것일까 아니면 그에게 복수한 것일까?

제27장
평화협상

사자심왕과 살라딘

리처드가 아크레에서 포로를 무참히 살육한 것이 십자군의 이미지를 크게 손상시켰다. 사자심왕이 포로를 죽일 것으로 생각했더라면 살라딘은 절대 성을 내주지 않았을 것이다. 살해된 사람들의 가족과 친구들이 살라딘군에 많이 있었는데 그들은 그 더운 8월에 뜨거운 동지애로 뭉쳐 성을 사수했던 사람들이다. 살라딘은 매우 분노했고 신하들은 옆에서 복수를 부추겼다. 그러나 아무리 화가 나도 복수심에 불타 애매한 사람을 죽이는 것은 천성적으로 살라딘 스타일이 아니다. 그는 막내아들이 씩씩거리면서 기독교 포로를 처단하겠다는 것을 물리쳤다. 그는 분노가 최고조에 달했던 아크레 패전 후 몇 주 동안에도 사지가 잘릴 뻔 했던 기독교 포로들을 오히려 구해주었다.

아크레 점령 후 리처드의 목표는 물론 예루살렘이다. 그의 계획은 해안을 따라 내려가 먼저 야파를 점령한 후 이를 본거지로 삼아 예루살렘을 공격하는 것이었다. 그러나 야파는 아크레에서 1백 킬로미터 이상 떨어져 있고 그곳까지 가려면 험한 길을 뚫고 8개의 강을 건너야 했다. 마침 계절은 중동의 염천이 한창인 8월이었으며 길을 따라 군데군데 이슬람군이 매복하고 있었다. 기독교군은 2주 동안 거북이 걸음으로 남쪽을 따라 내려갔다. 이들의 행군속도는 하루 8킬로미터 미만이었다. 우측에는 바다 그리고 좌측에는 늘 이슬람군이 도사리고 있었다. 리처드는 병력을 셋으로 나누었다. 중군에 기병과 병참, 그리고 군기 등 중요한 것이 집중되었다. 이슬람군의 화살로부터 보호하기 위한 것이다. 중앙에는 모스크의 미나렛만큼 높은 탑을 실은 마차가 행군했다. 탑 위에는 '국민의 깃발'이라는 큰 기가 바람에 펄럭이며 군대의 사기를 높였다. 좌우 양측에는 보병이 따랐다. 우군은 바다가 보호해주므로 괜찮았으나 좌군은 늘 이슬람군의 공격을 막아야 하므로 피로도가 컸다.

리처드는 좌우 양군의 균형을 맞추기 위해 이들의 위치를 바꾸어가며 행군했다. 보병은 모두 전신을 가리는 철갑옷을 입고 있었으므로 이슬람군의 빗발치는 화살에도 거의 부상을 입지 않았다. 후미에 위치한 군사들이 가장 심각한 타격을 입었다. 이들은 뒤를 보며 진격해야 했으므로 가장 피로도가 높았으며 이슬람군의 공격도 이들에게 집중되었다. 희생자들은 주로 뜨거운 햇볕을 견디지 못해 쓰러지거나 극심한 피로를 견디지 못한 사람 또는 얼굴에 화살을 맞은 사람들이었다.

야파 전투에서의 리처드 1세(제임스 그랜트James Grant 作, 1873년)

8월 30일 기독교군은 케사레아에 도착했고 9월 7일에는 기사들의 공격으로 아르수프를 손에 넣었다. 이는 리처드가 팔레스타인에서 거둔 가장 큰 성과였으나 결정적인 승리는 아니었다. 리처드에게는 아직도 많은 전투가 남아 있었다. 살라딘 입장에서, 용감무쌍하고 중무장한 십자군을 물리칠 수 있는 유일한 방법은 기동력으로 그들의 대형을 무너뜨리는 것이다. 하틴에서 대승을 거둔 것은 바로 이 전법에 의한 것이었다. 그러나 리처드는 말려들지 않았다. 전법이 통하지 않자 살라딘군은 후퇴하여 라믈라로 돌아갔다. 리처드의 야파 진군을 막기 위한 것이다. 그러나 상승세인 리처드를 막지 못했고 별 전투도 없이 야파는 리처드의 손으로 들어갔다. 리처드는 이제 예루살렘으로 진격하기 위한 좋은 근거지를 하나 마련했다. 야파는 과수원이 많아 물자가 풍부한 곳이다. 죽은 말을 뜯어 먹을 정도로 고초를 겪었던 십자군은 모처럼 야파에서 풍부한 생활을 즐겼다. 이들은 충분한 휴식을 취한 후 다음 목적지로 나아가기 위한 대열을 정비했다.

리처드의 다음 목표는 아스칼론이다. 살라딘은 이제 위기를 느꼈다. 야파를 점령한 리처드가 아스칼론까지 손에 넣는다면 이를 근거지로 해서 이집트 본토 공격이 가능하게 되는 것이다. 아스칼론을 어떻게 해야 할까? 방법은 지키느냐, 철수하느냐 아니면 파괴하느냐이다. 살라딘은 고심 끝에 파괴하는 것으로 결론을 내렸다. 실로 어려운 결정이었다. 팔레스타인 내 이집트의 전진기지인 아스칼론을 1187년 탈환한 것은 살라딘의 업적에서 가장 자랑스러운 것 중 하나였다. 아스칼론의 성벽은 튼튼하고 건물은 아름다우며 성은 가장 매력적인 곳에 자리 잡고 있다. 이집트 국경과 가까운 곳에 있는 전략적 요충지이며 바다와 육지 양쪽에서 작전을 전개할 수 있는 남 팔레스타인의 핵심 요새이다. 이 자랑스러운 아스칼론을 자기 손으로 파괴해야 하다니! 이는 수치스럽고 약점을 드러내는 일이었으나 이렇게 결정할 수

아스칼론 전투The Battle of Ascalon(판화 C W 샤프C W Sharpe作 1881년)

밖에 없었다. 부하 장군들의 능력을 더 이상 신뢰할 수 없었다. 최근 전투의 결과를 볼 때 수비에 집중한다고 해도 패할 것이 분명했다.

"신에게 맹세컨대 내 아들을 모두 잃을지언정 성벽의 돌 하나라도 부수지 않겠다. 그러나 이것이 신의 뜻이라면 충실히 따를 수밖에 없다."

살라딘은 병사들과 일꾼을 총동원하여 성을 폐허로 만들기 시작했다. 성 안의 모든 건물에 불을 질렀으며 재물도 함께 태웠다. 탑과 성채는 나무를 가득 채운 후 태워 무너뜨렸다. 성 파괴 작업은 한 달이 넘게 걸렸다. 리처드가 도달하기 전에 모든 일이 끝나야 하므로 살라딘이 직접 진두에서 파괴 작업을 지휘했다. 리처드의 도착을 지연시키기 위해 기독교 진영과의 협상에서도 지연 전술을 펼쳤다. 아스칼론 파괴는 리처드가 아크레에서 행한 학살에 대한 일종의 보복이라고 볼 수도 있다. 성 파괴를 결정하기 전 살라딘이 장군들의 의견을 물어 봤을 때 그들은 이렇게 대답했던 것이다.

"사수를 원하신다면 왕께서 혹은 왕자 중 한 분께서 우리들과 함께 성에 계셔야 합니다. 그렇지 않으면 우리 중 누구도 성안에 남지 않을 것입니다. 우리는 아크레에서 겪었던 공포를 기억하고 있습니다."

이렇게 해서 아스칼론은 폐허가 되었다. 이후 살라딘은 남쪽에 있는 조그만 성채들도 모두 파괴했다. 리처드가 이집트를 공격하는데 필요한 근거지의 싹을 자르려는 것이다.

평화협상

혁혁한 전과를 올리며 진군하던 리처드에게도 걱정이 생겼다. 그동안 프랑스 왕과 사이가 벌어져 필리프는 열병을 핑계로 군대를 이끌고 유럽으로 돌아갔다. 몽페라트의 콘라드는 리처드와 필리프의 사이가 벌어지도록 부추겼다. 예루살렘 왕이 되려는 야심이 리처드의 반대로 이루어지지 못하고 있었기 때문이다. 함께 왔던 프랑스의 필리프가 유럽으로 돌아감으로써 시간이 지날수록 프랑스에 있는 영토에 대한 리처드의 근심이 깊어졌다. 또 자신이 이끄는 군대에 대한 그의 신뢰도 점차 떨어졌다. 이탈자들을 일망타진하라는 명을 받고 아크레에 간 기가 실패하고 돌아왔으므로 리처드가 직접 아크레까지 다녀와야 했다. 중동에 있는 기독교군의 능력을 믿을 수가 없었다. 유럽에서 직접 데리고 온 군인들도 시간이 지나자 스스로를 순례자로 생각했으므로 오래 남아 있을 가능성은 희박했다. 예루살렘을 탈환하고 성지를 방문할 경우 이들은 매우 만족할 것이나 그 후에는 대부분 중동을 떠날 사람들이었다. 살라딘과 리처드 둘 다 이제 전쟁보다는 대화를 해야 할 필요성을 느꼈다.

10월 17일 리처드는 알 아딜 사이프 앗 딘(Al-Adil Saif-ad-Din)을 상대로 교섭을 개시했다. 살라딘이 동생을 대리인으로 지명했기 때문이다. 두 사람의 궁합은 잘 맞았다. 리처드가 아딜을 '형제이자 친구'로 부른 것으로 보아 두 사람 사이에 상당히 깊은 우정이 생겼던 것 같다. 기독교 측에서는 알 아딜을 사페딘(Saphedin)으로 부른다. 두 영주를 본받아서인지 기사와 에미르들 간에도 우호관계가 형성되었다. 리처드는 한 연회에서 알 아딜의 12살 된 아들에게 유럽의 기사도를 직접 전수해줄 정도로 유대가 돈독했다. 리처드는 전쟁이 소모전에 접어들어 양측 모두에게 불필요한 손해만 끼치고 있음을 지적하면서 평화 조건을 제시했다. 예루살렘, 요단강과 지중해 사이의 모든 영토 그리고 성 십자가를 내놓으라는 것이다.

"당신들에게는 가치 없는 단순한 나무 조각이지만 우리에게는 매우 중요한 것이다."

성스러운 십자가는 예수가 못 박혔다고 하는 나무 파편이다. 나무 위에 금과 은으로 만든 십자가가 새겨져 있다. 기독교도는 누구나 이

성스러운 십자가를 차지하려고 했으니 갈등과 권력의 원천이 되었다. 고통스러운 십자군 원정을 마다하지 않는 이유 중 하나가 된 것이다. 살라딘은 기독교도가 가장 소중하게 여기는 예루살렘과 성스러운 십자가를 모두 차지했다. 그러나 하틴 전투 후 십자가의 행방이 묘연해졌으며 이후 영원히 찾을 수 없게 되었다.

성 십자가는 먼저 다마스쿠스로 갔다가 후에 바그다드로 보내졌는데 압바스 칼리프는 1189년 6월 십자가를 모스크의 문지방 밑에 묻어 무슬림교도가 출입 시 발로 밟고 가도록 했다고 한다. 그러나 바하앗 딘은 십자가가 아크레의 살라딘 캠프 내에 있었으나 협상이 결렬된 후 다마스쿠스로 보내져 우마이야 모스크에서 경멸의 대상으로 전시되었다고 한다. 성 십자가는 다마스쿠스로부터 콘스탄티노플 황제 이삭에게 보내졌다는 설도 있다.

한편 솔즈베리 주교는 1192년 9월 예루살렘 방문 때 자신이 살라딘의 허락을 얻어 성 십자가를 보았다고 증언하고 있다. 설은 많으나 확실한 것은 없다. 여하튼 성 십자가는 하틴 전투 후 사라진 것으로 보인다. 그러나 한편, 하틴 전투가 아닌 살라딘 사후 십자가의 행방이 묘연해졌다는 설도 있다. 그의 사후 아들 알 아프달이 십자가를 바그다드의 칼리프에게 보냈는데 1221년 제5차 십자군 원정 때 평화협정이 체결되어 성 십자가를 기독교 진영으로 보내기로 합의했다는 것이다. 그러나 이 합의는 지켜지지 않았는데 그것은 십자가를 찾을 수 없었기 때문이라고 한다. 이 주장이 옳다면 무슬림 진영에서 성 십자가를 방치해두다 시간이 흘러 분실되었을 가능성이 높다.

살라딘은 물론 이 제안을 일축했다. 그러자 곧 이어 리처드의 절충 안이 도착했다. 리처드의 누이동생으로, 시칠리아 윌리엄 2세의 미망 인 조안나와 알 아딜의 결혼, 결혼 후 조안나는 리처드가 차지한 팔레 스타인의 모든 영토를 물려받는다는 것, 알 아딜을 살라딘이 현재 팔 레스타인에서 차지하고 있는 모든 영토의 영주로 인정한다는 것 등이 다. 두 부부가 예루살렘을 공동으로 통치하되 현재 기사단이 점유하 고 있는 영토는 관할권 밖으로 인정했다. 이밖에 성 십자가의 인도와 모든 포로의 교환이 포함되었다. 요지는 혼인으로 묶어 문제를 일괄 타결하겠다는 것이다. 리처드는 자신의 정치적 목적을 위해서는 누이 를 이교도에게 보내는 것도 마다하지 않을 사람이었으나 기독교 사회 의 여론이 문제였다. 또 조안나 본인이 이 협상에 대해 강력히 반발했 던 것으로 알려져 있다. 살라딘은 이 제안의 성사 가능성에 회의적이 었다. 동생을 이교도 여인과 결혼시키는 것도 용납할 수 없었다. 당시 정황으로 볼 때 원수지간인 기독교와 이슬람교 왕실 간의 혼사는 생 각하기 어려운 일이었다. 조안나가 오빠의 제안에 콧방귀를 뀌자 리 처드는 대안으로 조카인 엘레노르(Eleanor of Brittany)와의 혼인을 제 시했다. 조안나의 경우 교황을 설득하기 어렵다는 점을 이유로 들며, 만약 승인이 없을 경우 조카 중 하나를 신부로 내놓겠다고 제안한 것 이다. 이러한 일을 예상하고 있었던 살라딘은 조안나가 아니면 수락 할 수 없다고 고집했다. 협상을 지연시키면서 시간을 벌 셈인 것이다.

이것은 결과가 뻔한 게임이었다. 양측이 협상으로 오락가락 하는 가운데 전투 시즌이 끝나고 겨울이 다가오고 있었다.

리처드와 협상을 진행하던 중 살라딘은 티레의 콘라드로부터 새로운 제안을 받는다. 콘라드의 밀명을 가지고 온 인물은 시돈의 르노이다. 콘라드는 티레를 접수한 후 독자적인 정책으로 자신의 권력을 강화시켰다. 그의 강력한 후원자인 필리프는 이제 유럽으로 돌아갔고 리처드는 예루살렘 왕이 되려는 자신의 계획에 반대하고 있었다. 콘라드는 중동을 잘 아는 사람으로 이제 막 유럽에서 온 사람들과는 달랐다. 그는 리처드가 팔레스타인을 장악한 뒤 통치하는 방식에 우려를 가지고 있었다. 콘라드는 또한 르노와 같은 추종자들을 만들기 위해 세력을 모으고 있었다. 콘라드는 시돈과 베이루트를 넘겨준다고 보장할 경우 살라딘이 아크레를 재탈환하도록 돕겠다고 제안했다. 살라딘은 이 문제를 대신들과 협의했는데 중론은 리처드가 더 신뢰할만한 사람이라는 것이다. 여하튼 살라딘은 콘라드와의 끈을 놓지 않고 그와도 협상을 계속했다. 더블협상이 진행된 것이다. 상황은 살라딘과 리처드 모두 속히 평화협상을 타결해야 하는 쪽으로 흘러갔다. 살라딘은 조카 중 하나가 알 자지라에서 불만을 부추기고 있다는 불길한 소식을 듣고 있었다.

한편 리처드는 영국에 있는 측근들과 야심만만한 동생 존과의 불화 소식에 우려하고 있었다. 존은 리처드가 없는 동안 영국을 손에 넣으려 하고 있었다. 리처드는 어떻게든 일을 속히 마무리 짓고 유럽으로 돌아가야 할 입장이었다.

1192년 4월초 리처드는 기와 콘라드 간의 문제를 해결하기 위해 예루살렘 왕국 대신회의를 열었다. 리처드의 선호는 여전히 기(기 드 뤼지냥)였으나 대신회의가 콘라드의 손을 들어주자 리처드는 이를 승인했다. 그러나 즉위를 앞두고 콘라드는 4월 28일 아사신 지도자 '산 노인'이 보낸 두 명의 암살자들에 의해 살해되고 말았다. 이 암살을 살라딘이 사주한 것이라는 설이 있으나 확실치 않고 기독교 측에서는 리처드가 사주했다는 소문이 돌았다.

티레 시민은 콘라드의 후임으로 샹파뉴의 앙리(Henry of Champagne)를 천거했고 리처드는 이를 승인했다. 앙리는 리처드 누이의 아들로서 아키텐의 엘레오노르와 루이 7세의 외손자이다. 그들 사이에서 태어난 딸이 앙리의 어머니이기 때문이다. 리처드와 앙리 어머니는 아버지가 다른 형제지간이다. 이제는 기의 처리가 문제로 남았는데 리처드는 이 문제도 무난히 해결했다. 그가 중동에 오면서 정복한 사이프러스 총독에 기를 임명한 것이다. 오갈 데 없는 기는 흔쾌히 수락하고 1192년 5월 임지로 떠났다. 남편이 살해된 지 일주일 후인 5월 5일 이사벨라 여왕은 전격적으로 앙리와 결혼했다. 그녀는 아직 20세에 불과했다. 기독교와 무슬림 양측 다 신속한 재혼 소식에 놀랐고 여왕이 임신 중이라는 소식에 한 번 더 놀랐다.

살라딘은 기독교 진영의 혼란에 기분 좋은 미소를 짓고 있었다. 그러나 사정이 반드시 그에게 유리한 것만은 아니었다. 리처드도 이제 살라딘 진영 내에서 반란이 일어났다는 소식을 들었으며 또한 암살단이 그를 노리고 있다는 사실도 알게 되었다.

타고난 전략가인 리처드가 적의 이러한 약점을 그냥 놔둘 리 없었다. 5월 중순 리처드는 기동대를 이끌고 남쪽으로 내려가 다룸(Darum) 성채를 점령했다. 다룸으로부터 이집트 국경까지는 30킬로미터 밖에 되지 않았다. 더 좋지 않은 소식은 리처드가 대신들의 권고를 받아들여 유럽으로의 귀국을 미루기로 결정했다는 것이다. 더군다나 이집트를 지나 메카로 향하던 대규모 카라반이 리처드의 기습을 받아 많은 물자가 약탈당한 사건이 발생했다. 말과 낙타의 수가 수천 필이었다고 하니 엄청난 카라반이었을 것이다. 이로써 살라딘의 위신은 다시한 번 크게 손상되었다.

야파 조약 체결

곧 양측의 협상이 재개되었다. 리처드는 겉으로는 태연한 척 했으나 귀국을 더 이상 미룰 수 없는 상황이었다. 살라딘으로서도 국내에 산적한 문제를 해결하기 위해서는 전쟁보다 평화가 시급했다. 협상이 전개되는 동안 양측은 유리한 위치에 서기 위해 상대방을 공격했으나 별 성과는 없었다. 전투는 장군 멍군 식으로 형식적으로만 전개되었다. 협상에서 살라딘은 자신의 입장을 고수했다. 아무래도 시간은 그의 편이기 때문이다. 리처드는 속히 협상을 타결하고 유럽으로 돌아가야 할 입장인데다 협상 기간 중 열병으로 병석에 누워있기까지 했다.

유럽의 기독교 세력이 중동을 침범한 지 1백년이 지난 1190년대에
이르면 무슬림과 기독교 진영 간의 균형추는 무슬림 쪽으로 기울었
다. 무슬림은 오랜 전쟁에서 상승하는 세력이었고 기독교 측은 하강
하는 세력이었다. 백년 후의 일이지만 1291년 무슬림은 기독교군을
팔레스타인에서 몰아냄으로써 마지막 승리를 거두게 된다. 십자군 최
후의 보루인 아크레가 이슬람 손에 넘어간 것이다.

문화적인 측면에서 무슬림은 기독교 세력을 압도했다. 아랍어는
중동의 공용어(lingua franca)로 자리 잡았다. 리처드와 알 아딜 간 협상
은 모두 아랍어로 진행되었다. 알 아딜의 실제 협상 파트너는 기독교
측 대리인으로 아랍어에 능통한 토롱의 험프리 4세이다. 양측은 밀고
당기는 협상 끝에 마침내 1192년 9월 2일 야파(라믈라) 조약을 체결했
다. 리처드는 아스칼론을 포기한 대신 아크레에서 야파에 이르는 해
안지역을 지켰다. 기독교도의 예루살렘 순례가 허용되었으나 예루살
렘 회복이라는 당초 목표는 이루지 못했다. 그나마 지중해 지역 일부
를 확보한 것이 그의 체면을 지켰다.

10월 9일 리처드는 아크레에서 유럽으로 향하는 배에 몸을 실었
다. 이로써 제3차 십자군 원정은 막을 내렸다. 중동을 떠난 리처드는
루머에 시달려야 했다. 그가 콘라드 암살을 지시했다는 소문 외에도
무슬림 측에게 너무 많이 양보했다는 비판이 일었다. 유럽에 도착한
리처드는 비엔나 근처에서 오스트리아 왕 레오폴드 5세에게 체포되
었다가 신성로마제국 황제 하인리히 6세에게 넘겨졌다. 하인리히 6세

살라딘과의 전투를 끝내고 귀국길에 오른 리처드 1세(알퐁스 드 뇌빌Alponse de Neuville 作, 1883년)

는 6만 5천 파운드라는 막대한 몸값을 받고 그를 어머니 엘레오노르에게 인도했다. 그 후 리처드는 프랑스에서 5년 동안 전쟁을 치름으로써 정작 그가 통치하는 영국에 체류한 기간은 6개월에 불과했다. 그는 반역한 동생 존을 용서한 후 후계자로 지명했다. 리처드는 1199년 왼쪽 어깨에 화살을 맞은 상처가 괴저병으로 도져 사망했다. '십자군의 역사(History of the Crusades)'를 쓴 스티븐 런시맨(Steven Runciman)은 리처드를 이렇게 한마디로 평가했다.

"그는 나쁜 아들, 나쁜 남편, 나쁜 왕이었다. 그러나 한편으로 용감하고 위대한 군인이었다."

리처드가 살라딘에게 보낸 마지막 편지는 조약이 만료되는 3년 후 다시 돌아와 예루살렘을 탈환하겠다는 것이다. 살라딘으로부터 온 기사도적인 답변은 만일 그가 예루살렘을 잃을 대상이 있다면 그것은 리처드일 것이라는 메시지였다. 살라딘과 리처드는 서로 싸우면서도 한 번도 만나거나 대화한 적이 없다. 모두 대리인을 통해 의사를 전달했을 뿐이다. 두 사람은 스타일이 다른 지휘관이었다. 리처드가 멧돼지 같은 고함을 지르며 전투 속에 뛰어들어 직접 적을 무찌르는데 반해 살라딘은 손수 적을 베는 스타일은 아니었다. 그는 호위병 두어 명과 함께 선봉대 사이를 누비고 다니며 전투를 독려하기는 했지만 적진에 뛰어들지는 않았다. 리처드의 용맹은 무슬림에게 공포의 대상이었다. 그는 모든 위험을 무릅쓰고 적진을 휩쓸고 다녔다. 그의 칼 앞에서 대적할 자가 없었다. 칼을 한번 휘두르면 적이 우수수 쓰러졌다.

마치 낫으로 추수하는 것 같았다. 그가 말을 타고 칼을 휘두르면서 진격하면 무슬림 군의 시체가 수북이 쌓였고 진군하는 길이 뚫렸다.

그러나 두 사람은 서로 싸움과 협상을 병행하는 가운데 상대방을 존경하는 마음이 생겼다. 살라딘은 리처드의 뛰어난 무공과 현란한 전법에 매료되었고 리처드는 살라딘의 훌륭한 인격과 자비심에 깊은 감명을 받았다. 비록 두 사람이 만나지는 못했으나 서로를 경외하는 마음을 갖고 헤어졌다. 한 번 헤어지자 다시 조우할 수 있는 기회는 영영 없었다. 리처드가 팔레스타인에 머문 동안은 십자군 역사에 있어서 로맨틱한 이야기들이 많이 생산된 기간이다. 아랍과 기독교 양측 문헌에 이 시대와 관련한 일화가 기록되어 있다.

야파 조약 서명 후 리처드가 유럽으로 떠나기 전까지 유럽인 수백 명이 예루살렘을 방문했다. 살라딘은 혹시 있을 지도 모르는 불상사에 대비해 순례자들을 엄격하게 보호했다. 패전하고 떠나는 기독교인이 마지막으로 종교적 의무를 다할 수 있도록 도왔다. 리처드는 끝내 예루살렘을 방문하지 않았다. 아마 그의 자존심이 허락하지 않았을 것이다.

살라딘은 기독교 측 대표로 예루살렘을 방문한 솔즈베리의 휴버트 월터(Hubert Walter) 주교를 극진히 대접했다. 차를 마시며 종교에 대해 의견을 나누었으며, 앞에서 말한 대로 이때 살라딘은 성스러운 십자가를 보여주었다고 한다. 월터는 유럽인이 자신을 어떻게 평가하느냐는 살라딘의 질문에 이렇게 답했다.

살라딘과 리처드 1세 동상, 예루살렘 다윗 성채David Citadel 앞 편에 위치하고 있다 (사진. Utilisateur_Djampa, 2009년)

　　"당신과 리처드가 가지고 있는 장점을 모두 가진 사람이 있다면 이 세상에서 당할 사람이 없을 것이다."

　　살라딘이 월터에게 소원을 말하라고 하자 그는 하루 말미를 달라고 했다. 다음날 월터는 가톨릭 사제들이 예루살렘의 성묘와 기독교 성지인 베들레헴과 나자렛에서 예배를 드릴 수 있도록 허락해달라고 했다. 살라딘은 이를 흔쾌히 허락했다. 이렇게 함으로써 정통 가톨릭 교회와 시리아 교회의 갈등을 부추기려는 정치적 의도도 있었을 것이다. 정통 가톨릭은 시리아 교회를 야만적인 이교(異敎) 정도로 생각하고 있었기 때문이다. 아마 기독교 병사의 성지 방문을 허락한 것에도 정치적 이유가 있었을 것이다. 유럽으로부터 온 병사 대부분의 최종 목표는 성지 순례였으므로 순례를 마치면 바로 유럽으로 돌아갈 가능성이 높았다. 돌아가는 병사가 많을수록 기독교 세력이 약화될 것은 뻔한 일 아닌가! 살라딘은 유럽 병사들의 국적을 따지지 않고 모두에게 순례를 허용했다. 반면 리처드는 자신에게 충성한 병사들에게만 생색을 내며 순례를 허용하려고 했다. 살라딘이 충성도가 높지 않은 프랑스 병사들에게도 순례를 허용하자 리처드는 몹시 화를 냈다고 한다. 문둥이 왕 보두앵 4세 사망 후 기독교 진영은 몰락하기 시작했다. 이후에는 왕 다운 왕을 더 이상 만나지 못했다. 예루살렘 탈환 후 살라딘이 주변 지역을 모두 무슬림 동맹권으로 만들자 더 이상 기독교 세력이 침투할 수 없었다. 예루살렘은 이후 760년간 이슬람의 손에 남았다.

살라딘은 리처드가 유럽으로 떠날 때까지 예루살렘에 머물렀다. 그 후 그는 메카 순례를 고려하게 된다. 신앙심이 깊은 그로서는 하즈(성지순례) 의무가 항상 마음에 걸렸을 것이다. 50대 초반이었지만 과중한 업무와 일정으로 말미암아 몸은 약해졌다. 시의의 권유에 따라 라마단 중에도 가끔 단식을 중단했지만 이것이 마음에 걸렸는지 평상시 단식 기간을 늘리곤 했다. 중신들은 모두 메카 방문에 반대했다.

겨우 기독교도를 물리친 이 마당에 살라딘이 몇 개월 간 자리를 비울 경우 기독교 세력이 결집하여 다시 쳐들어올 가능성이 있다는 것이다. 중신들의 염려가 헛된 것은 아니었다. 지난 1년 반 동안 맹장 리처드의 지휘 하에 혁혁한 전과를 올린 십자군은 아직 시도하지 않은 새로운 목표를 향해 언제라도 진격해올 가능성이 있었다. 반면 이곳저곳에서 모인 이슬람군은 최고사령관인 살라딘이 자리를 비울 경우 구심점을 잃고 분열할 가능성이 높았다. 전투로 말하자면 살라딘은 오직 절반의 성공만 거둔 셈이 아닌가. 그는 하틴 전투에서 대승을 거둔 뒤 지중해 연안 지역을 대부분 점령했고 예루살렘을 탈환했으나, 티레 점령에 실패했고 아크레에서 패한 뒤 지중해 지역 일부를 리처드에게 뺏겼으니 전공(戰功)을 자랑할 만한 입장은 아니었다.

기독교도와 무슬림

당시 십자군의 질은 형편없이 낮았다. 유럽에서 온 어중이떠중이들, 범죄자들, 거지와 비슷한 순례자들 외에 이미 십자군으로 왔다가 낙오한 낭인 등 잡다한 사람들로 구성되었다. 오죽하면 도미니카 교회의 한 독일 수사는

"이곳에 모인 유럽인은 세계 어느 곳 사람들보다 질이 나쁘다. 이들로 인해 신이 우리를 구원해주신다는 사실이 경멸을 받고 있다"라고 한탄할 정도였다. 예루살렘의 사제들은

"이곳의 어떤 사람도 돈을 받고 순례자에게 그들의 딸, 누이 또는

부인까지도 몸을 팔게 하는데 단 한 순간도 주저하지 않는다"라고 증언하고 있다.

현지에서 기독교도와 무슬림이 서로 가까워지자 유럽은 이를 막기 위해 교회 차원에서 엄격한 통제를 가했다. 그들이 두려워 한 것은 기독교와 이슬람이 이념적으로 섞여버리는 것이다. 이를 막기 위해 유럽은 중동 교회의 중요한 자리에 유럽에서 파견한 인물들을 앉혔다. 유럽이 싹쓸이 하는 동안 중동 출신들은 대부분 고위 사제직에서 배제되었다. 이는 기독교 이념의 순수성을 유지함으로써 이슬람과의 전투 모드를 이어가려는 교황청의 전략이었다. 예를 들어 티레의 대주교 윌리엄은 한 세기 동안 중동에서 출생한 유럽인 중 유일하게 주교 자리에 오른 인물이었다.

현지 유럽인의 사치스러운 생활도 교황청에게는 종교의 이념이 흐려지는 것과 같이 경계의 대상이었다. 기사와 귀족들은 종종 아랍인 복장을 하거나 전투에서도 아랍 식 차림을 하는 경우가 많았다. 이탈리아 상인들은 집의 문양을 아랍 식 모자이크나 대리석으로 꾸몄고 카펫을 깔았으며 아랍 식으로 치장하는 것을 즐겼다. 만찬에 쓰는 식사 도구나 음식도 아랍 식을 애용했다. 중동을 방문한 유럽인은 이곳에서는 상업이 모든 것에 우선한다는 사실에 경악했다. 아랍 상인들은 우대를 받았고 어디든 자유롭게 여행했으며 기독교 측의 보호를 받았다. 제노바, 베네치아, 피사, 아말피 등으로부터 온 이탈리아 상인과 마르세이유로부터 온 프랑스 상인들은 특별한 대접을 받았다. 이들은 안티오크, 트리폴리, 베이루트, 티레, 케사레아 등 주요도시들을 자유롭게 다니며 무역을 할 수 있었다. 이들은 종교에는 별 관심이 없었으며 장사가 훨씬 더 중요했다. 교황청은 상인들의 이러한 모습을 지켜보며 눈살을 찌푸렸다.

살라딘의 목표 중 하나는 시리아에서 활동하고 있는 유럽 상인들을 이집트로 데려오는 일이었다. 살라딘은 이들의 중요성을 인정하고 있었다. 상인의 활동으로 기독교와 이슬람 양측의 부는 점점 커졌으며 필요한 물자를 공급하는데 이들은 필수적인 존재였다. 처음에는 엄격하게 종교적이었던 기사단도 점차 상업에 참여하여 부를 축적했다. 돈에 눈을 뜬 기사단은 금융업을 장악했다. 이들은 아랍 고객들에게 돈을 빌려주고 받은 이자로 엄청난 부를 쌓을 수 있었다.

당시 중동에 비해 후진적이었던 유럽인은 중동사회에 신속히 적응했다. 후진성을 인정하고 기꺼이 새로운 문명을 받아들였기 때문이다. 이는 유럽인의 개방적이고 실용적인 기질과도 관련이 있었다. 이제 많은 유럽인이 아랍어를 유창하게 말할 수 있었다. 시돈의 르노와 같이 아랍문학에 조예를 가진 사람까지도 나왔다. 반면 아랍인은 유럽에 거의 관심을 보이지 않았다. 자신의 영토를 침략한 십자군 국가들의 역사나 기원에 대해서도 관심이 없었다. 이것은 기본적으로 그들이 유럽을 미개한 땅으로 치부했기 때문이다. 한편 아랍인은 중근동과 아시아의 역사에는 큰 관심을 가져 13세기에는 중동을 침범한 몽골의 근원과 역사에 대해 깊이 연구했다. 무슬림은 유럽의 군사적 우월성에 대해서만 관심을 가졌을 뿐 다른 면은 쳐다보지 않았다.

"프랑크족은 용기 외에 내세울만한 다른 미덕을 갖고 있지 않다. 이들은 미개한 종족이다." 이것이 당시 중동의 유럽에 대한 인식이다. 양측은 서로의 종교에 대해서도 잘 알지 못했고 잘못된 지식을 가지고 있었다.

무슬림은 기독교의 삼위일체 교리를 다신교적인 것으로 해석했으며 성스러운 십자가에 대한 신봉을 우상숭배로 생각했다. 무슬림은 기독교도의 남녀관계에 대해 경악했다.

"기독교 여성은 남편과 함께 대로를 활보하다가 아는 남자를 만나면 거리낌 없이 대화를 나눈다. 그동안 남편은 한쪽 편에서 대화가 끝날 때까지 기다린다. 대화가 길어질 경우 남편은 그들을 남겨놓고 일을 보러 갔다가 다시 돌아오기도 한다."

무슬림은 서양의 관습을 전혀 이해할 수 없었다. 서로에게 무지한 양측은 터무니없는 이야기를 많이 만들어냈다. 부정적인 이야기들로 인해 기독교-무슬림 양측의 혐오감이 서로 커졌다. 그러나 현지 사정에 정통한 사람들 중에는 비교적 사실을 정확하게 기술한 사람들도 있었다. 바르바로사 황제를 따라 중동에 왔던 부르카르트라는 독일인은 이집트에서 무슬림이 기독교도에게 관용을 베푸는 현장을 목격하고 이를 상세히 기록했다. 그는 일부다처제에도 불구하고 대부분 무슬림은 한 명의 아내와 산다고 기록했다. 그는 또 무슬림이 예배시간을 엄격히 지키는 것에 감명을 받았으며, 무슬림은 기독교도와 마찬

아르수프 전투Battle of Arsuf(귀스타브 도레Gustave Dore作, 19세기 추정)

가지로 천지만물을 창조했다고 믿는 하나님 한 분을 신봉하며 예수를 예언자 중 하나로 존중한다고 기록했다.

이슬람 측도 기독교 세계를 왜곡하기는 마찬가지였으나 진실한 기록을 하는 사람들도 있었다. 살라딘은 오직 믿음 하나 만으로 멀고 험한 길을 지나 중동까지 온 유럽인에게 종종 경의를 표했다. 무슬림은 기독교 병사들의 용기에 특히 깊은 감명을 받았다. 그들은 상상을 초월할 정도로 용맹무쌍했다. 기독교군이 아르수프(Arsuf)를 향해 돌진해오는 모습을 보고 살라딘의 부관은 이렇게 기록했다.

"그들의 인내심에 존경을 표하지 않을 수 없다. 그들은 극심한 피로를 견디고 여기까지 왔으며 모든 열정을 전투에서 이기는 일에만 쏟고 있다. 그들은 아무런 사심이 없는 사람들이다." 살라딘과 그의 영주들은 무슬림 신사도의 전통에 따라 동방의 예의를 다해 프랑크 기사들을 대접했다. 무슬림은 진심으로 유럽인의 용기와 뛰어난 전투력을 칭송했다. 반면 기독교 측도 이슬람의 전투력 특히 투르크의 파상적으로 진격해오는 스타일을 칭송했다. 이들은 군사 분야에서만큼은 서로를 존중했으며 상대로부터 배울 점이 많다고 생각했다.

제28장
이슬람의 영웅

살라딘의 최후

10월중 팔레스타인 인근의 성들을 순시한 살라딘은 1192년 11월 4일 4년 만에 다마스쿠스로 돌아왔다. 이듬해 2월 성지 순례단이 다마스쿠스로 돌아왔을 때 살라딘은 부하들과 함께 그들을 마중하러 밖으로 나갔다. 시민들이 환호하고 있었다. 겨울비가 세차게 내리쳤으나 살라딘은 아랑곳하지 않고 그들을 열렬히 환영했다. 그러나 그것이 문제였다. 말을 타고 있었는데 평소에 입는 외투를 걸치지 않았다. 마치 막 꿈에서 깨어난 사람과 같이 뒤늦게야 외투를 찾았으나 시종은 외투를 갖고 있지 않았다. 궁으로 돌아온 후 자정이 되기 전에 고열이 그를 엄습했다. 다음날에도 열은 내리지 않았다. 오찬의 주빈석에 그 대신 아들 알 아프달이 앉았다. 많은 사람이 이를 불길한 징조로 생각했다. 병석에 든 지 6일째 되는 날 시종들이 그를 일으켜 약을 준 후 더운 물을 가져왔다. 살라딘이 물이 너무 뜨겁다고 하자 다른 물을 가

저왔는데 이번에는 너무 차갑다고 했다. 그러면서 살라딘은 화를 내는 대신

"주님, 누구도 제게 온도가 적당한 물을 가져오는 사람이 없습니다"라고 말했다.

이 말을 듣고 옆에 있던 대신들이 모두 울었다고 한다.

9일째 되는 날 살라딘은 의식을 잃었으며 더 이상 약을 먹을 수 없었다. 그의 병이 깊어지면서 성안의 분위기도 긴장 상태에 빠졌다. 지도자가 죽을 때 약탈과 폭동이 일어나는 것은 흔한 일이다. 일부 상인들은 진열대를 거두고 물건을 정리하기 시작했다. 모두 왕의 소식에 귀를 기울였다. 10일째 되자 그는 보리차를 조금 마실 수 있었다. 이 소식에 백성들은 환호했다. 그러나 다음 날 살라딘은 심한 갈증에 시달렸고 의사들은 이제 희망이 없는 것으로 결론을 내렸다. 아버지의 상태를 청취한 알 아프달은 긴급히 중신회의를 소집하여 그에게 충성 맹세를 하도록 했다. 맹세를 지키지 않을 경우 이혼을 강요당하고 노예를 팔아넘기며 맨발로 메카에 순례토록 한다는 가혹한 규정을 만들었다. 이에 반발하는 사람들도 많았다. 신앙심이 충일한 살라딘은 평소에 금식을 엄격히 실천했는데 의사들의 만류에도 불구하고 전쟁으로 지키지 못한 금식을 벌충하려다 건강이 악화되었다. 때때로 아픈 적이 많았다는 것으로 보아 그렇게 튼튼한 체질은 아니었던 것 같다. 무리한 단식과 함께 빈번한 발병과 과로가 그의 건강을 악화시킨 주범이 되고 말았다.

시리아 다마스쿠스에 있는 살라딘의 묘역(사진. 잔 스미스Jan Smith)

1193년 3월 4일 살라딘은 새벽 예배가 끝난 후 눈을 감았다. 그의 나이 55세였다. 동이 막 텄을 때 까디가 그의 방으로 들어왔는데 바로 그때 숨을 거두었다. 살라딘의 죽음은 다마스쿠스 전체에 깊은 슬픔을 몰고 왔다. 시의 압드 알 라티프(Abd-al-Latif)는 온 백성이 군주의 사망을 한 마음으로 애도한 것은 전례 없는 일이라고 증언하고 있다.

"도시 전체가 깊은 슬픔에 잠겼다. 사람들은 비탄에 빠진 나머지

살라딘 묘역에 있는 살라딘의 관(사진. Marston Collection)

다른 일에 신경 쓸 여유가 없었다. 왕의 자녀들도 모든 시민과 함께 울었다. 애도는 낮 예배가 끝난 후에도 계속되었다. 이제 겨우 정신을 차린 시종들이 왕의 시체를 씻긴 후 수의를 입혔다. 장례에 쓸 물자 구입에 필요한 돈은 빌려야 했다. 시신은 소박하게 꾸민 관으로 입관 되었다. 관은 그가 병석에 누워있던 궁으로 옮겨졌으며 서쪽 정원에 매장되었다. 전쟁터에서 늘 지니고 다니던 검은 그의 곁에 나란히 묻혔다. 그는 검과 함께 천국으로 갔다."

살라딘은 저녁 예배 시간 무렵 안장되었다. 장례는 이름 없는 평민의 장례와 마찬가지로 소박하기 그지없었다. 만가를 읊는 시인도 없었고 그의 생애를 찬양하는 성직자도 없었다. 깊은 슬픔에 빠진 다마스쿠스 거리는 적막감에 빠졌다. 사람들은 모두 집으로 돌아가서 문을 꼭 닫은 채 비통한 마음을 달래야 했다. 다음날 사람들은 줄지어 그의 무덤으로 가서 코란을 암송하고 기도하며 망자의 죽음을 애도했다. 이듬해가 되어 술탄의 시체는 우마이야 모스크 옆으로 이장되었다.

살라딘의 인품

장사를 지내면서 모든 비용을 빌려야했을 정도로 재물에 욕심이 없었던 살라딘에 대해서는 찬양과 비판이 공존한다. 궁정사가 이븐 알 아티르는 살라딘이 죽었을 때 그의 금고에는 티레 금화 1개와 40여개의 은화가 있었다고 한다. 모든 비판에도 불구하고 그는 이슬람이 낳은 가장 위대한 인물이었다. 아마 이슬람의 창시자 무함마드 이후 이슬람 세계가 배출한 가장 위대한 인물로 기록될 수 있을 것이다. 전쟁 속에서 살았으나 살인과 잔인함을 싫어했던 장군, 사리사욕이 없고 특히 재물에 대한 욕심이 전혀 없었던 성자와 같은 정치인, 자비롭고 겸손하며 신분고하를 막론하고 따뜻하게 다가가고 소통했던 민중과 가까운 지도자, 평생을 경건한 자세로 신을 섬기고 두려워하며 살았던 종교인, 이러한 것이 살라딘의 모습이다. 그는 종에게 매질을 하는 법이 없었다. 하인이 돈을 훔치면 그를 해고했으면 했지 결코 때리지 않았다. 그의 인내와 자비심에는 끝이 없었다.

살라딘은 종교적으로 철저한 인물이다. 정통 수니파로서 이단을 배척했고 절충적인 이론을 가진 종교인을 혐오했다. 그의 종교적 이념은 단순하고 강하며 경건한 것이다. 자신을 희생하여 신의 뜻을 이루는 것이 합당한 삶이라고 믿는 사람이었다. 그의 소박함, 정직, 겸손, 이타주의, 재물에 대한 무욕 등은 모두 종교적 신념의 소산이다. 하루 다섯 차례 예배에 빠진 적이 없고 중심(中心) 모스크에서 열리는 금요예배에도 반드시 참석했다. 몹시 아플 때에도 이맘을 불러 서서 예배를 보았으며 모든 예배 절차를 지켰다. 메카를 순례하지 못한 것을 늘 애석해했으며 순례자에게 물심양면으로 지원을 아끼지 않았다. 메카 순례자에게 부과되는 무거운 세금을 철폐한 것도 그였다.

평소에 그렇게 자비롭고 살상을 싫어하는 살라딘도 지하드를 외칠 때에는 완전히 다른 사람처럼 보였다. 이교도와 싸워 물리치는 것은 신이 그에게 부여한 사명이었다. 인생의 의미를 지하드를 철저히 이행하는데 걸었고 이를 위해 전력을 다했다. 십자군을 팔레스타인과 중동에서 축출한 다음에는 바다를 건너가 이교도를 정복하여 지구에 불신자가 하나도 없을 때까지 싸우겠다는 결의를 보였다.

"가장 영광스러운 죽음은 무엇인가? 그것은 신의 길을 걷다가 죽는 것이다. 나는 이러한 죽음을 맞이하기 위해 최선을 다할 것이다."

살라딘은 대화를 즐겨하고 고견을 가진 사람들의 이야기를 듣는 것을 좋아했다. 영주로 알려진 누르 알 딘의 궁궐에서도 소통은 막혀 있었다. 왕이 명령하기 전에는 누구도 먼저 입을 열지 않았다. 살라딘은 달랐다. 소통의 자유를 억누르던 시절에 자유로운 소통을 추구했다. 그러나 제한은 있었다. 다른 사람을 폄훼하거나 경멸하는 언사는 금지되었으며 욕이나 천박한 언어도 허용되지 않았다. 살라딘의 자비로움, 친절, 관용, 경건함 등에 관한 일화는 매우 많아 다 열거하기 힘들다. 저녁에 연회가 벌어졌는데 놀이 중 부하가 집어던진 구두가 거의 살라딘을 맞힐 뻔 했다. 그는 아랑곳 하지 않고 다른 부하와 대화를 이어갔다. 그의 시종이 목욕물을 가지고 왔는데 너무 뜨거웠다. 살라딘은 찬물을 가져오게 했는데 이번에는 시종이 미끄러지면서 물통에 든 물 전체를 살라딘에게 끼얹고 말았다. 살라딘은 책망 대신 이렇게 말했다고 한다.

"이보게, 자네가 나를 죽일 생각이 있다면 미리 경고를 해주게."

살라딘을 혐오하는 장기 가문과 가까운 투르크 출신 사가(史家) 이븐 알 아티르(Ibn-al-Athir)도 그를 폄하할 수는 없었다.

"살라딘은 자비롭고 천성적으로 착하며 좋은 성품을 가진 사람이다. 겸손하며 마음에 들지 않는 일도 인내심 있게 받아들인다. 부하들의 잘못을 너그럽게 눈감아주는 경향이 있다."

다른 사가들은 이렇게 평가한다.

"그는 한 시대의 경이로운 인물이다. 좋은 자질을 가졌으며 훌륭한 행동을 보여주었다. 그리고 업적이 보여주듯이 이교도와 싸워 위대한 승리를 거두었다. 대하기 편하고, 지식이 깊으며, 품위가 있고, 생각이 고상한, 첫눈에도 존경과 사랑을 불러일으키는 위대한 군주였다."

살라딘에게도 적이 없지는 않았으나 극도로 분열된 이슬람 세계에서 그만큼 존경을 받은 사람은 없었다. 이슬람을 폄하하는 서방에서도 그에 대해서는 이례적으로 평가가 높은 것은 모두 그의 인품으로 인한 것이다.

무슬림은 1187년 하틴 전투 전까지는 요르단 강 서쪽의 팔레스타인 땅을 한 뼘도 차지하지 못했다. 하지만 1192년 리처드와 체결한 야파 강화조약 이후에는 티레에서 야파 사이의 좁은 해안지역을 제외하고 모든 지역을 차지하게 되었다. 유럽의 제후와 기사들은 물론 성전기사단과 구호기사단까지 총동원되어 이슬람과 싸운 십자군은 초라한 신세가 되었다. 황제는 죽었고 왕은 귀환했으며 귀족과 기사들은 중동 땅에 뼈를 묻었다. 그런데도 예루살렘은 여전히 무슬림의 손에 있었고 예루살렘왕은 명목상의 왕으로만 남았다.

반면 살라딘의 군대는 그의 이름 밑에 결집했고 많은 희생을 치르면서도 끝내 승리를 거두었다. 살라딘이 승리한 이면에는 아랍, 투르크, 이집트, 메소포타미아, 시리아의 병사들 외에도 쿠르드, 투르크멘, 베르베르 등 변방지역 무슬림 병사들의 열렬한 충성이 있었다. 그들은 언제나 살라딘을 믿고 따랐다. 두세 번 그의 명령에 저항하거나 불평을 늘어놓은 적은 있어도 그 누구도 살라딘을 정면으로 배신하지 않았다. 살라딘이 그들에게 요구한 충성과 인내는 매우 힘든 것이었지만, 어느 지휘관이나 가신 그리고 잡다한 민족으로 구성된 어느 지역도 그를 배신하지 않았다는 것은 놀라운 일이다.

살라딘은 인종, 민족, 국가, 부족을 한 데로 묶어 이방인과 생명을 건 싸움을 벌이도록 하는데 성공했다. 살라딘의 권위에 정면으로 도전한 자는 없었다. 그것은 그의 능력과 인품이 모두를 압도한데다, 그만큼 걸출한 인물이 당시 이슬람 진영에 없었다는 것을 뜻한다. 살라딘은 기독교 측과 협정이 체결되자마자 남은 일이 많음에도 불구하고 병사들을 모두 집으로 돌려보냈다. 병사들이 간절히 원하는 것은 다른 무엇보다 가족과 휴식이라는 사실을 잘 알고 있었기 때문이다. 살라딘은 또한 협정에 따라 기독교 신도들이 예루살렘을 순례하는데 불편함이 없도록 최선을 다했다. 이는 비단 약속에 관한 문제일 뿐 아니라, 기독교 측의 분노와 불신을 누그러뜨려 평화가 유지되도록 하는데 긴요한 일이라고 판단했기 때문이다.

살라딘의 하드 파워·소프트 파워

살라딘은 하드 파워와 소프트 파워를 겸비한 지도자였다. 그는 권력과 힘으로 사람을 움직이는 대신 설득과 자비와 관대함으로 움직였다. 어려서 살라딘은 안정된 여건과 불안정한 환경 두 가지를 모두 체험했다. 그의 가정과 종교는 안정적이었다. 아버지 아유브는 친절하고 정직하며 관대한 사람이었다. 살라딘은 아버지로부터 이러한 점을 배웠다. 또한 독실한 신앙심도 물려받았다. 한편 그가 살았던 시대는 불안정하고 예측하기 어려운 때였다. 시아와 수니의 극심한 종파 대립, 이슬람과 기독교의 전쟁, 그리고 지역 영주들의 다툼이 있었다. 살라딘은 어려운 시대를 헤쳐 나오는데 필요한 지혜를 스스로 터득해야 했다.

살라딘에게는 두 명의 중요한 스승이 있었다. 바로 삼촌 쉬르쿠와 술탄 누르 알 딘이다. 이들은 살라딘에게 큰 가르침을 주었을 뿐 아니라 그가 지도자가 될 수 있는 계기를 만들어 준 사람들이다. 이러한 점에서 살라딘은 매우 운이 좋은 사람이라고 할 수 있다. 살라딘에게는 또한 역경을 극복하는 능력과 끈기가 있었다. 그는 도전을 회피하거나 물러서는 사람이 아니었다. 어려움을 만나면 당당히 부딪혔으며 싸워 이겼다. 살라딘은 또한 자신이 한 말과 약속을 성실히 지켰다. 이로 인해 그는 아군과 적군 양측으로부터 모두 신뢰를 얻었다.

살라딘에게는 냉철한 계산과 전략도 있었다. 이집트에서 한 번 기회를 잡자 이를 권력을 구축하는 기반으로 활용했다. 삼촌을 도와 총리 샤와르를 제거했고 친위대를 키웠으며, 삼촌이 죽은 후에는 어린 칼리프가 자신을 총리로 임명할 수밖에 없는 상황을 만들었다. 이집트 군내 반대파를 숙청하고 흑인 근위대와 환관들을 처형했으며, 시아 추종자들을 효과적으로 제압하여 수니가 지배하는 체제로 전환했다. 이러한 것들은 그가 지닌 하드 파워의 본보기이다. 가장 중요한 장애물은 누르였는데 그를 모시는 3년 동안 이번에는 철저히 소프트 파워 전법으로 나서게 된다. 누르는 자신의 주군이고 스승이며 롤 모델이다. 이러한 인물에게 도전하는 듯한 모습을 보이는 것은 금물이다. 충성을 다하는 척 하면서 시간을 버는 것이 현명한 방책이었는데 살라딘은 바로 이러한 전술을 구사했다. 또 한편 살라딘은 바그다드의 허수아비 칼리프에게도 늘 보고하고 깍듯이 모시면서 눈 밖에 나지 않도록 조심했다.

살라딘이 모든 장애물을 다 극복하고 이슬람의 완전한 패자가 되는데 10년이 걸렸다. 그동안 그는 전진, 후퇴, 협상, 호소, 무력 위협 그리고 아량과 자비 등 모든 소프트 파워를 동원했다. 칼리프는 그에게 위임장을 수여하면서, 정의를 수호하고 옆에 정직한 수하들을 두며 폭력 없이 통치토록 권고했다. 동시에 칼리프는 그가 지하드의 의무를 수행하여 상실한 영토를 회복토록 주문했다. 이로써 살라딘은 칼리프가 공식적으로 인정하는 군주가 되었다. 살라딘의 소프트 파워는 숙적 기독교 세력을 상대할 때 더 빛이 났다. 적이라고 해서 잔인하게 대하지 않았다. 늘 자비를 베풀고 약속을 지켰으며 여성들에게 신사적이었다. 살라딘은 늘 대단하지도 뛰어나지도 않았다. 승리할 때도 있었으나 많은 패배도 감수해야 했다. 그러나 항상 좋은 리더십을 지켰고 나쁜 리더십의 유혹에 빠지지 않았다. 그리고 늘 최선을 다해 좋은 결과를 얻으려 노력했다. 이것이 그의 리더십의 요체이다.

제29장
살라딘의 부활

영웅 살라딘의 부활

오늘날 살라딘은 이슬람 세계에서 영웅으로 널리 숭상되지만 그의 이름이 부활한 것은 오래되지 않았다. 그는 십자군 시대가 끝나고 오랫동안 잊힌 인물이었다. 그 유명한 '천일야화'에도 그의 이름은 한 줄도 나오지 않는다. 살라딘이 세상에 알려지게 된 것은 19세기 말 민족주의와 이슬람 국제주의가 태동한 이후로서 격변하는 국제정세가 그의 이름을 필요로 했기 때문이다. 그를 처음 불러온 사람은 오스만 투르크의 술탄 압둘 하미드(Abdul Hamid) 2세이다. 하미드는 살라딘을 모델로 삼았다. 그에게 있어서 유럽 세력은 이슬람을 약화시키고 영토를 차지하려는 과거의 십자군이었다. 무슬림을 결집시켜 이슬람 제국을 지키려는 하미드는 살라딘의 영묘를 복구했다. 그의 유해가 담긴 썩어가는 목재 관을 대리석 관으로 교체했다. 또 하나의 관은 1898년 독일의 빌헬름 2세가 기증한 것이다. 당시 빌헬름 2세는 유럽에서

오스만 투르크의 술탄 압둘 하미드Abdul Hamid II 2세 (재위 1876~1909년)

떠오르는 스타였다. 다마스쿠스를 방문한 황제는 살라딘의 영묘를 방문했다. 황제는 진정한 기사도 정신을 보여준 살라딘에게 경의를 표했다.

"3억 명의 무슬림은 이 영웅을 그들의 영원한 칼리프로 존경하기 바란다. 독일 황제는 영원히 그들의 친구가 될 것이다."

빌헬름이 영묘에 하얀 대리석으로 만든 석관을 기증함으로써 살라딘의 관은 두 개가 되었다. 빌헬름은 또한 동으로 만든 화환을 기증했다. 20년 후 아라비아의 로렌스가 이곳에 도착했을 때, 그의 친구로서 곧 이라크 왕이 되는 파이잘은 아라비아에서 유럽 제국주의가 종식되는 것을 기념하여 이 화환을 그에게 주었다. 로렌스는 영국에 도착한 후 이 화환을 박물관에 기증했다.

왜 살라딘은 5백 년 동안이나 잊혀져 있었는가? 그리고 왜 기독교도는 살라딘을 공경하게 되었는가? 첫째, 살라딘이 이슬람 세계에서 버림받은 이유는 그가 목표를 달성하지 못했기 때문이다. 그는 중동에서 십자군을 몰아내고 심지어는 유럽에까지 이슬람을 전파하려 했다. 그러나 그 목표는 실패했다. 예루살렘을 회복하고 프랑크를 약화시켰지만 쫓아내지는 못했다. 십자군은 여전히 아크레와 시리아 연안 성들을 지배했으며 15년 후에는 일시적이지만 다시 예루살렘을 탈환하기까지 한다. 1291년 십자군을 완전히 몰아낸 것은 살라딘이 아닌 이집트의 맘룩이다. 맘룩은 가장 큰 위협이었던 몽골군까지 격퇴시켰다.

둘째, 살라딘이 세운 아유브 왕조는 이집트에서 76년, 시리아에서 86년 동안 통치하는데 그쳤으나, 이집트의 맘룩 왕조는 250년이나 번성했고 오스만 왕조는 1254년 콘스탄티노플을 수도로 삼아 20세기까지 지속되었다. 이러하니 십자군 이후 이슬람 왕조들이 아유브 왕조를 높이 평가할 리 없다.

셋째, 살라딘은 궁극적으로 이슬람 세계의 통일과 단합을 이루는데 실패했다. 지하드가 한창이었을 때 잠시 그렇게 보였을 뿐이다. 살라딘은 이슬람법에 어긋나는 세금을 철폐하고 카이로와 다마스쿠스에 많은 마드라사를 건립했으며 가난한 사람들을 구제하고 메카 순례를 장려했다. 그러나 이러한 업적은 기존 세력인 시아를 억누르고 수니를 우대한 결과였다. 시아는 결코 그를 용서하지 않았다.

반면 살라딘이 기독교 측으로부터 존경받는 이유는 무엇보다도 그의 미덕 때문이다. 용기, 예의, 관용, 겸손, 자제, 용서 등과 같은 도덕적인 자질이 인정을 받았다. 이러한 자질은 서양의 기사도 정신과도 일맥상통한다. 서양인은 살라딘이 기독교도는 아니지만 기사도 정신을 갖고 있는 인물로 평가했다. 특히 사자심왕과의 일화가 감동을 준 것으로 보인다. 그가 죽었을 때 장례비용도 없을 정도로 전혀 재산을 남기지 않았다는 사실도 신선한 감동을 주었다. 14세기 작가 단테는 그의 저서 연회(Convivio)와 신성한 코미디(Divine Comedy)에서 살라딘의 검소함을 연거푸 찬양하고 있다. 보카치오도 데카메론에서 살라딘을 칭찬하고 있으며 철학자 볼테르, 독일의 희곡 작가 고트프리드 레씽(Gottfried Lessing) 등도 살라딘의 미덕을 칭송하고 있다.

아랍에서는 살라딘의 명성을 이용하는 사람들이 나타났다. 1952년 쿠데타로 정권을 잡은 이집트의 나세르는 마치 살라딘이 환생한 것처럼 행동했다. 수에즈 운하를 국유화하고 이를 되찾으려는 영국, 프랑스, 이스라엘 연합군의 침공을 무력화시킴으로써 아랍의 영웅으로 떠올랐다. 가난한 사람과 사회 약자를 대변하고 아랍의 통일을 주창하던 그는 시리아를 끌어들여 통일아랍공화국을 창설했다. 살라딘의 행적을 모방한 것이다. 1963년 나세르는 살라딘의 이름을 빌린 독수리 살라딘(Al Nasser Salah Ad-Din: 여기서 'nasser'는 '독수리'라는 뜻임)이라는 영화를 만들어 업적을 홍보했다. 그러나 그의 통일아랍공화국은 오래가지 못하고 3년 후 무너지고 말았다. 1967년 6일 전쟁 때 이집트가 이스라엘에 참패함으로써 범 아랍주의는 신기루와 같이 소멸되었다.

소수 시아파인 알라위트 출신으로 쿠데타에 성공하여 30년 동안 장기 집권한 시리아의 현 대통령 바시르의 아버지 하페즈 알 아사드도 자신을 '새로운 살라딘'으로 칭했다. 그는 집무용 책상 뒤편에 살라딘의 인물화를 걸어놓고 늘 하틴 전투의 승리를 상기했다. 그에게 이스라엘을 격파하는 것은 살라딘 시절 십자군을 격퇴하는 것과 동일한 사명이 되었다. 보다 중요한 것은 살라딘이 쿠르드 출신이라는 사실이다. 범 아랍주의를 선호하는 하페즈 아사드에게 소수민족 쿠르드 출신으로 아랍 세계를 통일한 살라딘만큼 좋은 모델은 없었다. 그러나 그는 이스라엘 정복도 아랍 세계 통일도 이룰 수 없었다. 그리고 진정한 현대판 살라딘은 아직 이슬람 세계에 나타나지 않았다.

참고문헌

류광철, 「누가 이슬람을 지배하는가」, 파주: 말글빛냄, 2016.

이명권, 「무함마드와 예수 그리고 이슬람」, 서울: 코나투스, 2008.

김용선, 「무함마드」, 서울: 명문당, 2003.

나종근, 「무함마드」, 서울: 시공사, 2003.

최영길, 「무함마드와 이슬람」, 서울: 도서출판 알림, 2005.

최영길, 「예언자 무함마드」, 서울: 명지대학교 출판부, 2005.

Carl W. Ernst, 최형묵 옮김, 「무함마드를 따라서: 21세기에 이슬람 다시 보기」, 서울: 심산출판사, 2005.

마크 A. 가브리엘, 이성구 옮김, 「무함마드와 함께 하는 커피 한잔」, 서울: 글마당, 2009.

스탠리 레인 풀, 이순호 옮김, 「살라딘: 십자군에 맞선 이슬람의 위대한 술탄」, 서울: 갈라파고스, 2011.

제임스 레스턴, 이현주 옮김, 「(이슬람의 영웅 살라딘과) 신의 전사들: 사자왕 리처드와 살라딘의 십자군 전쟁」, 서울: 민음사, 2003.

하룬 시디퀴, 김수안 옮김, 「처음 만나는 이슬람」, 서울: 행성비, 2011.

정수일, 「이슬람 문명」, 파주: 창비, 2016.

Amin Maalouf, 「The Crusades through Arab Eyes」, New York: Schocken Books, 1984.

Bernard Lewis, 「The Middle East: A Brief History of the Last 2000 Years」, New York: SCRIBNER, 1995.

F. W. Burleigh, 「It's All About Muhammad: A Biography of the World's Most Notorious Prophet」, Portland: Zenga Books, 2014.

Geoffrey Hindley, 「Saladin: Hero of Islam」, South Yorkshire: Pen & Sword Military, 2010.

Karen Armstrong, 「Islam: A Short History」, New York: Random House, 2002.

Philip K. Hitti, 「History of the Arabs」, New York: PALGRAVE MACMILLAN, 2002.

Karen Armstrong, 「Muhammad: A Prophet for Our Time」, New York: HarperCollins, 2007.

Kecia Ali, 「The Lives of Muhammad」, Cambridge: Harvard University Press, 2014.

Stanley Lane-Poole, 「The Life of Saladin and the Fall of the Kingdom of Jerusalem」, London and New York: Heraklion, 1906.

John Man, 「Saladin: The Sultan Who Vanquished the Crusaders and Built an Islamic Empire」, Boston: Da Capo Press, 2016.

Michael Cook, 「Muhammad」, Oxford: Oxford University Press, 1983.

Peter Mansfield, 「A History of the Middle East」, New York: Penguin Books, 2013.

기타 인터넷 자료

이슬람 제국

2018년 4월 2일 1쇄 발행
2018년 5월 25일 2쇄 발행

지은이 류광철
펴낸곳 도서출판 **말글빛냄**
펴낸이 한정희
주소 파주시 회동길 445-1 경인빌딩 B동 4층
전화 02-325-5051 **팩스** 02-325-5771
홈페이지 www.wordsbook.co.kr
등록 2004년 3월 12일 제313-2004-000062호
ISBN 979-11-86614-11-2 03900
가격 18,000원

이 도서의 국립중앙도서관 출판예정도서목록(CIP)은
서지정보유통지원시스템 홈페이지(http://seoji.nl.go.kr)와
국가자료공동목록시스템(http://www.nl.go.kr/kolisnet)에서
이용하실 수 있습니다.(CIP제어번호: CIP2018008647)